La práctica de la pastoría

Donald D. Turner

La práctica de la pastoría por Donald D. Turner.

EDITORIAL PORTAVOZ
P.O. Box 2607
Grand Rapids, Michigan 49501 USA

Visítenos en: www.portavoz.com

ISBN 0-8254-1769-4

1 2 3 4 5 edición / año 03 02 01 00 99

Impreso en los Estados Unidos de América
Printed in the United States of America

Cómo matricularse en la Academia Cristiana del Aire

Este tomo es el texto del curso por correspondencia de la Academia Cristiana del Aire. Si lo prefiere, puede leer y estudiar este material por sí mismo o en grupo sin ningún contacto con la Academia. Pero si quiere este curso y rendir los exámenes para obtener los certificados y el diploma que ofrece la Academia, tiene que matricularse. Hay un pequeño costo por la inscripción. Para pedir más información, escríbanos a:

Academia Cristiana del Aire
Apartado 50
San Juan, Texas 78589
EE.UU.

La Academia Cristiana del Aire es un ministerio de...

P.O. Box 39800 □ Colorado Springs, Colorado □ 80949-9800 □ EE.UU.

Los cursos de la Academia Cristiana del Aire están dedicados a aquellos que tienen sed de aprender la Palabra de Dios…

…para que por medio de ellos, su vida esté rebosando en Jesucristo, nuestro Señor

Contenido

La práctica de la pastoría

Lección 1

Introducción

El Señor Jesucristo dijo a Sus recién escogidos apóstoles: "Id, pues, y predicad" (Mt. 10:7, V.M.). A Pedro dijo: "Apacienta mis corderos". "Pastorea mis ovejas" y "Apacienta mis ovejas" (Jn. 21:15-17, V.M.). "Y subió a la montaña y llamó a sí los que él mismo quiso; y vinieron a él. Y constituyó a doce, para que estuviesen con él, y para enviarlos a predicar" (Mr. 3:13-14 V.M.).

"Después de estas cosas, el Señor designó otros setenta, y los envió de dos en dos" (Lc. 10:1, V.M.). El Señor quería que todos Le siguieran, pero las demandas al ser Su discípulo estorbaban a muchos, constituyeron un obstáculo para muchos (Lc. 9:22-26, 57-62; Mt. 10:16-42). Declaró que aquellos que le siguieron serían pescadores de hombres (Mt. 4:19).

En varios libros del Nuevo Testamento se ve que cada discípulo del Señor, tenía ciertas responsabilidades como testigo y ministro de reconciliación (2 Co. 5:14-21, etc.). Además de esta obra y privilegio de todo miembro del cuerpo de Cristo, el Señor por Su Espíritu da a algunos un cargo especial para predicar, enseñar, evangelizar, o pastorear. Estos tienen responsabilidades adicionales, junto con oportunidades más grandes para poder servir a Dios y a los hombres.

A. Advertencias preliminares

En este curso vamos a estudiar acerca de estas verdades, con algunos métodos para el servicio del Señor, y varios consejos relativos al ministerio. La vocación, preparación, ordenación, instalación y ministerio del pastor son temas ideales para empezar tal curso, pero desde el principio reconocemos que hay un gran número de hermanos y estudiantes de estas lecciones que están ejerciendo la pastoría de uno o más grupos de creyentes, que nunca han sentido un llamamiento especial, ni han recibido una preparación formal, ni han sido ordenados por ninguna iglesia; el Espíritu Santo les está usando para dirigir la obra. Las almas están convirtiéndose y los creyentes son edificados.

Sin embargo desean saber cómo conducir mejor a los hermanos que esperan recibir de ellos instrucciones espirituales.

Otros están ejerciendo el pastoreo habiendo sido llamados graduados de un instituto bíblico o de un seminario, y alguna iglesia les eligió como su pastor. Reconocemos esas diferencias, pero al fin y al cabo no son tan grandes como para anular para los unos estas lecciones y hacerlas útiles sólo para los otros.

El presente estudio, pues, no pretende presentar métodos modernos, de última moda para el pastor de una grande iglesia en la capital, un Doctor de Teología, graduado de la universidad y del seminario, que desea saber cuáles son las ideas progresivas del momento para la organización compleja de una congregación de varios centenares de miembros.

A los tales, que por acaso han leído hasta aquí, decimos que puede ser, sin embargo, un beneficio volver atrás y repasar los primeros principios de su vocación. Estos estudios van dirigidos mayormente a aquellos hermanos que, o están ya en la obra, o sienten un anhelo de ayudar a otros a conocer y amar al Salvador y no tienen otra oportunidad aparte de un curso por correspondencia para obtener un conocimiento de lo que deben saber acerca del ministerio.

También esperamos que el curso sea útil para muchos estudiantes que no son ni aspiran ser pastores, pero que desean servir en la obra como legos y por estas lecciones aprenderán cómo cooperar mejor con el pastor y ayudarle mas eficazmente.

Debe ser por demás decir que se reconoce la imposibilidad de satisfacer a todos en un estudio de esta índole. Las experiencias en la obra pastoral son tan variadas como son diferentes los hombres uno de otro, y nadie ha podido abarcar en sí mismo todo lo humano. Si el estudiante quizá haya tenido ciertas experiencias en la obra que no estarán descritas en estas lecciones, no debe extrañarse por eso. Sin embargo esperamos que encontrará enseñanzas de principios que son aplicables a sus problemas, pasajes bíblicos que arrojarán luz sobre sus dificultades.

Ninguna ilustración puede enseñar toda la verdad que se puede saber sobre alguna doctrina o problema. Por lo tanto el estudiante no debe pensar que la historia de alguna experiencia contada aquí es de por sí autoritaria, o que se perfeccionará por sólo imitarla. La norma pare la acción es la Biblia interpretada concienzudamente por la iluminación del Espíritu Santo.

Otra cosa que debe mencionarse al principio es la opinión variada respecto de cuánta libertad pueda ejercerse en la aplicación de los pasajes en el Nuevo Testamento concernientes a la organización de la Iglesia. Algunos piensan que la Biblia, no pretende darnos instrucciones para la constitución ordenada de la iglesia local o nacional, sino que nos deja en libertad para hacer lo que sea aconsejable o prudente; lo que se cree dará los mejores resultados bajo las circunstancias que prevalecen al momento.

La única limitación que reconoce es que no sea algo antibíblico o prohibido por la Biblia. Hay otros que van al otro extremo alegando que ninguna iglesia debe hacer algo, o tener una organización que no sea mencionada o prescrita en el Nuevo Testamento. Casi todas las iglesias mantienen algún tipo de organización en el terreno extenso situado entre estas dos opiniones. Algunos detalles de tales modificaciones han sido mencionados en el curso A-8, *La doctrina de la iglesia,* y habrá referencias a ellas posteriormente, pero ahora baste notar que nadie piensa que sus prácticas son contrarias a lo ordenado por Dios por más diferentes que sean de lo que otras iglesias acostumbran hacer.

En este curso haremos un esfuerzo por estimular el respeto para las distintas creencias y prácticas, con la mira de ayudar a todos a considerar el espíritu en vez de la letra, los principios antes que los preceptos minuciosos. Deseamos obedecer la exhortación de ser sin ofensa a judíos, y a gentiles, y a la iglesia de Dios, sin dejar de cumplir el mandamiento de enseñar todo lo que el Señor mandó guardar.

Estos pensamientos acerca de la aplicación o no de las declaraciones (a veces incidentales e indirectas) en el Nuevo Testamento a las minuciosidades de la organización de la iglesia, nos lleva a pensar en la actitud del obrero hacia la Biblia. ¿Es ella en verdad la única regla de fe y práctica para la vida? ¿Deben considerarse en vigencia los mandamientos en el Nuevo Testamento, respaldados por el Señor viviente quien bendice la obediencia y castiga la desobediencia? ¿Deben interpretarse los mandamientos literalmente, y obedecerse en forma absoluta? ¿O deben tomarse en cuenta las circunstancias del primer siglo, juntamente con las costumbres sociales de Palestina y el Oriente, pare así aplicar al siglo XX el espíritu del mandato y no la letra?

La manera de pensar del pastor en cuanto a la aplicación del Nuevo Testamento a su propia vida ha de afectar todo su ministerio, tanto en el púlpito como fuera de él. Si la congregación o los vecinos ven indicios de insinceridad o falta de sentido común en la vida del obrero, su influencia no será simplemente nula sino adversa, desfavorable al propósito cristiano.

En este estudio, entonces, es nuestro deseo ayudar a cada estudiante en su vida privada tanto como en su obra entre los hermanos, aunque reconocemos que las decisiones finales tendrán que hacerlas el mismo cursante según su propio criterio y juicio y de acuerdo a su consagración. Le exhortamos a no juzgar según el mundo sino siempre como delante de Su Señor, y a no presentar como razones las que son tan solamente excusas para hacer su propia voluntad.

Se ha dicho que generalmente el predicador se desarrolla al revés: primero se afana por lo que va a predicar, segundo por la mejor manera de predicar, y por último se pregunta el porqué de predicar. Debe ser al contrario; en este curso trataremos primero de las razones para predicar, los móviles y propósitos, no sólo en la vida personal sino en su relación al plan que Dios para la humanidad.

Después serán presentados algunos consejos acerca de distintas fases de la obra pastoral. Tocaremos algunos puntos de la vida íntima del obrero. sacando a la luz los motivos, tal vez inconscientes, de su corazón iluminando los escondrijos más secretos y estimulando los ánimos a limpiarse para ser vasos o instrumentos pare honra, santificados útiles al Señor, y dispuestos pare toda buena obra (2 Ti. 2:21).

Naturalmente todo lo tendremos que hacer en términos generales el estudiante mismo tendrá que apropiarse la exhortación según el caso, por cuanto con papel y tinta no podemos más que señalar el camino a la bendición. Depende de cada cual si ha de andar o no por esa senda.

Con miras, pues, a ayudar a cada estudiante a ser mejor siervo del Señor de la mies, procedamos a la consideración de los distintos factores que componen la vida y el ministerio del obrero.

B. ¿Quiénes deben ser pastores?

Sería fácil decir sencillamente que sólo debe ser pastor u obrero evangélico aquel a quien Dios mismo ha escogido para ese ministerio. Bien, ¿quién ha de negar eso? A la vez, ¿cómo sabe uno cuando es así llamado por vocación divina? O ¿cómo sabe una congregación cuando el obrero es llamado por Dios para así, con esa seguridad, elegirle como su pastor? También cabe la pregunta: ¿Debe el joven evangélico que siente atracción hacia la obra pastoral, esperar en casa hasta recibir alguna indicación o revelación que le asegure de manera inequívoca que Dios quiere que por toda su vida sea pastor, antes de ingresar a un seminario o instituto bíblico? ¿Debe hacer lo mejor que pueda cuando le exigen que dirija los cultos en alguna aldea donde no hay obrero? O ¿debe rehusar todo servicio hasta graduarse del seminario?

Hay centenares de hermanos que, sin pedir ni buscar tal responsabilidad, sino constreñidos por circunstancias fuera de su propio control, están actuando como obreros o pastores.

Muchas veces son aquellos quienes, en la providencia divina, primero adquirieron una Biblia en su pueblo; por la lectura fueron iluminados y renacidos; los vecinos poco a poco se dieron cuenta del cambio en su vida y carácter, se interesaron en saber la razón y terminaron por seguir los mismos pasos de leer la Palabra de Dios, creer y ser salvos. Así formaron una congregación y naturalmente el primero en convertirse actuaba como maestro o pastor, aunque sin darse cuenta de ello. Lejos sea de nosotros prohibirle que siga su ministerio, y solamente por el hecho de no haberse graduado en un seminario. ¡Que lecciones como estas lleguen a sus manos y les apoyen en la obra! Y ¡que Dios les bendiga!

Hay que reconocer que por regla general es el testimonio personal de uno o más cristianos renacidos, juntamente con el testimonio de la Palabra de Dios, lo que conduce a la conversión y la consecuente formación de una nueva asamblea de hijos de Dios. Los que den su testimonio, sean evangelistas, predicadores, o maestros, generalmente explican la manera en que los hermanos suelen poner en práctica las verdades novotestamentarias: cómo celebrar cultos, cómo orar, cantar, etc.

Llevan a los interesados a los cultos de las iglesias ya establecidas y esto contribuye a acortar el tiempo necesario para que el recién convertido pueda ser instruido, bautizado, y preparado pare traer a otros de su pueblo a Cristo, hasta que en el nuevo territorio haya una congregación.

Otras veces, en un centro populoso, una iglesia crece tanto en número de miembros que se decide dividirse, de modo que los que viven en el barrio más lejano forman una nueva asamblea. Así se extiende el Evangelio y ambos grupos se animan a conseguir más vecinos pare Cristo. De esta manera también se evita la necesidad de edificar un templo más grande, mientras que a la vez el nuevo grupo establece un testimonio en su barrio al construir una capilla en ese nuevo sitio. ¿Quiénes han de ser los pastores de esas nuevas congregaciones?

En las ciudades grandes la manera de elegir al pastor es cosa conocida. Podemos decir que es demasiado rutinaria, en algunas denominaciones. Sin embargo un indicio de la importancia del acto de una congregación al llamar a un pastor se ve en el hecho de que esta responsabilidad es una de las cosas que las iglesias presbiterianas no pueden delegar a los ancianos, sino que todos los miembros den su voto para llamar o no a cierto candidato al púlpito. La mayoría de las asambleas consideran este acto una responsabilidad muy seria, digna de mucha oración y meditación para así saber la voluntad de Dios.

Pero otras congregaciones dejan todo en las manos de una comisión y estos hermanos hacen las investigaciones del caso. A veces dan un informe a la congregación para luego pedir el voto decisivo. Otras iglesias esperan que la misma comisión escoja al pastor, aunque son pocas las que emplean este método. Las congregaciones grandes buscan un hombre que tiene experiencia, es excelente orador, de buena presencia en el púlpito, que tenga una preparación académica tanto como teológica, etc., etc.

Las iglesias pequeñas son las que tienen gran problema en escoger un nuevo pastor. En todo caso debe haber un convenio mutuo acerca del sueldo y las condiciones del trabajo pero en muchos casos la congregación pequeña es nueva y no tiene experiencia en estas cosas. Lo mejor que se les puede aconsejar es que sean francos y sinceros con el candidato para el puesto de pastor. La oración de parte de todos es la mejor preparación para la elección del pastor.

Debe haber convicción acerca de cuál es la persona escogida por Dios. Sea lo que fuere la denominación o nombre de la iglesia, nadie es pastor por su propia cuenta sino por elección o por debido nombramiento. Es triste cuando un hombre pretende obligar a un grupo de cristianos a someterse a él como su pastor porque él cree (por su propia cuenta) ser el hombre más apto y capaz para dirigirles. Tal cosa se ha hecho, y siempre con resultados amargos. Fuera bueno si tal proceder se limitara a personas de poca o ninguna educación; pero ha habido casos en que uno que se ha graduado de un instituto bíblico ha intentado proceder de esa manera. No, hermanos. Nadie entra en un empleo sin que primero sea empleado por el dueño del negocio o de la fábrica. Nadie es maestro en una escuela sin primero recibir el nombramiento. Y así nadie es pastor de veras sin que primero sea debidamente escogido y recibido por los miembros. Aun cuando un grupo de creyentes es el resultado del testimonio de un solo hombre que fue el primero en llevar al pueblo el conocimiento del Evangelio, al llegar el momento de formar una iglesia o asamblea más o menos organizada, y empezar a practicar las ordenanzas, debe haber un entendimiento entre todos acerca de quién ha de ser anciano, obrero o pastor responsable.

Ahora, considerando el otro lado del asunto, pensemos en el problema del joven que está contemplando la obra pastoral como carrera. ¿Cómo sabrá si debe o no debe entrar en una institución donde será instruido y amaestrado para el ministerio? Haremos un esfuerzo para contestar esta pregunta al tratar el tema de la vocación. Aquí sólo hablaremos de algunos factores del ministerio que deben ser reconocidos por el candidato para ver si en verdad desea entrar en una ocupación donde abundan tantas pruebas y donde las recompensas en esta vida son tan escasas y tardías.

En primer lugar hay que reconocer que, al contrario de las apariencias, la obra pastoral es una tarea difícil en todas maneras. Por cierto es muy diferente del trabajo de cavar todo el día con pico y pala, pero aun así no es fácil mantener la salud cuando uno pasa largas horas en el estudio y de pronto tiene que salir a visitar, o a asistir a un entierro, o a consolar a uno de los miembros, no importa si brilla el sol, o cae la lluvia, o si la nieve cubre todo.

Eso no es tan difícil como la necesidad de asistir a tantas reuniones nocturnas, y sin embargo se espera de él que siempre tenga sobrada energía manifiesta en el púlpito y al dar cualquier mensaje. Pero los problemas físicos son los que más fácilmente puede conquistar, si hace un poco de ejercicio todos los días y aprende a evitar los resfriados y la gripe, que son los enemigos comunes del cuerpo del pastor.

En lo intelectual hay mayores peligros. Si estudia mucho y sus sermones son eruditos, los de menos educación en la congregación le criticarán con palabras duras. Si no estudia ni mejora su presentación del sermón, será criticado por los elementos de más educación en la iglesia. El ser correcto en cuanto a gramática y a la vez sencillo y comprensible a todos, no es cosa fácil. En sus consultas el pastor necesita toda la sabiduría de Salomón. Sus consejos serán olvidados, mientras que el éxito será atribuido al buen juicio del aconsejado.

Todos estos puntos serán desarrollados más luego, pero aquí en la Introducción se pregunta: ¿Por qué debe un joven desear una carrera donde todo lo que trace será criticado? Y no piense nadie que no será así. Muchos de los que asisten al culto creen que todo el mundo elogia al pastor, alabándole por su buen sermón. Le ven presentarse siempre con cara alegre, saludando con cariño a todos, y piensan que el ser pastor es dar en blando, cosa fácil y sin contratiempos. ¡Qué equivocación!

Es con relación a lo espiritual que el obrero o predicador del Evangelio tendrá su mayor lucha. En esta parte no hay vacaciones ni hay un solo día en que le es permitido descuidarse. Los peligros, las tentaciones y los demonios abundan y obligan a una vigilancia y lucha sin tregua. Lo espiritual le ofrece al pastor a la vez la posibilidad del mayor fracaso o del mejor éxito. Los frutos espirituales son los más exquisitos, pero cuando se echan a perder son los más amargos. Los goces y los desalientos siguen uno tras otro tan a menudo y a veces tan rápidamente que los sentimientos del pastor sufren por las alteraciones y el pobre hombre se enferma en la lucha.

¿Quién debe ser pastor? Pues, parece que sólo un tonto escogería por su cuenta tal carrera. Y si la elige, creyendo que es un oficio fácil, deseable porque le conduce a un puesto envidiable por la alta estimación en que casi todos tienen al pastor, es la elección de un tonto o de un ignorante. Aquel que debe ser pastor es el que puede enfrentarse con todo lo que se ha dicho arriba y sin embargo guardar intacta su fe.

Mira todos los peligros pero ve en visión las promesas de Dios, las oportunidades para vencer las dificultades y llegar a ser útil al Señor. Quiere ocuparse en ganar almas para el Salvador, aunque le cuesten abusos, desprecios, persecuciones y aun la vida. Desea enseñar las verdades preciosas de Dios, consolar a los tristes, fortalecer a los débiles, dar dirección a las vidas que están vagando sin rumbo.

Todo tiene que hacerlo porque no puede contentarse en otra carrera con sus facilidades y comodidades. La voz de Dios le llama. En lo más interior de su ser reconoce que su vida pertenece a Dios para cuya gloria debe dedicarse a trabajar.

Esto requiere, entonces, un carácter especial, fuerte, consagrado, animado, y a la vez tierno y sensible. Se ha dicho que el pastor debe tener por fuera el cuero durísimo de un rinoceronte y por dentro la blandura de una paloma; el cerebro de Salomón; la fuerza de un águila; la gracia de un cisne; la amigabilidad de un gorrión; las horas nocturnas de un búho; "y cuando la iglesia atrampe ese pájaro, espera que viva de la comida de un canario".

Otros dichos son: "Un hombre demasiado valiente para poder mentir; demasiado considerado para ser cruel y ofender; demasiado inteligente para poder sentirse ofendido; y demasiado espiritual pare poder comportarse indignamente".

Se dice que cuando los comunistas conquistaron cierta ciudad en el interior de la China, encadenaron a un anciano que era fiel cristiano; le llevaron por las calles como objeto de escarnio y burla. Trataron de obligarle a gritar a cada paso: "Yo soy esclavo de los extranjeros". Ya que eso era mentira, rehusó terminantemente cumplir con la orden, pero le vino una idea de cómo arreglar el asunto. Satisfizo a sus apresadores gritando con gusto: "Yo soy esclavo de Jesucristo, yo soy esclavo de Jesucristo".

Esa es la clase de hombre que llega a ser un buen obrero para el Señor. No hay otra carrera o profesión que ofrece al hombre tan grande oportunidad para que sirva a su generación. El pastor de almas tiene gran influencia sobre muchas personas, influencia para bien o para mal. Los resultados de su obra son eternos. Le sobran ocasiones para hacer el bien.

El gozo de ver almas salvadas no es de compararse con la satisfacción que da el tener éxito en cualquier otra carrera. Un médico puede traer la salud a un cuerpo enfermo, pero tarde o temprano ese cuerpo muere. La salvación del alma no termina nunca. El pastor puede conducir al alma que está dentro de un cuerpo enfermo, aunque sea con una enfermedad incurable, a la paz y el gozo espirituales, al extremo de que tal persona llegue a dar gracias a Dios por su sufrimiento, siendo que le trajo al conocimiento de Dios. El poder ayudar a otros en lo espiritual es el privilegio más grande que se haya concedido al hombre en su relación a sus semejantes. Dichoso el joven que decide ser pastor a pesar de las múltiples dificultades que sabe que encontrará.

Lección 2

El llamamiento divino a la obra

El Señor Jesucristo dijo a Sus escogidos: "No me elegisteis vosotros a mí, sino que yo os elegí a vosotros, y os he puesto para que vayáis y llevéis fruto, y vuestro fruto permanezca". (Juan 15:16).

En Lucas 9 y Mateo 8 tenemos la historia de dos hombres que se ofrecieron para seguir al Señor, el primero decidió seguirlo ese mismo momento y el segundo decidió seguirlo luego de despedirse de los de su casa. A estos dos, el Señor ni les agradeció ni les dio calurosa bienvenida, sino más bien el Señor les hizo que pensaran en el costo de lo que significa seguir al Señor Jesucristo.

Entre estos dos casos dice el relato en Lucas que Él mismo dijo a otro: "Sígueme". Cuando el segundo pidió permiso para enterrar a su padre, el Maestro no accedió, sino demandó que le siguiera sin demora. La soberanía de Dios era también atributo del Hijo y Su mandato debe ser obedecido. Si no Le amamos a Él más que a la familia o a las cosas de este mundo, no somos llamados a ser Sus siervos subalternos con la comisión de apacentar Su rebaño (Juan 21).

A. El llamamiento viene del Dios personal

Dios es Persona. Es el Creador de todos los hombres. También Él Se ha revelado a la humanidad, pero en manera especial a los Suyos (Mt. 11:25-27; He. 1:1-2). Detrás de la Iglesia está el Dios que *ha hablado*, y detrás de cada verdadero pastor o predicador el mismo Dios permanece. Así fue con Israel y con los profetas.

Si no creemos que Dios puede comunicarse con los hombres individualmente, no vale la pena pensar en el ministerio como carrera. Esta creencia es básica.

En otros cursos hemos estudiado pasajes como Juan 7:16-17, viendo la manera en que requiere como hecho principal que haya un Dios eterno, todo sapiente para poder saber los pensamientos e intenciones de los corazones y todopoderoso para poder cumplir con la promesa o más bien hacer efectiva la declaración de que aquel que quiere hacer la voluntad de Dios conocerá la doctrina o verdad de Dios. El cristianismo bíblico está fundado sobre y se sostiene por el hecho de que Dios es persona y que mantiene relaciones con los Suyos en este mundo.

Desde estas dos verdades seguimos adelante a dos certezas más que dependen de ellas. La primera es que todavía hoy día, Dios escoge a ciertos hombres para trabajos especiales, los comisiona y los capacita para poder llevar a cabo lo designado. Lo hizo con Moisés, Aarón, Bezaleel y Aholiab de una manera muy manifiesta, pero también los jueces, profetas y apóstoles son todos ejemplos de Su poder.

No todos los apóstoles fueron llamados por una luz y una voz fuerte desde el cielo como lo fue Pablo, por ejemplo, ni todo profeta tuvo la misma experiencia de Isaías, ni todo juez hizo lo mismo que Gedeón. Tampoco queremos decir que hoy cada uno que desea ser pastor evangélico debe esperar las mismas visiones de Ezequiel o de Daniel para poder saber que es llamado por Dios al ministerio. Pero por lo menos debe oír la voz divina diciéndole: "Hijo, ven hoy a trabajar en mi viña". No hay nada comparable a esta convicción (de haber sido llamado por Dios a la obra) para fortalecer las manos del pastor y reanimarle en tiempos de desaliento.

Solamente el candidato mismo puede juzgar en su propio espíritu si se siente llamado divinamente, eso es, por la misma voz o voluntad de Dios. A veces es una impresión ineludible que pesa sobre él día y noche. Las influencias e insinuaciones de padre o madre o hermanos para que entre en el pastoreo, no son suficientes, pero el llamamiento personal de Aquel para quien vamos a trabajar, sí da convicción. No importa cuál de las mil y una formas posibles tenga la llamada, el candidato mismo tiene la responsabilidad de distinguirla y por sí solo responder.

La segunda certeza lógica es que todavía en el día de hoy "la predicación de la cruz" es la manera escogida por Dios para salvar a los perdidos, para enseñar a los santos. No es absolutamente la única manera, pero es la principal y esencial. Aparte de la predicación, la Iglesia de Dios no habría sobrevivido hasta esta fecha.

Nadie debe creer que es llamado a ser pastor de una grey, o de ser evangelista, si no está convencido de que la predicación es ordenada por el Señor de la mies. "Id y predicad" es la orden para hoy y hasta que el Señor venga otra vez.

Concluimos, pues, que el Dios personal no solo existe sino que ha hablado y todavía Se comunica con los que Le conocen; que escoge mensajeros según Su propia voluntad y les comisiona y que la predicación del Evangelio es todavía el método principal para llevar a cabo la comisión del Señor Jesús. Estas verdades deben ser convicciones inalterables en el corazón de aquel que piensa ser pastor u obrero evangélico.

B. Las actitudes de aquel que es llamado

1. Hacia Dios. Hablemos ahora del joven o la persona que está mirando hacia la obra, y lo que deben ser sus motivos y actitudes. La manera en que el hombre corresponde a la voz del Señor cuando le dice: "Hijo, ven hoy a trabajar en mi viña", es de suma importancia (Mt. 91:28-31a).

Por cierto si no oye tal voz, no es llamado por Dios, mas no precisa que sea con voz de trueno, sino que puede ser con voz suave pero insistente (1 R. 19:11-13). Se ha dicho que debe sentir tal atracción o llamamiento al ministerio que, a pesar de las dificultades, dirá: "Deseo ardientemente entrar en esa carrera, y por la gracia de Dios lo haré".

Algunos ponen tanto énfasis en este impulso divino como indispensable que aconsejan a los candidatos a no ser obreros evangélicos si les es posible evitarlo. En otras palabras, la obligación divina debe dominar nuestros espíritus, como en los casos de los profetas: "El león rugió ya, quién no temerá? Jehová el Señor ha hablado, ¿quién puede dejar de profetizar?" (Amós 3:8, V.M.). O como cuando el falso sacerdote le dijo que no volviera a profetizar y él respondió: "Jehová me tomó de seguir tras el rebaño, y me dijo, Jehová: ¡Anda, profetiza.... Ahora pues, oye tú el oráculo de Jehová" (Amós 7:15, V.M.). O como Jeremías: "Entonces dije para mi: ¡No haré mención de él, ni hablaré más en su nombre! pero su palabra fue en mi corazón como fuego consumidor, encerrado en mis huesos; me cansé pues de refrenarme; no pude callar" (20: 9).

El apóstol Pablo dijo casi lo mismo al exclamar: "Necesidad me está impuesta; pues ¡ay de mi! si no predicase el Evangelio" (1 Co. 9:26, V.M.).

Al mismo tiempo otros dicen: "A menos que Dios le diga que no, debe escoger el ministerio como carrera, porque todos somos llamados como embajadores de Cristo: debemos entregar nuestras vidas a Él y servirle de todo corazón". No vemos este consejo apoyado en la Biblia. Todo cristiano es representante o embajador de Cristo y debe ganar almas al Señor. Pero no todos ni aun la mayoría, serán pastores u obreros.

Como el mismo Señor y Dios escogió a los profetas y apóstoles, no hay razón por creer que haya cambiado ese método ahora. El estudio detallado del llamamiento divino de los profetas y apóstoles, que es por costumbre lo primero con que se abre una clase de teología pastoral en el seminario, es bastante instructivo y útil aquí. Los distintos casos son diferentes uno de otro, aunque se ve también una semejanza marcada, lo cual indica claramente que son la obra de un solo Espíritu quien trata a cada uno según su personalidad.

Moisés fue llamado a los ochenta años de edad. Dios en la zarza ardiendo, le probó para asegurar que no se había olvidado de Jehová quien Se revela a los hombres. Al desviarse para investigar el fenómeno de un arbusto ardiente que no se consumía, sin duda la mente de Moisés estaría pensando en el Señor. Luego la voz de Dios le habló demandando que se descalzara por estar en tierra santa delante de la presencia de su Creador.

Tenemos aquí los dos primeros pasos en los llamamientos: una manifestación, revelación o evidencia abrumadora de la presencia de Dios en Persona y la indignidad o pecado natural del hombre.

Isaías vio al Señor sentado sobre un trono alto y sublime. Entonces dijo: "¡Ay de mí! que soy muerto: porque siendo hombre inmundo de labios . . . han visto mis ojos al Rey, Jehová de los ejércitos". Jeremías oyó al Señor hablándole acerca de su vocación, que había sido conocido y santificado desde antes de nacer, y dado por profeta a las naciones. Contestó: " ¡Ah! ¡ah, Señor Jehová! He aquí no sé hablar, porque soy niño".

Ezequiel tuvo una visión sublime de Dios sobre Su trono encima de los seres vivientes y cayó sobre su rostro. Pablo vio una luz más brillante que el sol al mediodía, oyó también la voz del Señor; cayó al suelo y desde ese momento se tuvo por esclavo de Jesucristo. Dijo acerca de sí mismo que era indigno de ser llamado apóstol.

El primer requisito para que uno pueda considerarse un verdadero pastor u obrero evangélico, es una convicción inquebrantable de la realidad de Dios. No es que haya tenido una visión en que haya visto la forma de Dios. Ningún profeta da una descripción de Su Persona, sino de Su trono, los seres celestiales que Le rodean, etc., pero de Él mismo no dicen sino que era una concentración de gloria resplandeciente.

Samuel y Jeremías no tuvieron ni siquiera una visión, o por lo menos no es mencionada, pero sí estuvieron conscientes de Su presencia de una manera que no dudaban; oyeron Su voz que les llamaba y tuvieron que responder.

El pastor que abriga dudas constantes acerca de la realidad de Dios, por cuanto nunca ha tenido una experiencia que Le convence del hecho, tiene razón para dudar de su vocación.

¿Qué diremos en este punto de aquel hermano que primero consiguió una Biblia o Testamento, lo leyó, fue convertido, dio su testimonio a sus vecinos con el resultado de que algunos fueron convertidos; siguieron reuniéndose, luego el primer creyente, el que tiene la Biblia, toma el lugar de maestro para dirigir las asambleas y da una lección bíblica cada vez, actuando de este modo como pastor? No ha tenido nunca una visión divina ni cree haber oído la voz del Señor diciéndole que tiene que predicar. Parece que las circunstancias le han hecho pastor y no Dios. A veces los tales hermanos están deseosos de que venga algún obrero preparado para encargarse de la congregación.

Otras veces consiguen libros o cursos que le instruyen, están tan gozosos con su experiencia de ser salvo, con aprender más del Señor y Su Palabra diariamente y de enseñar al grupo, que poco a poco se dan cuenta de que en verdad Dios en Su gracia les ha llamado y dotado para la obra. Dichoso el hermano en tales condiciones cuando deja de quejarse, deseando salir de debajo de su responsabilidad, y empieza a cooperar con el Espíritu Santo en el ministerio. Su pesadumbre se torna en gozo, su desaliento en animo.

A todo hermano que se encuentra en la posición de ser maestro o pastor de un grupo de creyentes sin haber buscado el puesto y sin deseos de seguir con su cargo, le aconsejamos que medite bien antes de hacer un cambio. Es posible que haya estado luchando contra la voluntad de Dios, siendo llamado por Dios sin querer reconocerlo. A la vez no seria incorrecto que el hermano indeciso consulte con los miembros más maduros y espirituales de su congregación pare ver si ellos creen que debe seguir en su puesto, o si sería para la mayor gloria de Dios que dejara de dirigir, de enseñar o de predicar.

También le urge examinarse a sí mismo con franqueza y honestidad absoluta, para determinar sus verdaderos motivos en desear abandonar la obra del Señor. ¿Está seguro que no es que está cansado de estudiar tanto en preparación para los mensajes? ¿O que no es realmente un "ataque" de flojera? ¿O que cree que puede usar su tiempo mejor en algún negocio, ganando mejor sueldo? ¿O será que teme la lengua de algunos que le critican? ¿O acaso reconoce que no ha estado predicando para la gloria de Dios y teme que algún día su hipocresía será puesta de manifiesto? ¿O que hay algún pecado en su vida que estorba su comunión con Dios y por consiguiente la bendición en la obra, y no quiere arreglar el asunto? Puede ser una de estas o de muchas otras cosas.

Lo mejor sería rectificar lo torcido, tal vez tomando en consideración el Salmo 51, y luego seguir en el camino recto. Debemos decir, para terminar esta parte del tema, que ninguno debe predicar lo que no cree, ni presentar mensajes que no siente en su mismo corazón. No debe seguir en fingimientos y falsedades (Mt. 3:5-7).

A la conciencia de la realidad y presencia de Dios llamándoles a la obra, el candidato debe responder con un reconocimiento de su dignidad, un sentimiento semejante al del apóstol en Lucas 5:8, "Viendo esto Simón Pedro, cayó de rodillas ante Jesús, diciendo: Apártate de mi, Señor porque soy hombre pecador". Después de haber confesado nuestra condición pecaminosa, como Isaías (6:5), viene la limpieza (Is. 6:6-7; Hch. 22:16). Así está el hombre preparado para oír el llamamiento a la obra para la cual el Señor le ha escogido, se consagra a hacer la voluntad divina (Is. 6:8), es comisionado y entra en comunión y cooperación con el Señor (Is. 6:9-11, etc.).

Durante toda su vida el obrero debe tener la convicción de que está cumpliendo con la comisión divina que le fue encomendada, y que sería para él una desobediencia estar en otra ocupación. Después de haber sido limpiado, Isaías oyó un llamamiento general: "¿A quién enviaré, y quién irá por nosotros?". El profeta respondió por decisión y voluntad propia: "Heme aquí, envíame a mí". Es un buen estudio leer esa respuesta tres veces: primero poniendo el énfasis sobre las primeras palabras: "Heme aquí"; luego con el acento sobre la voz "envíame" y por último haciendo hincapié en el último pronombre "mí". Cuando aquel que oye la voz divina del llamando y no responde en seguida, el Espíritu del Señor no le permite olvidar el hecho de que fue llamado.

A veces se repite varias veces la oportunidad de contestar afirmativamente y en otros casos se da solamente en una segunda ocasión, pero de todos modos hay que reconocer que el tiempo para decidirse no es ilimitado. El hombre que rechaza con determinación su llamado, tarde o temprano tendrá que lamentar su decisión equivocada.

2. Hacia la Palabra de Dios. No ha sido nuestro propósito con lo que se ha dicho arriba dar la idea de que la visión o vocación del siervo de Dios es aparte o independiente de la Palabra escrita, la Biblia. El Sr. Stalker, en su libro *El predicador y sus modelos* (p. 93) dice acerca de la Palabra "Parece ser la más frágil de todas las armas porque ¿qué es una palabra? Es solamente un soplo de aire, una vibración que tiembla en la atmósfera por un momento y luego desaparece. Pero así también se puede hablar de la nube que, con sus formas vaporosas que cada momento se alteran, parece ser la menos substancial de todas las cosas, sin embargo desde ella relampaguean los rayos que rajan al gigante del bosque, voltean la torre que ha resistido diez mil asaltos, y, rompiendo al peñasco, lo envían con estruendo hacia el valle.

Aunque es sólo un arma de aire, la palabra es más fuerte que la espada del guerrero. Palabras han destruido dinastías y revolucionado reinos. Cuando hay la virtud debida, propia en ellas, permanecen más que cualquier obra del hombre".

Todo esto y más todavía es verdad cuando nos referimos a la Palabra de Dios, por cuanto revela la voluntad divina (Jer. 23:29; He. 4:12, etc.).

Aunque los profetas antiguos eran personalmente independientes uno de otro, el mismo Espíritu Santo en ellos daba al mundo una revelación progresiva de Dios por medio de sus escritos. En el Nuevo Testamento los apóstoles fueron inspirados a escribir las mismas verdades todavía más desarrolladas. Cada escritor agregaba piedras al edificio de la Revelación, La Biblia. No despreciaba lo que habían hecho sus antecesores, sino que al contrario unía su obra nueva a lo ya construido, hasta que el edificio quedó perfecto. No se puede añadir más (Ap. 92:18-19).

Lo mismo que los apóstoles, al citar a menudo a los profetas, es la tarea del obrero del Señor hoy respetar las Sagradas Escrituras como autoritarias. Ellos no negaban lo escrito anteriormente, pero sí reconocían que había progreso en la revelación del plan de Dios. Algunos preceptos eran temporarios: a Adán y Eva no se les permitía comer carne, por ejemplo, pero desde el diluvio para acá sí podemos (Gn. 1:29; 3:18; 9:3-4).

También el Tabernáculo duró hasta el Templo de Salomón; Jerusalén y el Templo eran el centro del culto verdadero hasta ser rasgado el velo o la cortina que separaba el Lugar Santísimo del Lugar Santo, pero hoy no hay virtud en un edificio material o en una ciudad particular (Jn. 4:21-24).

Estas verdades acerca de un desarrollo progresivo, antes de negar más bien apoyan el hecho de que la Biblia es la única regla de nuestra fe y es la Palabra de Dios (Sal. 119:89; Judas 3). Nadie debe ser pastor evangélico si no cree esto.

Es muy raro el caso de un hombre que se siente llamado por el Señor para el ministerio, sin que siquiera un pasaje de las Escrituras haya influido en la decisión. Nada más natural. Siendo que Dios ha hablado y que tenemos Su Palabra en forma permanente, ¿por qué se debe esperar que hable de nuevo? Más bien Su Espíritu dirige nuestra atención a la parte donde tiene escrito el mensaje que es para nosotros en ese momento y allí encontramos lo que el Señor quiere decirnos. Todo cristiano que ha experimentado una íntima y constante comunicación con Dios sabe que es así.

En Hebreos 4:12 leemos que la Palabra de Dios es viva y eficaz, cortante, penetrante y discerniente. Luego no es un "libro muerto" anticuado y reemplazado por la ciencia moderna. Por la ciencia nadie llega a conocer a Dios; por la Biblia multitudes innumerables sí Le han conocido. Hasta el día de hoy la predicación de la Palabra es el método más eficaz para llevar las almas a Dios. Los que leen la Biblia concienzudamente se dan cuenta de que no es un libro humano, común, sino que es la Voz Divina hablándoles. Sus invitaciones a venir a Cristo son dignas de fe, respaldadas por un Dios vivo que cumple las promesas hechas a los que acepten tales invitaciones.

El pastor, pues, mantiene hacia las Escrituras Sagradas una actitud de fe reverencia, obediencia y gratitud. Son guía para su propia vida y fuente de sus enseñanzas y sermones. Le suplen palabras adecuadas para su ministerio entre niños, jóvenes, adultos y ancianos, hombres y mujeres; le den modelos para expresar gozo o tristeza, ánimo o descanso, estimulo o disciplina; son poderosas para vida o para muerte. El predicador debe saber que cuando comunica a los hombres el mensaje de la Biblia, produce resultados eternos. Algunos oyentes oirán y serán salvos; otros oirán con oídos pesados y serán perdidos (2 Co. 2:15-17). Es una responsabilidad terrible, que requiere una fe genuina en el Dios vivo y en Su Palabra.

La actitud del obrero hacia la Biblia no es la que algunos tienen hacia una fantasía pagana. No hacemos una especie de fetiche del libro, adorando papel y tinta como a un ídolo. Es mucho más que eso la reverencia que sentimos para las Sagradas Escrituras. Comprendemos la historia del libro: sus manuscritos hoy existentes, que en realidad son copias, nada mas; sus traducciones o versiones; los cambios en cualquier idioma de la actualidad que hacen necesarias nuevas ediciones y revisiones, efectuadas por el elemento humano que admite la posibilidad de cometer errores; y la manera cómo los enemigos de la verdad luchan con astucia y energía diabólicas para exterminar el Bendito Libro de este globo.

A pesar de estas cosas la Biblia ha triunfado y nos regocijamos en tenerla hoy en nuestras manos, por un precio modesto, y en varias versiones de gran utilidad que facilitan su lectura y su estudio profundo. Es el mensaje de Dios al hombre, se repite, y el candidato que no lo ame, debe dudar de su llamamiento al ministerio.

3. Hacia las circunstancias. Es muy necesario que el candidato a la pastoría tenga la actitud debida hacia las circunstancias y las experiencias de su vida, al decidir si es o no llamado a servir al Señor en la viña.

Hay dos puntos de vista que son extremos opuestos, con mucho campo entre los dos. Por un lado él puede permitir que sus circunstancias dominen su vida sin hacer el menor esfuerzo para cambiarlas. Por el otro lado es posible cerrar los ojos a toda circunstancia de la vida y pretender que Dios le llama y que obedecerá, no importa lo que cueste o qué sufrimiento pueda causar a otros. No debe haber ni la indiferencia ni la entrega ciega a las circunstancias, sino el discernimiento (Ef. 5:13-17; Fil 1:12; Mt. 14:13; 1 Ti. 5:8; Lc. 9:57-62, etc.).

El sentido común nos dice que, por regla general, es en la juventud que el hombre escoge la carrera que va a seguir. Sin embargo muchos emprenden cierto camino y después, por varias razones, deciden cambiar de rumbo y ocuparse en otra profesión o arte. Tal vez esto es más común en el ministerio evangélico que en cualquier otra ocupación. Esto se deberá a la conversión a Cristo, o a una sumisión al llamado divino después de larga resistencia y lucha, o a varias otras causas.

Aquí solamente podemos mencionar la necesidad en que está el candidato de examinar bien las circunstancias de su vida al considerar si debe o no ser pastor. Estando ya en la obra, debe seguir adelante a menos que reciba órdenes divinas al contrario. Esto es, presumiendo que predica la Biblia porque la cree, etc.

Pero si es persona que tiene un defecto físico que le hace incapaz de servir, esa circunstancia es una que con buena conciencia puede presentar como razón legítima para no creer que es o será nunca llamado a ser pastor. Si ya es casado y tiene familia numerosa, y se encuentra todavía sin la debida preparación, no es probable que sea llamado a pasar los años necesarios en colegio o seminario para capacitarse y así llenar el púlpito de alguna iglesia metropolitana.

Pero si es un joven libre de responsabilidades mayores para sostener a otros, entonces, aunque no tenga mucho dinero puede trabajar y estudiar, esperando que Dios le ayude a prepararse debidamente. No se desespere tampoco aquel que tenga que trabajar para mantener a su madre y hermanos hasta que tenga otros hermanos varones de edad y fuerzas para encargarse del sostén de la madre. Dios sabe de esas circunstancias y le ayudará, dándole experiencias en su trabajo que le serán útiles más tarde en la obra del Señor.

Cuando un joven cristiano tiene un talento especial, por ejemplo es músico, o tiene no sólo facilidad de palabra sino también una mente analítica unida a una prudencia natural, es su deber pensar bien en su responsabilidad de consagrar su vida y sus talentos al Señor. La posesión de un talento marcado pone sobre el joven mayor obligación de usar su vida para la gloria de Aquel que le dio dicha habilidad.

Cuando varias personas dicen a un joven que es claro que él tiene vocación para pastor, el debe considerar bien quiénes son aquellos que lo dicen. Si son personas serias, consagradas, sabedoras de lo que es la tarea difícil del pastor, es posible que el Espíritu de Dios esté hablando por medio de ellos.

Muchos jóvenes, sin embargo, no son conscientes de una capacidad especial. Tienen sólo su juventud, su buena salud, una inteligencia normal, una consagración y amor al Salvador y un deseo ardiente de servirle. Muy bien. El Señor no rechaza a tal brazo para ayudar a segar Su viña. Esto es, si está dispuesto a empezar como un peón, por decirlo así, y no espera ser el capataz desde un principio.

Para decidir servir en la obra evangélica como carrera no hay que esperar que de una vez todas las circunstancias sean propicias.

Aquel que no tiene ánimo de vencer obstáculos por medio de la oración, el sudor del trabajo y la perseverancia, no es digno del honor. Ni lo es aquel que se espanta por la primera nube que promete lluvia. La época de lluvia es buena hora para sembrar, y donde hay persecución hay también necesidad del Evangelio.

Más de un joven ha dejado su resolución de ser pastor sólo porque algún amigo se rió de él, o por un supuesto desprecio de su propósito de parte de su pastor, o su padre, o el anciano de la iglesia. Es posible que sólo querían hacer la prueba de su sinceridad para así decidir si le iban a ayudar en su propósito o no. Por eso decimos que es preciso discernir bien las circunstancias, si han de ser vencidas o si más bien son indicios de la voluntad del Señor y por lo tanto deben ser aceptadas como estorbos.

Así que es por Su Palabra, por Su voz dentro de nosotros hablando a nuestro espíritu, y por las circunstancias que Dios llama a Su obra a aquellos que Él mismo escoge.

Lección 3

La preparación del obrero

El Señor Jesucristo llamó a un cajero de la aduana marítima en Capernaúm, hombre que sabía—como solemos decir—que dos y dos son cuatro, eso es, de buen juicio. Le empleó según su carácter y talentos: le hizo acompañar al dudoso Tomás en su gira evangelística, el dogmático Mateo junto con el tardo en creer Tomás, le inspiró a escribir el primer Evangelio en que más abundan las citas del Antiguo Testamento, a fin de comprobar a sus compatriotas que Jesús de Nazaret era el Mesías Prometido.

También llamó a Pedro, el impulsivo el primero en hablar o el hacer, y le usó como el orador del Pentecostés y delante del sanedrín, y en Samaria y en Cesárea, etc.

Aun llamó a un Zelote, un "fanático" o extremista en la política tanto como en la religión, y le usó para acompañar a Judas Iscariote al enviarles a evangelizar; tal vez cualquier otro menos dedicado, hubiera sido afectado de manera no favorable por tal compañero.

A otros, como a Zaqueo el publicano, les dejó en su mismo oficio en la vida diaria, aunque ahora salvados y dando testimonio de Él. (Mt. 9:9; 10:2-4; 14:28-31; 16:16, 22; Jn. 20:3-6; 21:3, 7; Lc. 19:1-10; 8:38-39 Mt. 1:1, 2:6, 18; 4:13-16; 12:15-21; 13:34-35, etc.).

No sólo llamaba a hombres de diferentes caracteres y les usaba a todos, sino que rectificaba lo torcido de sus vidas y les enseñaba las verdades que les hacían obreros fructíferos. El Apóstol Mateo, por ejemplo, dejó de servir, cual traidor, a la nación extranjera que dominaba su patria, y escribió el Evangelio de Jesucristo para los judíos. Juan el "Hijo del trueno" (Mr. 3:17) llegó a ser "el discípulo a quien Jesús amaba" y el apóstol del amor. (Jn. 13:23; 19:26; 20:2; 21:7-20, 1 Jn. 3:1-2, 14-23; 4:8 etc.) .

A. La necesidad de preparación

Sobre este tema ha habido mucha discusión, y no pretendemos dar aquí una solución que satisfaga a todos. Empezando por lo menos con Samuel, el primero de la línea de los profetas al establecerse la monarquía en Israel, hasta Elías (o tal vez hasta el cautiverio babilónico), había "escuelas de profetas". Los estudiantes eran conocidos como los "hijos de los profetas" (1 Samuel 10:5, 10-12; 1 Reyes 20:35, 41; 2 Reyes 2:3, 5, 7, 15; 4:38-44).

En el Nuevo Testamento vemos que Juan el Bautista y Jesucristo tuvieron discípulos o aprendices que les seguían. En Lucas 11:1-2 dice expresamente que les enseñaban. El apóstol Pablo tenía la costumbre de tener a su lado un grupo de discípulos como: Timoteo, Tito, Marcos y otros. Es posible imaginarse que los "muchos testigos" de 2 Timoteo 2:2 eran discípulos o alumnos que recibían clases del maestro y apóstol. Este versículo y todo el capítulo exhortan a Timoteo a ser un maestro de maestros, eso es, sus discípulos debían salir a enseñar, a ser maestros de otros discípulos. La evangelización y la enseñanza son gemelas en el servicio del Señor, y las acompañan las ordenanzas (Mt. 28:19). En Efesios 4:11 el cuarto oficio nombrado es doble: "pastor-maestros".

Comparativamente pocos son los cristianos hoy que no interpretan el Nuevo Testamento en el sentido que en la iglesia primitiva la enseñanza religiosa era el deber principal de la iglesia para con los nuevos convertidos. El propósito de esto era que todos los miembros fuesen primeros discípulos y luego maestros, por lo menos hasta el punto de poder explicar el Evangelio a otros.

La preparación de un candidato para el pastoreo depende de varias cosas, como por ejemplo: la iglesia a la cual pertenece, la clase de congregación que ha de servir, y la escuela o seminario más cercano de su propia denominación, etc. Pero para muchos, estas cosas no son decididas muy fácilmente. Y muchos desean servir al Señor con todo su tiempo y fuerzas más no en el púlpito. Vamos a estudiar un poco las varias consideraciones que afectan la debida preparación del obrero.

Cabe aquí una palabra de explicación de términos. En un curso como éste se puede usar los nombres "seminario": "instituto bíblico" y "colegio bíblico" indistintamente siendo que queremos referirnos sólo a la escuela donde el candidato estudia en preparación para el ministerio, no importa su nombre. "Seminario" (de "semilla") es conocido como la escuela graduada, la más avanzada, que acepta a su vez sólo a los graduados de algún colegio.

Tienen que tener esta preparación académica porque en el seminario han de estudiar los idiomas originales de la Biblia (por lo menos el hebreo y el griego); la exégesis; la psicología pastoral y otros estudios que no se enseñan en otros planteles. Se gradúa el alumno con el título de bachiller en teología, y al hacer otros estudios postgraduados, generalmente en el mismo seminario, obtiene su doctorado.

El "instituto bíblico" recibe como alumnos a los jóvenes de menos preparación académica; por regla general ofrece sólo tres años de estudios; y los que llenan los requisitos son egresados con diploma sin grado o título.

El "colegio bíblico" es como cualquier otro colegio, solamente que el profesorado es evangélico y ofrece estudios bíblicos además de las artes, así preparando mejor al estudiante pare entrar después a un seminario.

1. Concepto de la iglesia y del ministerio

a. Iglesias episcopales. Véase Curso A-8, Lección XVIII. Por regla general el joven que pertenece a una iglesia gobernada por una jerarquía, y desea ser pastor u obrero, manifiesta su deseo a su pastor. Este le aconseja y le ayuda a interesar en el seminario de su denominación, donde es preparado para el ministerio. Luego le es dada una colocación, siendo decidido por las autoridades competentes de la iglesia nacional. Teniendo el concepto del ministerio como sacerdocio y siendo el pastor local el representante de la jerarquía y el único autorizado y capacitado para administrar los sacramentos y así proveer para los feligreses los "medios de gracia", conviene que todos los que han de ser sacerdotes sean educados o preparados en forma idéntica, de acuerdo con los deseos, costumbres, tradiciones y requisitos de su denominación.

El ejemplo más notable de esta práctica es la iglesia romana. Otras son la luterana, la anglicana o episcopal, etc., y hay denominaciones grandes aunque no tan sometidas a jerarquías, que proceden más o menos de la misma manera. En estos casos el candidato para el ministerio sólo se presenta a las correspondientes autoridades eclesiásticas quienes se encargan de su preparación. Por cierto, en los casos en que los padres del joven son pudientes, la iglesia espera que ellos costeen los gastos de su educación, o que den una ofrenda igual a la tesorería.

b. Iglesias independientes. Creemos que la mayoría de nuestros estudiantes no pertenecen a iglesias nacionales que pueden encargarse de la educación de los que son llamados a ser obreros del Señor. Es su propia responsabilidad prepararse y después buscar donde servir. Los tales no deben envidiar a los otros por cuanto hay ventajas y desventajas en ambos sistemas.

Las iglesias independientes no conceptúan al ministro como un sacerdote a quien se le ha dado el poder o la autoridad eclesiástica para conferir la gracia divina a los principiantes. Es más como un maestro y evangelista en el púlpito y pastor de las ovejas todos los días. Entre aquellos el sermón es considerado como una parte de menos importancia en el culto, por cuanto las ceremonias y sacramentos son indispensables.

Estos conceptúan el sermón la cosa principal, especialmente en los cultos del domingo. No es que desprecian las ordenanzas, sino que se fijan más en la necesidad de enseñar la doctrina cristiana con el fin de preparar a cada miembro a participar debidamente de la comunión por cuanto sabe estar en comunión espiritual con el Señor. Detrás de este motivo está la creencia de que el beneficio de Ordenanza no depende de quien administra los elementos, ni de la manera tradicional en que se celebra la ordenanza, sino en el concepto, la fe y la condición espiritual del participante.

Por estas consideraciones se ve que es necesario para el candidato al ministerio buscar la preparación que mejor le ha de adiestrar para la clase de labor que ha de desempeñar.

Y esto sin haber mencionado los otros varios oficios en que se ocupan muchos de los siervos del Señor. Hay una multitud de personas que son empleadas todo el tiempo en la viña, que no son pastores. En una grande iglesia urbana es común que haya un pastor asociado o ayudante, quien hace a los miembros en sus hogares las visitas pastorales; un "ministro de música" que dirige al coro y a la congregación en los cantos; un "ministro de educación" que está sobre el superintendente de la escuela bíblica dominical, el director de las sociedades de jóvenes, los campamentos de verano para los niños y jóvenes, las escuelas bíblicas vacacionales, etc.

También, cuando la congregación es suficientemente numerosa para merecerlo, el pastor tiene su secretario, o el secretario de la iglesia está empleado todo el tiempo, como también los encargados del mantenimiento del edificio, su limpieza, etc.

Otro oficio que merece el honor humano más alto es el vendedor de Biblias, empleado por una de las Sociedades Bíblicas. Este es un trabajo arduo y muy necesario. Es una pena cuando un hombre acepta dicho empleo sólo con el fin de ganarse un sueldo, y se queda en una iglesia grande vendiendo Biblias de lujo a los cristianos. No hay la menor necesidad de esa clase de "colportores".

Más bien su responsabilidad es la de andar por los campos y ofrecer los Evangelios, el Nuevo Testamento, o ejemplares baratos de la Biblia, de casa en casa, sin pasar por alto a nadie. Sólo así cumple con su obligación. El hombre que no tiene el don de colportor y la determinación de cumplir debidamente con su responsabilidad no debe aceptar el puesto. No es trabajo para un hombre casado que no quiere salir del seno de su familia.

Hoy las misiones necesitan expertos en muchos ramos de la vida, técnicos de varios oficios, pilotos, impresores, mecánicos, ingenieros, escritores, locutores y todo experto en radio, etc. Maestros de escuelas son empleados en muchos lugares. Pero estos generalmente tienen su educación y experiencia antes de ser llamados al campo misionero. Luego buscan nacionales que trabajen con ellos aprendiendo su oficio, hasta que algún día puedan también ocuparse en la obra, habiendo la manera de mantenerse o sostenerse.

Hablemos ahora del hombre que está en la obra del Señor sin haber asistido a ningún seminario, instituto bíblico o escuela bíblica. Por lo regular el tal siente mucho su falta de la debida preparación. Sin embargo, puede ser que no reconoce lo que Dios había hecho a su favor, antes de ponerle en las circunstancias que le obligaron a encargarse de la obra. Sin duda ha recibido cierta educación para poder leer la Biblia. Y tendrá una facilidad de palabra, junto con una capacidad de observación y comparación que le ayuda a ver en la naturaleza, en los hombres, el hogar y las experiencias diarias de la vida, lecciones espirituales que son útiles en la enseñanza de la Palabra.

A veces es solamente después de pasar algunos años en la obra que un obrero se da cuenta de la manera en que Dios en Su providencia le ha hecho trabajar en un oficio o acaso en varios, que más tarde le han servido de modo especial en el ministerio.

En muy raras ocasiones un hombre sin letras ha servido de pastor de un grupo de campesinos creyentes debido a su facilidad en aplicar las enseñanzas evangélicas a la vida por sus ilustraciones tan aptas. Por cierto tal ministerio es limitado, y requiere que otro que tenga cierta preparación se ocupe en leerle la Biblia en voz alta, ya que la memoria nunca toma el lugar del estudio diario y no es desconocido que el diablo, por medio del orgullo, derrote al obrero analfabeto por cuanto su servicio se desarrolla tanto más que su estudio y su propio avance en la vida espiritual.

Ahora, ¿qué puede hacer el obrero para conseguir mejor preparación cuando no ve la posibilidad de ingresar en una escuela o seminario evangélico? Las oportunidades para aprender a leer son tan numerosas hoy, por medio de las campañas de la prensa y del gobierno en contra del analfabetismo, que casi no hay lugar donde exista excusa alguna para un cristiano que no sabe leer. Y para el que sabe leer, hay textos de enseñanza para ayudarle a aprender lo que quiera, si resuelve hacer el sacrificio necesario para comprar los textos y dedicar el tiempo al estudio.

Primero, el hecho de que está estudiando este curso prueba que está bien encaminado ya. Esto quiere decir que tiene una Biblia y tal vez un diccionario de la lengua castellana. Mejor será si tiene también una Versión Moderna de la Biblia. No hay una lista infalible de los textos que inmediatamente debe comprarse el candidato, pero sugerimos los que siguen:

Manual Bíblico— Bransby y otro por Halley
Diccionario Bíblico— Rand
Concordancia— Sloan

Comentarios— de los cuales hay muchos, como los cuatro preciosos volúmenes de Ryle *Los evangelios explicados*, que cualquiera puede comprender; o los cuatro del Nuevo Testamento por Bonnet y Schroeder que requieren mayor conocimiento.
Libros devocionales
Textos de doctrina y teología
Textos de introducción bíblica
Biografías de los grandes hombres de Dios
Historias de la Iglesia y de las misiones, etc.

No es de suponerse que cada siervo del Señor indispensablemente tiene que tener todos estos libros antes de considerarse plenamente como un obrero. Por otra parte, la posesión de todos estos libros no garantiza que será pastor eficiente y efectivo. Multitudes de ministros del Evangelio no tienen una verdadera biblioteca. El único libro indispensable es la Biblia. Estos otros libros son instrumentos, herramienta suplementaria que nos adiestra en el conocimiento de la Palabra de Dios y en la proclamación de sus verdades.

Si el uso de otros libros no queda sometido a las Sagradas Escrituras, son tropiezos ellos y no ayudas. La Biblia es de suprema autoridad, algo que no podemos decir de ninguna obra de los hombres. Pero un texto como el *Manual bíblico* por Bransby pone en su orden alfabético las doctrinas y otros temas de la Biblia, juntamente con las referencias principales que hablan de esa enseñanza.

El pastor que desea predicar sobre la fe, por ejemplo, encontrará allí varias divisiones y subdivisiones del tema, junto con los versículos del caso. O si desea alguno estudiar más acerca de cierta doctrina, como la redención, lo puede hacer más rápidamente con la ayuda del manual. El *Diccionario bíblico* cuesta mucho más que el *Manual bíblico,* pero representa más valor, teniendo más de 760 páginas. Presenta explicaciones de cada flor, animal, objeto, costumbre, fiesta, moneda, peso, raza, etc.

La concordancia es útil en ayudar en la búsqueda de versículos que conocemos en total o en parte, aunque no recordamos la cita. Por ejemplo, si uno conoce el contenido de Juan 3:16 pero se le olvida el libro o capítulo y versículo donde se encuentra, escoge la palabra menos común en el verso, y en este caso busca la voz "unigénito" en su concordancia (por orden alfabético) y allí ve que después de la referencia "Juan 13:16" dice: "Ha dado a su Hijo U," porque se usa sólo la letra inicial de la palabra que encabeza la división.

También ayuda en preparar mensajes por cuanto señala otras partes donde la misma voz es empleada, como en Lucas 7:12; Juan 1:14, 18; Hebreos 11:17.

El obrero rural que ministra a sus vecinos que son campesinos como él, puede creer que no necesita ninguna preparación para predicar. No es así. Esta Academia tiene muchos testimonios al hecho de que tales obreros han visto grandes bendiciones en su ministerio al paso que van estudiando más profundamente la Biblia y cómo enseñarla. Lecciones serias y consecutivas les llevan a un conocimiento mas claro de Dios y de Su Voluntad, a una vida más devota, de oración y estudio bíblico, llena del Espíritu Santo.

Los pastores y misioneros que conocen obreros que no progresan en su vida y labor, deben animarles a estudiar más y a prepararse mejor. Ellos mismos tanto como sus oyentes se beneficiarán.

Habiendo librerías evangélicas en tantas ciudades del continente hoy, no debe haber mucha dificultad en comprarse textos, uno tras otro, aunque cueste sacrificio. Rara vez es necesario buscar moneda extranjera para enviar a la librería, pero si es preciso, generalmente hay un misionero cerca que puede facilitar el cambio.

B. Estorbos a la preparación

1. El problema económico. Generalmente es el primer obstáculo que se presenta a la mente. No hay mucho que se puede aconsejar aquí, pero Dios está en el cielo y todavía obra a favor de los Suyos. Él sabe tocar el corazón de hermanos pudientes estimulándoles a que ayuden a los jóvenes necesitados que desean servir al Señor. O la iglesia entera puede resolver ayudarle. O Dios puede abrir una oportunidad para trabajar y ganar lo necesario. Debe haber oración y tener los ojos abiertos para reconocer la manera en que el Padre está contestando a la petición.

Por cierto aquél que desea ingresar en los estudios con la idea de encontrar una vida fácil que le ayudará a evitar el trabajo, no puede esperar que Dios lo oiga. Aquél que permitió a Su propio Hijo ser carpintero no ha de considerarlo una bajeza que Sus hijos hoy tengan que emplear sus manos en una labor física cuando sea necesario.

2. Un concepto erróneo. Si uno concibe el ministerio como cosa fácil, no ha de tener mucho ánimo en su preparación. Es verdad que el apóstol Pablo predicó a los grandes filósofos de Atenas y se rieron de él; luego fue a Corinto a "no conocer nada entre ellos sino a Jesucristo crucificado".

Pero también es verdad que predicó los misterios de Dios entre los que eran espiritualmente maduros. A los ancianos de la iglesia en Efeso dijo que no había rehuido de enseñarles nada que fuese útil, todo el consejo de

Dios (Hechos 20:20, 27). Es difícil presentar las verdades espirituales invisibles en una forma comprensible.

Es sólo por el Espíritu Santo que la predicación puede tener éxito. La debida preparación del predicador pone en las manos del Espíritu Divino un instrumento más agudo para que haya una obra más efectiva. Es difícil preparar un buen sermón y no es fácil predicarlo tampoco. Claro que sí puede uno subir al púlpito y hablar, sin sentir su grave responsabilidad delante de Dios.

Alguien ha dicho que la predicación de ciertos pastores es "el pronunciamiento pomposo de prerrogativas piadosas". Si su ideal no es más que ocupar el púlpito con el fin de hacer alarde de su facilidad de palabra, mejor será no pensar en ser predicador. Pero si reconoce lo serio de su responsabilidad para la salvación y desarrollo espiritual de sus oyentes, hasta donde es posible realizarlo por la predicación de la verdad, entonces debe también reconocer la necesidad de conseguir toda la preparación posible.

Tal vez el estorbo más serio a una preparación adecuada del candidato es el concepto erróneo de la parte que ha de tener el Espíritu Santo en el ministerio. A un extremo está la creencia de que el Espíritu Santo hace todo de manera que no se debe meditar de antemano en lo que uno va a decir. Sólo se pone de pie tras el púlpito, abre la boca y es la obligación de Dios llenarla de palabras; en cuanto a saber dirigir los cantos, leer, orar y predicar, no vale nada la sabiduría; más bien nuestro saber estorba que el Espíritu haga lo que Él quiere. Esta creencia se basa en una interpretación equivocada de Mateo 10:19-20, como ya se ha explicado. El contexto limita su aplicación, y se ve que no tiene nada que ver con la predicación en el púlpito.

Al otro extremo está la idea de que uno tiene que hacerlo todo sin molestar al Espíritu a que le ayude siquiera. No hay nada tan importante para el predicador que un concepto claro de la parte que ha de tener el Espíritu Santo en el ministerio, especialmente con relación a la predicación.

Urge al candidato al pastoreo estudiar con la mayor seriedad esta fase de su preparación. Si no conoce al Espíritu Santo como el Espíritu Personal de Dios, ¿cómo es que cree que Él le llama a la obra?

Es una cosa haber recibido el don o bautismo del Espíritu Santo en el momento de la conversión, cuando por la fe fue muerto y resucitado con Cristo para vivir una nueva vida. Es otra cosa experimentar la plenitud del Espíritu y ser equipado con poder de lo alto para el servicio del Señor.

Mientras es verdad que muchos sirven en el púlpito por años antes de saber lo que es la plenitud del Espíritu Santo, y otros lo experimentan durante sus años en el seminario o instituto bíblico es sin embargo, una cosa que el candidato puede y debe conocer personalmente, sin demora. No hay razón para esperar.

Además, como depende de la comprensión, sumisión y la fe, y no de la educación, se puede recibir en la casa o en la iglesia el día que cumpla con las condiciones y la acepte por medio de la fe. No haciéndolo ahora, sepa que tampoco hay garantía de que lo hará estando en el seminario. Los requisitos son siempre los mismos, seamos candidatos, estudiantes o pastores.

Y si el candidato, estando en su iglesia antes de empezar su preparación especial, no está ganando almas para el Señor, enseñando una clase en la escuela dominical, testificando en la sociedad de jóvenes y en los cultos de oración, etc. ¿por qué cree que debe estar sirviendo al Señor toda su vida? Es en estas actividades que el candidato debe saber si está o no ungido del Espíritu Santo para testificar.

Si no hay poder divino en su testimonio, mensajes, etc., debe escudriñar su razón para descubrir lo que estorba la manifestación del Espíritu. ¿Qué es el motivo supremo de todo servicio, el lema de su vida? Debe ser glorificar a Dios. Una mera idea de hacer bien no basta. El pastor sirve a sus semejantes en amor, desinteresadamente, pero si no está haciendo todo porque ama a Dios y anhela glorificar a su Salvador, es "metal que resuena, y címbalo que retiñe".

Y si hace su labor en la energía de la carne, llevando a cabo planes propios o los de los hombres, entonces sus servicios no son aceptables como ofrenda a Jehová.

Cuando el candidato (o cualquier hombre) haya examinado su propio corazón, descubriendo sus motivos más íntimos, trayendo a la luz todos sus propósitos y razonamientos, debe enseguida confesar a Dios todo lo indigno, pedirle perdón y abandonar lo que no es puro en los ojos divinos. Luego estará en condiciones de recibir por la fe la unción, de poder para el servicio en que está ocupado.

Puede ser que sienta la inundación del Espíritu Santo en todo su ser, limpiándole y llenándole de gozo, amor y paz. Puede ser que no sienta nada. En todo caso tendrá que seguir preparando sus lecciones o mensajes y hablando con las almas, pero ahora no en la energía de la carne sino en el Espíritu. Siempre debe recordar que la plenitud del Espíritu Santo no le es dada para su propio provecho principalmente. Es para que su testimonio lleve fruto en abundancia. En vez de usar al Espíritu, el Espíritu le usará a él. Reconocerá que los resultados son obra del Espíritu y que el obrero sólo es un instrumento limpio, obediente y sumiso.

C. ¿Cuánta preparación debe tener el obrero?

Hemos visto ya que Dios usó toda clase de hombres como mensajeros, desde los boyeros hasta los reyes. Todavía lo hace. Hizo que Moisés estudiara cuarenta años en la universidad del desierto como curso de postgraduado de las escuelas de Egipto. Pero Pablo pasó sólo tres años en la universidad del desierto después de sus estudios en Jerusalén con el gran maestro Gamaliel. Pedro y los demás apóstoles estuvieron con Cristo durante los pocos años de Su ministerio terrenal, recibiendo su diploma o investidura el día de Pentecostés.

El saber pescar en la mar, el saber ser cajero o cobrador, o aun el meditar debajo de una higuera, no fueron criticados por el Señor sino más bien adaptados y utilizados en el ministerio. Pero además de la destreza y conocimientos adquiridos en los oficios, el Señor requirió los años de andar con Él, aprendiendo y practicando las lecciones espirituales (Juan 7:16, 17). Así hoy muchos han recibido una preparación para el ministerio en sus oficios y experiencias de la vida, pero es mejor cuando también pueden pasar unos años en una escuela para amaestrarse como obreros.

Con el avance de la educación en todo el mundo, no sólo por las campañas contra el analfabetismo que los gobiernos promueven hoy, sino por el número siempre creciente de escuelas, colegios y universidades, cada uno repleto de estudiantes entusiastas, ciertamente hemos llegado a los días de que habló Daniel: "la ciencia se aumentará".

Especialmente en las iglesias urbanas hay necesidad de pastores de buena educación si es que han de ministrar a los universitarios y bachilleres, doctores, abogados, ingenieros y otros profesionales.

Sin embargo, no queremos decir que cada predicador tiene que saberlo todo en cada ramo de ciencia. No es así. Pero sí deben conocer bien la Palabra de Dios y enseñarla en términos gramaticalmente correctos, y en el poder del Espíritu Santo.

Es verdad que hay muchos pastores sin mucha escuela que predican en las ciudades, pero por lo regular sus congregaciones consisten de personas de poca educación. Su ministerio es limitado. Un evangelista de poca preparación académica, si está investido del poder del Espíritu, tiene más posibilidades de un ministerio amplio a todo el mundo, que el pastor. Al mismo tiempo una buena educación aumentará sus oportunidades.

El Señor no escogió un analfabeto sino más bien a Saulo de Tarso con su buena educación griega y hebrea para evangelizar al Asia Menor y a Europa. Sin embargo usó al pescador, Pedro, para evangelizar en Galilea y Judea. Estos hechos no contradicen la verdad de que un indocto que está ungido de poder y obediente al Espíritu vale muchísimo más en la obra del

Señor que un doctor con varios títulos que no conoce lo que es la plenitud del Espíritu Santo.

Más bien se compara favorablemente el hombre espiritual de limitadas capacidades y preparación, con el que es igualmente espiritual que está bien preparado y por lo tanto tiene más "herramienta" (por decirlo así) como instrumento que Dios puede usar en hablar a las almas.

Claro es, entonces, que el candidato para el ministerio hace bien en conseguir la mejor preparación posible, no importa la clase de servicio que piensa desempeñar. Lo más importante, o mejor dicho, lo único indispensable, es el conocimiento íntimo del Espíritu Santo, y saber seguir Su dirección.

La práctica de la comunión diaria con Dios por Su Palabra y por la oración es imprescindible. En inglés se usa la palabra "degree" por la voz castellana "título" como "doctor en filosofía", o "doctor en leyes", etc. También se usa la misma palabra para "grado" como en un termómetro. Así es que un conferencista escribió hace poco que hoy la iglesia tiene más "grados" que "temperatura". Es buena la crítica. Teniendo a un pastor que es "doctor en teología" pero que no tiene el calor del Espíritu Santo, la iglesia no progresa.

¡Que haya buena preparación de obreros, sí, pero que conozcan primero al Espíritu Santo, al Espíritu de Dios en la plenitud de Su poder! ¿Debe el joven que puede hacerlo salir al extranjero para estudiar en uno de los seminarios más famosos? Sólo Dios puede dar contestación en cada caso particular. Algunos jóvenes no son estudiosos. No les cabe la idea de concentrar la mente todo el día en los textos.

Hay que reconocer que el viaje al extranjero no cambiará el carácter del candidato. Un diploma del seminario tampoco garantiza que necesariamente ha de ser un buen pastor. Si no es de corazón un esclavo de Jesucristo en su tierra, ocupándose en buscar almas y trabajar para la gloria del Señor, ¿para qué irse lejos y gastar fuertes sumas de dinero y los mejores años de su juventud en un esfuerzo vano para obligarle a entrar en una obra para la cual no tiene vocación?

Si Dios no le llama al ministerio, inútil resultará la preparación especial. Es bueno, como ya se dijo, que aun los legos asistan a un instituto bíblico, por ejemplo, aunque sea por un solo año, con el fin de ser maestros en la escuela dominical, o anciano de la iglesia, etc. Pero se espera que los que han de ser pastores busquen la mejor preparación que esté a su alcance.

¡Que no sean de aquellos que quieren "ser doctores de la ley (de Dios), sin entender ni lo que hablan ni lo que afirman" (1 Timoteo 1:7).

Lección 4

Los años estudiantiles

El Señor Jesucristo era Maestro y Le gustaba enseñar. Lamentaba la tardanza de los discípulos para aprender (Mr. 4:13, 40; Mt. 16:8-11; Lc. 24:25, 26, etc.). No se puede decir que por que Cristo no estableció una escuela fija en cierto edificio en alguna ciudad, Él no era verdaderamente un Maestro con discípulos o alumnos cuya ocupación era la de aprender.

Nadie Le preguntó el porqué de Su manera de andar de pueblo en pueblo con Sus discípulos por cuanto era muy conocido ese método de enseñar y de fomentar una reforma o un nuevo movimiento. Se ocupó en enseñar la humildad junto con el carácter de Dios; el amor junto con la oración, etc.

Aunque reconocemos que muchos de nuestros alumnos son obreros en los campos y sirven de varias maneras al Señor sin haber asistido a un instituto bíblico o seminario, sin embargo como muchos van a alguna escuela evangélica para acabar de prepararse para el ministerio nos parece correcto dedicar una lección a dichos estudiantes, con el fin de aconsejarles. Constantemente la Academia Cristiana del Aire recibe cartas de jóvenes en que dicen que por los estudios o cursos, han recibido tanta bendición y amor al estudio de la Biblia que ahora han ingresado en tal o cual colegio, instituto o seminario bíblico. Creemos que este capítulo puede ayudarlos a tener una vida más rica, indicándoles cómo aprovechar en el grado más alto sus años de preparación en la escuela.

A. Las actitudes necesarias al ingresar en el plantel

Mucho depende de la manera de pensar del estudiante. Si empieza sus estudios con ideas erróneas acerca de lo que la escuela hará para él, quedará desilusionado. Si piensa que serán años de hacer lo que quiera, sin trabajar, mejor es no ingresar. Si cree que es una escuela perfecta en donde condiscípulos y profesores carecen de defecto alguno en su saber y su hacer, quedará tristemente decepcionado antes de mucho.

Peor es si cree que durante los años de su internado en él no habrá ninguna tentación, sino que será sumamente fácil vivir una vida de completa victoria sobre toda prueba. Nada más equivocado. Otra idea falsa es la que le hace creer que los profesores no hacen sino discursos y el alumno sólo se sienta en el aula y absorbe sin esfuerzo ninguno todo el conocimiento que ha de necesitar durante los largos años de su futuro ministerio.

Una actitud indispensable es la de un espíritu dócil enseñable. Una vez un discípulo en un instituto bíblico se rehusó hacer la prueba de cierto himno que la maestra de música le exigía. Cuando el director le reclamó su desobediencia, el joven dijo: "Pero uno debe saber mejor que su maestro lo que uno puede hacer, ¿No?" El director le respondió: "No. Si usted sabe más que sus maestros, mejor es que se vaya a su casa". En este caso el estudiante se enojó y regresó a casa, pero allá reflexionó, volvió al instituto, se graduó y está hoy sirviendo al Señor.

Si el que comienza sus estudios se acuerda que los demás estudiantes son tan humanos como él mismo, y que aun los profesores son hombres sujetos a las mismas pasiones, como dijo Santiago acerca del profeta Elías, la comprensión de esta verdad le fortalecerá contra el desengaño.

Sabiendo que es costumbre para todo el mundo olvidarse de más del noventa por ciento de lo que oye, verá que habrá necesidad de estudiar, leer, hacer muchas anotaciones, repasar y repetir, una vez y otra, para que las verdades presentadas lleguen a ser suyas. También es absurdo, ilógico, pensar que en cuatro años el alumno ha de meter en la cabeza todos los hechos, verdades, conocimientos, ilustraciones, etc. que ha de necesitar durante 40 años o más de predicación.

El propósito del seminario no es ése. Lo que tratan de hacer es enseñar a cada discípulo como sacar "con gozo aguas de las fuentes de la salvación" (Is. 12:3). En otras palabras allí se aprende a estudiar, y no debe nunca aceptar la idea de que llegará un tiempo en su ministerio cuando no tendrá que instruirse más. No es una tarea fácil para los profesores enseñar a los alumnos cómo estudiar de veras e inculcarles hábitos de estar siempre cultivando la mente y el espíritu. Muchos estudiantes son perezosos. Otros tienen mucha energía pero les gusta emplearla en otras cosas y no en el estudio. Se ha dicho que el diablo vive en el mismo dormitorio del instituto, constantemente esforzándose para desanimar a cada estudiante y hacerle fracasar. Muchos graduados testificarán de que sus años en la escuela eran repletos de nuevas tentaciones, sutiles y fuertes, pero que también allí aprendieron a luchar con Satanás y a vencer.

Los otros alumnos también tienen sus pruebas y forman grupos para prevalecer en la oración. Ese compañerismo ayuda en la lucha y produce bendiciones que duran parar toda la vida. Otra actitud necesaria, si es que el alumno ha de aprovechar todo lo posible sus años de preparación, es el estado de ánimo que reconoce el valor de lo espiritual por encima de los detalles de las lecciones. Es posible para el discípulo interesarse tanto en ganar las mejores calificaciones en cada materia que se olvida de su propia vida espiritual. Tiene anotaciones más amplias y mejores acerca de la doctrina de la oración, por ejemplo, pero con todo no ha aprendido a orar eficazmente. Ha aprendido de memoria los nombres de los atributos de Dios pero no ha crecido en el conocimiento íntimo de su Padre Celestial (Col. 1:10). Ha estudiado por casi un año la parte de la teología llamada soteriología sin haber ganado una sola alma para Cristo el Señor. No debe ser así. Está en el seminario para conocer mejor a Dios.

El ministerio del Evangelio de Jesucristo no es lo mismo que cualquier otro oficio o profesión. No basta aprender el arte de la retórica para ser un predicador. Ninguna destreza física o mental puede ser suficiente. Es una ocupación sumamente espiritual. La vocación para el pastoreo es de Dios, el Espíritu Santo, y no natural. El alumno entonces debe proponerse ante todo progresar mayormente en lo espiritual.

B. Las materias que debe estudiar

Depende por cierto de lo que ofrece la institución donde ingresa el candidato, pero generalmente el alumno tiene que escoger entre tres o cuatro cursos de estudios. Lo más común es el curso para pastores. Otro es el de la pedagogía, que prepara maestros de escuela dominical, experto, en los departamentos de ésta, en las escuelas vacacionales, etc. Muchas señoritas siguen este curso. Otro es el que ofrece más música, preparando al alumno para cantar, tocar, dirigir coros, etc. A veces se ofrece junto con esto, estudios especiales para la radio y aun para la televisión.

Varios seminarios ofrecen cursos para obreros entre la juventud, o para evangelistas que se dedican a celebrar campañas de evangelismo.

Al pensar de antemano el estudiante lo que a de seguir como carrera, debe orar y meditar mucho. A veces todos tienen que seguir los mismos estudios durante los primeros dos años y después pueden especializarse. Este método da a todos, una buena preparación en las materias fundamentales, a la vez que permite a cada uno saber mejor elegir el curso especial que le conviene. No es malo buscar consejo acerca de esta elección. Su pastor, sus profesores, sus padres o cualquiera que le conoce íntimamente y que tiene buen juicio en el asunto, puede ayudarle.

Algunas veces otros ven en nosotros capacidades que nosotros mismos no sospechamos. No debe el estudiante hacer su decisión sin mucha —pero mucha— oración. La elección no se hace pensando en lo fácil del trabajo, ni por cuanto atrae más honra de parte de los hombres, ni necesariamente porque le gusta esa obra. Tampoco es bueno martirizarse escogiendo lo que es lo más antipático sólo para complacer a otro, por más que sea su propia novia, o para elogiarse a sí mismo por su espíritu de sacrificio. Examine bien sus aptitudes y motivos y haga su decisión delante del Señor.

C. Su horario diario

En una escuela de internos es costumbre controlar la vida del alumno en todo tiempo. Esto se hace con el fin de engendrar en él hábitos correctos que le han de llevar al éxito más tarde cuando esté en su ministerio y tiene que obligarse a sí mismo a estudiar, visitar, etc. Hay horas designadas para el estudio, muchas veces en locales de acuerdo con el año de cada uno y estando un maestro presente. También se controla el uso de la biblioteca. Los profesores encargados de estas horas están allí para ayudar en los problemas presentados por las asignaciones.

Todo maestro espera que sus estudiantes han de ocupar un tiempo en la preparación de sus lecciones que sea proporcional a las horas de clase. Pero algunas asignaturas requieren dos o tres veces más tiempo en la preparación que en la hora de clase. Esto presenta un problema cuando el estudiante tiene que trabajar para poder pagar la pensión. La oficina generalmente arregla esto con los profesores, no perdonando la asignación sino permitiendo un cambio de horas.

Es muy común que los alumnos que se ven obligados a trabajar para obtener la totalidad de su sostén, estudien menos materias cada año, necesitando un año extra para poder graduarse. No hay razón para que el candidato se avergüence por eso. Muchas veces aquellos que tienen que trabajar más son los mejores estudiantes por tener el ánimo resuelto a cumplir y por cuanto desean obedecer al Señor que les llamó a Su obra, cueste lo que costare. En cuanto al trabajo que el estudiante puede hacer para ganar su sostén, es costumbre para la misma escuela ayudar en esto. Si la institución está situada en el campo, como es el caso muchas veces, generalmente tiene necesidad de labradores en los sembrados y otros oficios. Si está en una ciudad, tiene relaciones o arreglos con los comerciantes, fabricantes y otros que emplean estudiantes durante las horas en que no hay clases. Naturalmente es ventajoso cuando el alumno conoce algún arte. A veces la escuela está construyendo algún nuevo edificio y así provee trabajo para varios alumnos. De todos modos, el Señor sabe ayudar a los necesitados.

Cuando el estudiante es sobresaliente en sus calificaciones y ya tiene conocimientos bíblicos, no es raro, que para los últimos dos años, o el último año, tenga el privilegio de ocuparse en la obra como pastor o maestro, mientras termine sus estudios. Es una gran bendición cuando puede estudiar, practicar y ganar al mismo tiempo. Si permanece humilde, industrioso y espiritual, encontrará una gran ventaja en tal experiencia, aunque le obligará a trabajar largas horas. Sus profesores estarán a la mano bien dispuestos a aconsejarle en sus problemas en la iglesia o en su clase.

Otro problema para muchos es su ocupación durante las vacaciones. Lo más deseable es que pueda conseguir algo qué hacer en la obra del Señor. Se ha conocido que el mismo instituto, en unión con las iglesias de cierta provincia o estado, tenga campañas de evangelización en carpa, empleando estudiantes para hacer la mayor parte o aun toda la obra. Como son los meses de verano, por lo regular, es el tiempo para las campañas.

Otras veces se ha hecho obras de evangelismo personal, ocupando a los estudiantes para ir de casa en casa en lugares donde no hay ningún testimonio, haciendo así un esfuerzo para iniciar una iglesia allí. En ciertos casos se les ha dado bicicletas a los jóvenes para hacer esa labor. En sitios donde sólo en el verano pueden subir por los ríos para pastorear las congregaciones en los sitios muy retirados en las selvas, los estudiantes van allá. Todas esas experiencias son buenas y útiles, conduciendo en una y otra ocasión a que, al graduarse, el estudiante vaya allá llamado por la iglesia, para ser su pastor permanente. Bueno es que el alumno no porfíe en que tiene que ganar una fuerte suma de dinero durante los meses de vacaciones, si es que tiene una oportunidad de servir en la obra. Puede confiar en el Señor de la mies, si es que está convencido de ser guiado por el Espíritu Santo.

Además del trabajo y las asignaciones de estudios la escuela espera que, durante el año escolar, cada estudiante haga lo que se llama "trabajo práctico": "servicio cristiano", o algo por el estilo. Quiere decir que las iglesias cercanas esperan que vengan algunos estudiantes cada domingo para ser maestros en la escuela dominical, dirigir los cantos, ayudar en las reuniones de los jóvenes de la iglesia, etc. Otros estudiantes van a los cultos al aire libre, a las misiones para los desheredados, o a las plazas y parques para testificar y hacer la obra personal. La institución misma señala a cada uno su trabajo. Para estos servicios, que se hacen una o dos veces a la semana, no mas, no se suele pagar al estudiante, a menos que se trate de gastos de viaje.

Hay otros trabajos también según las actividades del cuerpo estudiantil. En algunos planteles los estudiantes publican una pequeña revista, y es administrada y sostenida voluntariamente por los alumnos.

Generalmente el cuerpo estudiantil está organizado con su mesa directiva que promueve ciertas actividades sociales y espirituales de vez en cuando. También es costumbre tener una organización por separado, de los candidatos para la obra misionera. Hay también cultos especiales de oración además del culto diario que suele llamarse "la hora de la capilla" o simplemente "capilla". Es la reunión devocional del cuerpo estudiantil junto con la facultad. Todo esto requiere que cada estudiante aprenda a disciplinarse con rigidez para poder cumplir con todos sus deberes. El mejor método es por hacerse un "horario". Primero se decide lo que piensa hacer, y lo que va a pasar por alto, reconociendo que nadie puede hacer todo lo que se ofrece en un cuerpo estudiantil activo. El seminario o instituto requiere fidelidad en el cumplimiento de lo asignado pero deja a la discreción del alumno si tomará parte o no en las otras cosas.

Ahora bien: escriba en una hoja grande de papel, en una columna a la izquierda, el día entero dividido en períodos de media hora cuando no hay clases, y de 40 a 50 minutos, según duren las clases, durante las horas de la escuela. En línea horizontal arriba escriba uno tras otro los días de la semana: domingo, lunes, etc. Trácense líneas verticales y horizontales para que estas divisiones se extiendan por toda la hoja. Empezando con la hora de levantarse, escriba en el primer cuadro lo que va a hacer durante la primera media hora "Levantarme"; "arreglarme". En el segundo cuadro abajo anote lo que hará en esa segunda media hora: "Leer la Biblia". Más abajo será más o menos así: "Orar"; "Desayuno"; "Estudiar"; "Doctrina"; "Pedagogía" o las materias que estudiará ese día. Entonces vendrán "Almuerzo"; "Trabajo"; etc. hasta la hora de acostarse.

Del mismo modo se hace para cada día de la semana. La hoja debe pegarse a la pared, a la cabecera de su cama, o en algún lugar prominente donde no puede evitar que la mire a menudo. Lástima que no puede la hoja hablar en voz alta pero si uno está sinceramente resuelto a cumplir con todos sus deberes, la hoja le ayudará. Algunas semanas habrá que declarar huelga en cuanto a su conformidad a su horario por causa de un culto especial, un evento deportivo, o alguna emergencia, pero cuidado que las emergencias no lleguen a ser costumbre. Y no debe ser esclavo a su horario al extremo de perder en lo espiritual. Si el Espíritu le dice que ore más, o que hable con alguna alma necesitada, obedezca sin mirar al horario. Estos casos no serán tan frecuentes que hará trizas al horario.

D. Escogiendo sus compañeros

Un seminario o instituto evangélico no es una cárcel que mantiene a todos los internos detenidos, incomunicados. Seguro que al principio algunos harán esa comparación, o lo llamarán un convento o monasterio. Tarde o temprano vendrá la reacción y aun se oirá expresado el deseo que hubiera menos conversación y menos visitas. El alumno se sentirá más atraído hacia ciertos de sus condiscípulos, y formará algunas amistades íntimas. No decimos nada en contra de esto mientras no se lleva a un extremo no cristiano. Uno no debe limitar sus amistades a unos pocos, ni al extremo de despreciar a otros que no son simpáticos a Ud. desde su primera vista de ellos. Muchas veces las primeras impresiones son erróneas. Y debe evitarse como si fuera la peste el formar pandillas o compadrazgos, donde se cree que una marca de categoría es pertenecer al grupo.

Tal acto engendra sentimientos anticristianos y estorba la espiritualidad en el cuerpo estudiantil. Busque oportunidades para ayudar a muchos, a todos sus condiscípulos, trabando alguna amistad con ellos, aunque siempre tendrá más respeto y afecto para los más dignos. Mantenga la actitud del Señor Jesús hacia todos, en cuanto a querer servir y no ser servido, de dar antes que recibir. Al mismo tiempo es necesario recibir ayuda a veces, y se debe aprender a recibir graciosamente.

En los institutos bíblicos de coeducación, es costumbre tener reglamentos fijos acerca de la relación entre los jóvenes y las señoritas. A veces es llamada "la ley de medio metro y tres minutos", o algo por el estilo. Quiere decir que el joven no puede hablar con una joven por más de tres minutos a solas, y siempre manteniendo una distancia no menos de medio metro entre los dos. Naturalmente se oyen quejas en contra de tal reglamento, pero es muy raro que los estudiantes espirituales sean los que se oponen. Es conocido que estudiantes de ambos sexos tengan experiencias que más tarde se impulsan a dar gracias a Dios por aquella limitación.

Se conoce que en el instituto se forman amistades que más tarde resultan en bodas cristianas, pero también muchas veces resulta ser prematuro el sentimiento porque con más conocimiento el uno de la otra, se ve que no es amor de novios, de manera que den gracias a Dios que no tuvieron oportunidad de acariciarse y llegar al punto de creerse bajo el deber de contraer matrimonio. No piense el estudiante que el reglamento no tenía su razón de ser, o que simplemente es una expresión de falta de confianza. Tiene su base en la experiencia y es sano y beneficioso. Tampoco es antibíblico (1 Ts. 5:22; Gá. 5: 16-25).

Un peligro en todo cuerpo estudiantil es el chisme y el levantamiento sin razón en contra de los profesores. En una escuela evangélica no debe haber necesidad de eso. Se presentarán problemas, por cierto, pero pueden resolverse sin violencia ni desgracias.

Es común que haya oportunidades de vez en cuando para que los estudiantes expresen sus ideas en cuanto al mejoramiento de la escuela, se quejen de lo que les parezca una injusticia, o pidan algún cambio en el reglamento. El presidente, director o encargado oirá el reclamo y hará la explicación necesaria o presentará el asunto al cuerpo docente o a la junta responsable.

Una ilustración de esto es la siguiente historia verídica de lo que sucedió en un instituto bíblico en la América del Sur. Un estudiante casado y de unos pocos años más de edad que sus condiscípulos, se constituyó en el vocero o portavoz para todos. En la reunión semanal en el dormitorio cuando los profesores se reunían con los estudiantes varones para hablar de cualquier problema, tener clases de higiene personal, etc., este vocero se quejó de cierto acto de uno de los profesores. Después de la reunión dicho maestro le relató la verdadera historia de lo que había pasado y el estudiante le pidió perdón.

La próxima semana puso queja delante de todos por algo hecho por otro profesor. Otra vez hubo la explicación en privado y el perdón. El sábado siguiente el mismo estudiante se quejó de algo dicho por el mismo director concerniente a cierto trabajo. Pero el director le dijo: "Hermano, no acepto su regaño por cuanto es ilógico y mal fundado. Hace dos semanas Ud. acusó al profesor Fulano delante de todos, y después vio su equivocación y pidió perdón en privado. La semana pasada hizo lo mismo con el profesor Zutano, pidiendo perdón en privado más tarde. En ningún caso hizo lo debido en decir a los estudiantes que estaba Ud. en error. Ahora, ¿qué pasa? ¿Por qué va Ud. buscando pretextos para acusar a los maestros? ¿No somos sus hermanos en Cristo? ¿No merecemos por lo menos la misma consideración y respeto que tiene para con otros hermanos?" El estudiante vio su error, se arrepintió de veras y repetidas veces confesó delante de todos y pidió perdón diciendo: "Verdaderamente he caído en una trampa del enemigo. No me daba cuenta de esa actitud tan reprochable, buscando pretextos para criticar a aquellos a quienes debo más bien agradecerles muchísimas cosas. Perdóname Dios y perdónenme todos". Después de esa noche se cambió radicalmente el espíritu entre el cuerpo estudiantil y de nuevo el Espíritu Santo pudo bendecirles.

Una advertencia más estará en orden. En la América Latina es casi común que los directores y facultad de los seminarios o institutos sean extranjeros durante los primeros años. Estos, cuando están recién llegados del extranjero, generalmente tratan de imponer los mismos reglamentos a que ellos estuvieron sujetos en los planteles donde se prepararon para el ministerio, sin tomar en cuenta el ambiente latino, o sea, del país donde ahora enseñan. Estudiantes queridos, tengan paciencia. Podéis registrar vuestras protestas y presentar vuestros consejos, pero en espíritu cristiano. Entonces sabed que es raro el misionero extranjero que con el tiempo no se da cuenta de su error y se cambia, a veces siendo el otro extremo de ser demasiado estricto, o sea consecuente. Las equivocaciones de sus primeros años no deben ser recordadas, mucho menos echadas en cara, ya que su actitud ha cambiado, adaptándose mejor al ambiente.

E. Otros consejos

Los años de estudios constituyen el tiempo propicio para que el candidato aproveche las muchas oportunidades, pruebas y experiencias para formar su carácter y hábitos que le han de servir por toda su vida. El alumno que mantiene abiertos los ojos de su entendimiento verá muchas cosas que le pueden enseñar las más preciosas lecciones espirituales. Está en un grupo de condiscípulos que, por más que sean sus paisanos, son diferentes unos de otros. Son también los obreros con quienes tendrá que trabajar el resto de su vida. Son ellos el indicio correcto de lo que es la mejor juventud evangélica de su tiempo, la esperanza futura de la iglesia.

Habrá veces cuando un hombre espiritual contemplará el carácter de ese grupo y tendía dudas serias acerca del futuro de la obra; otras veces les verá bajo diferentes circunstancias y creerá que las posibilidades para el crecimiento espiritual son grandes. No se desanime. La iglesia es del Señor. El Espíritu Santo está en ella.

Durante los años escolares el joven pensará a menudo en el futuro. Así debe ser. Sus sueños más dorados se realizarán si confía en Dios y no en sí mismo. Sus mismos anhelos para un ministerio fructífero deben cristalizarse en resoluciones firmes de obedecer siempre a Dios en todo su ministerio: de reconocer su cuerpo como el cuerpo del Espíritu Santo, de quedarse enteramente sumiso, sin reserva alguna, al Espíritu de Dios, conforme a la Biblia, rechazando en el nombre de Cristo a todo otro espíritu. Debe esforzarse para aprender a oír la voz de Dios en su propio espíritu, y de reconocer la obra del dedo de Dios obrando en toda circunstancia de su vida. Sólo así puede el joven adquirir la madurez espiritual que debe tener para ser un guía espiritual para las almas.

No es necesario esperar su ordenación y años en el pastoreo para tener la plenitud del Espíritu Santo y ver los resultados divinos en su vida y servicio. Aun en la misma escuela ya es tiempo para esa experiencia.

También, como ya se ha dicho, los años estudiantiles son propios para la formación de buenos hábitos. Se aprende a disciplinarse para que estudie cuando debe estar estudiando, venciendo las "malas ganas". Se aprende a evitar, como dijo el Dr. Eric Lund, la "chismografía ministerial" y las "jeremiadas" o lamentos. Se aprende cómo congeniarse con otros sin comprometerse ni comprometer su propia espiritualidad o sus propias convicciones.

Un maestro nuestro dijo una vez a su clase: "Jóvenes, es muy fácil permitir que todo el mundo haga lo que nosotros mismos queremos". Pero la "regla de oro" es tomar la iniciativa en hacer para otros lo que sabemos es para el bien de ellos. No todos harán lo que a nosotros nos conviene. Además es mejor reconocerse y reconocer que siempre habrá personas quienes no nos tendrán en aprecio, para quienes no somos simpáticos o atractivos. No debemos corresponderles con desprecio o indiferencia, sino esforzarnos por ganar su amistad.

En el dormitorio con sus condiscípulos es donde el estudiante debe perder vergüenza de orar en presencia de otros. ¿Acaso es una vergüenza que otro nos encuentre arrodillado delante del Rey de reyes? Más bien aprenda a compartir con sus compañeros las cargas de oración que el Espíritu pone sobre su corazón y oren juntos dos o tres, aunque no sea la hora designada para las "devociones".

Y si Dios en Su misericordia y gracia visita al cuerpo estudiantil con un avivamiento o movimiento poderoso del Espíritu, impulsándoles a celebrar cultos de oración que duran toda la noche, no esquive Ud. dichas reuniones. Busque ansioso todo lo que el Espíritu Santo tiene para Ud. no temiendo el fanatismo sino a la frialdad espiritual, cuidando de hacer todo conforme a las Escrituras.

Aquí cabe una palabra acerca de un tema que no es tan agradable. Es en el seminario o instituto bíblico donde el joven debe aprender a ejercer la disciplina propia en el asunto de las finanzas personales: a pagar todas sus deudas antiguas y evitar las nuevas; a no comprar fiado, a no "dar la mano para otro", o sea, salir fiador para otro (Prov. 6:1-5; 22:26-27); a no robar tiempo de su patrón que le emplea, aun para hablar de Dios, a menos que tenga permiso para hacerlo; a no llevar lo ajeno, ni siquiera un lápiz de otro estudiante ni del instituto; a respetar la propiedad y los deseos de los demás. Es bueno vivir por la fe, pero no por la fe de otros de quienes Ud. tome prestado.

La plena confianza en que su Padre Celestial proveerá para Ud. le alejará de la mala costumbre de ser pedigüeño sin que vaya al otro extremo el de la independencia que rehúsa recibir un favor de un amigo. La honestidad también se extiende a sus estudios y exámenes. Algunas materias se prestan al estudio en grupos, pero el estudiante cristiano no robará de su vecino sus notas y labor, ni jamás copiará en un examen. Estudiará concienzudamente, sabiendo que "por el sudor de su frente ganará el pan".

Admitirá sus fracasos sin echar la culpa sobre otros, y hará reparación honestamente.

Para terminar este capítulo debemos hablar de un peligro más. El apóstol Pablo escribió: "Sea imitador de mí, así como yo de Cristo" (1 Co. 11:1), y: "Sean imitadores de Dios como hijos amados" (Ef. 5:1; cp. Fil. 3:17; 1 Tes. 1:6; 2:4; y He. 6:12). Es natural que el discípulo imitará a su maestro. Ojalá que se imitara siempre a sus costumbres buenas, sin incluir las malas. Pero el estudiante debe reconocer que está preparándose para poder ocupar el puesto y hacer la obra que Dios tiene para él, no para el profesor. Ha sido llamado individualmente y tendrá que servir como individuo.

No será usado por El Espíritu Santo por ser exteriormente una copia exacta de su profesor o de algún gran siervo del Señor. Es preciso que sostenga una íntima relación personal con el Señor Jesús resucitado, por medio del Espíritu Santo, y que tenga confianza en el Espíritu que le acompañará y le facultará para la obra que Jesucristo le ha autorizado hacer. Sólo así tendrán el día de su graduación y su diploma el valor y significado correcto. Será día de gozo, por cierto, pero se acordará que los conocimientos adquiridos son solamente instrumentos para el uso del Espíritu de Dios para hacer Su obra.

Cuando el Espíritu Santo inspiró a los escritores del Nuevo Testamento, por ejemplo, a los cuatro evangelistas, vemos que Él no puso a un lado las características de cada uno de ellos. Más bien empleó al individuo con su manera distinta de pensar, de expresarse, su modo particular de ver las cosas, etc. Pero les hizo escribir lo que el Espíritu quería y les impidió poner en papel lo que no deseaba preservar. Por esa razón cada Evangelio es distinto uno de otro, aunque todos son verídicos.

Ese mismo individualismo es practicado por el Espíritu Santo hoy al usar las mentes y bocas de los predicadores para dar el mensaje divino a las iglesias. Somos diferentes, unos de otros, y no debemos hacer el menor esfuerzo para conformarnos a otro modelo sino a Jesucristo, y ser lo que Él quiere, no lo que los hombres desean.

Se puede expresar esta verdad de una manera sugestiva, para dar coraje al joven pastor para que no tema ser diferente en su personalidad, con estas palabras: "Todavía el Señor tiene osas a Sus órdenes Esta expresión viene de la historia acerca de Eliseo en 2 Reyes 2:23-24. Eliseo era un joven profeta, comenzando su ministerio como sucesor de Elías quien acababa de ir al cielo. Elías había sido hombre extraño. Vestía pieles de animales, y sus actos y mensajes eran siempre dramáticos, casi espeluznantes. Todo esto era lo que uno podría esperar de su carácter fogoso, su espíritu ardiente.

Dios no hizo dos Elías. Como se dice: "El Creador rompió el molde después de hacer a Elías". Eliseo era otro hombre. Tenía espíritu suave y permanecía siempre en calma, haciendo grandes milagros con serenidad y sin aparato. No hubo nada de cabellera larga, vestido especial o costumbres extrañas. Se parecía a los otros hombres, y sin embargo tenía que seguir a Elías entre un pueblo acostumbrado a pensar en el profeta como personaje muy diferente del hombre común.

Pero Eliseo era tanto un siervo de Dios como lo era Elías. Por lo tanto, cuando los mozuelos le reprochaban su apariencia ordinaria aunque era profeta, la lección de las osas del bosque al castigarles es clara: no se debe juzgar al profeta de Dios por las apariencias o por su personalidad diferente de la de su antecesor. Es el derecho de cada persona, aun del pastor evangélico, mantener su propia individualidad.

Lección 5

Los primeros días en el ministerio

El Señor Jesucristo fue bautizado, luego tentado por cuarenta días, y en seguida empezó a predicar. Pero era hombre ya de 30 años de edad, tiempo requerido por los judíos para que uno sea llamado maestro. Ya conocía, por Su escuela en Nazaret y Su propio estudio, el Antiguo Testamento, los escritos de los rabinos y las tradiciones y prácticas del pueblo. No negamos que como Dios tenía un conocimiento perfecto de todas las cosas, pero como hombre se limitó a lo humano junto con lo que el Espíritu Santo le decía.

También el Señor dijo a los discípulos: "Venid en pos de mí y os haré pescadores de hombres". Este es el resultado lógico de andar con Cristo: el deseo de que otros le conozcan, acompañado de un testimonio tal que les atraerá. Lo vemos en Juan 1:35-42 donde el efecto de pasar la noche con el Señor le obligó, le impulsó a Andrés a buscar por la mañana a su hermano Pedro: "Y le trajo a Jesús".

En Mateo 10:5 leemos: "A estos doce envió Jesús, y les dio instrucciones". En Lucas 10:1 dice: "Después de estas cosas, designó el Señor también a otros setenta a quienes envió de dos en dos". En Mateo 28:18-20 tenemos la "Gran Comisión" donde todo discípulo es comisionado. El Salmo 107:2 manda: "Díganlo los redimidos de Jehová, los que ha redimido del poder del enemigo".

Un predicador dijo una vez: "Vosotros sois la sal de la tierra: Poneos en la sopa", que quiere decir que el cristiano no debe aislarse y gozarse a solas de las bendiciones en Cristo, cual ermitaño o claustral, sino ir a sus semejantes con el mensaje del Evangelio. Véanse también Mateo 10:32-33 y Marcos 8:38.

A. ¿Dónde ha de iniciar su ministerio?

En algunas denominaciones esta pregunta no presenta problema: la jerarquía decide la colocación de cada graduado del seminario. Es verdad que ha habido tiempos en que "la política" ha jugado un papel importante en esas decisiones, los padres u otros de mayor influencia en esas ocasiones usando "palanca" para conseguir los mejores puestos para sus hijos o ahijados. No creemos que esa sea la práctica general, porque en las iglesias nacionales también hay el temor de Dios. Las autoridades eclesiásticas desean el bien espiritual de la iglesia y procuran el bien de los ministros junto con el de las congregaciones.

Los maestros en el seminario han llegado a conocer a los alumnos y es costumbre consultarles acerca de las aptitudes de cada graduado. También las actividades en la "obra práctica" durante sus años de estudio dan un juicio de la clase de ministerio que le conviene. Es muy razonable también que cada graduado pase un par de años como ayudante de algún pastor experimentado.

En los seminarios de las denominaciones los alumnos son preparados para colaborar con la manera de gobernarse las iglesias y así están bien dispuestos a aceptar la decisión de la junta del presbiterio, obispo o superintendente en cuanto a dónde debe empezar su ministerio. Así debe ser.

Pero si un graduado tiene dudas, creyendo que el lugar que le han asignado no es lo que le conviene, y no es por orgullo sino por creer que sus talentos son para otro puesto en vez de ése, le aconsejamos que acepte el puesto y haga la prueba: puede ser que sus superiores sabían mejor o que fueron guiados por el Espíritu a pesar de las apariencias. De todas maneras Dios no abandonará a ninguno de Sus hijos, y si sirve en el puesto como a Dios y no a los hombres, es seguro que con el Señor a su lado tendrá experiencias espirituales muy provechosas para su futuro ministerio.

Es probable que la mayoría de nuestros estudiantes, sin embargo no tendrán una jerarquía que les diga a donde ir a trabajar. Algunas misiones forman una junta administrativa de obreros, y ellos ofrecen una o dos posibilidades en lo que se refiere a colocaciones. En otros casos, como ya se dijo, es posible que por sus labores durante sus vacaciones, el candidato tenga un llamamiento a cierto púlpito.

Si la iglesia a la cual pertenece el estudiante le ha ayudado con sus gastos durante el tiempo de sus estudios, es costumbre que le exija que regrese allá para servir en la obra por un año o más. A veces eso es muy práctico y un deber de agradecimiento. Pero si dicha iglesia no necesita de sus servicios, debe por lo menos orar con él para que Dios le indique dónde debe trabajar.

Cuando no hay ni misión ni iglesia que le llame a trabajar, será que Dios quiere que pase por la prueba de orar y esperar la manifestación de Su voluntad. El tiempo de espera debe ser ocupado en servir al Señor ganando almas, aceptando cualquier invitación a predicar, enseñando una clase bíblica, testificando al aire libre, y cooperando de toda manera posible en la obra de la iglesia. Algunos jóvenes salen a vender Biblias bajo la vigilancia del agente de las Sociedades Bíblicas o trabajan en una librería evangélica hasta ser llamados por una iglesia.

Algunos estudiantes escriben a la Academia quejándose de que el pastor no le da nada que hacer, y el pastor mismo escribe diciendo que nuestro estudiante le es una molestia, que no sabe nada pero que cree que sabe mucho, que es de un carácter tal que no se le puede confiar ningún cargo. Naturalmente la Academia no tiene ninguna autoridad eclesiástica pero aconsejamos al pastor a no perder a su oveja ni al estudiante a que se humille a que se haga digno de un cargo.

El propósito de una responsabilidad en la obra del Señor no es el de ostentar los conocimientos de uno, por más que muchos creen que sea así. Más bien es a fin de conducir a otros mas cerca a Dios. Si son incrédulos, se dirige a su conciencia manifestando lo que Dios dice acerca de los resultados del pecado. Una vez despertada la conciencia de su culpa y condición de condenación, se les presenta a Cristo crucificado y ascendido, invitándoles a que se arrepientan y crean el Evangelio. Si son ya creyentes el maestro o predicador les conduce más cerca a Dios por exaltar a Jesucristo por el poder y en la sabiduría que da el Espíritu Santo. Si el maestro ha aprendido más detalles acerca de la doctrina de la Biblia, sin que esos nuevos conocimientos lo hayan llevado a él mismo a los pies de Cristo, no podrá enseñar en el poder del Espíritu ni verá buenos resultados de su labor.

La dirección del Espíritu Santo para indicarle dónde debe empezar su ministerio no es reemplazable. Nada puede sustituirse por ella. Y si hay que esperar y orar, pues que espere y ore. No tema dedicar mucho tiempo a la oración. Mantenga un espíritu sensible a la voz del Señor en su corazón aun cuando Él le da la indicación, no quiere decir que su deber es ir mas allá y demandar el puesto. Si las cosas son de Dios Él abrirá la puerta en su tiempo para que todas las cosas sean hechas decentemente y con orden.

Una ilustración de esto es la experiencia del Dr. V. R. Edman, por muchos años fue el Presidente de Wheaton College. Era pastor de una pequeña iglesia en Worcester mientras recuperaba la salud perdida en su obra misionera en el país del Ecuador. Cuando tuvo las fuerzas, pudo también hablar por radio cada mañana por invitación de la estación WORC. Más tarde tuvo mayores energías y terminó sus estudios recibiendo el título de doctor de filosofía en la Universidad Clark. Una mañana temprano el Señor le susurró en su oído interior: “Wheaton College”. Era una nueva idea para el Dr. Edman. Estaba sumiso a lo que el Espíritu quería con él. Dejó esto en las manos del Espíritu y dos semanas después recibió una invitación o propuesta oficial del colegio para ir allá como profesor. En seguida supo que Dios le dirigía a. Wheaton. Fue y una gran cadena de bendiciones han resultado de esa decisión, o sea, esa sumisión al Espíritu.

El mismo Dios vive hoy y con Él no hay acepción de personas. En realidad son miles los siervos de Dios que pueden testificar de Su dirección en sus vidas.

B. La ordenación al santo ministerio

A menos que el graduado ya haya tenido mucha experiencia en el púlpito o en la obra no es costumbre que sea ordenado al salir del seminario. Aun las iglesias episcopales suelen hacer prueba de los graduados antes de ordenarles, a menos que haya necesidad urgente de que ejerzan el puesto de pastor en seguida en algún lugar donde no hay otro ordenado. Como dichas iglesias tienen el concepto del ministerio y de los sacramentos como eficaces en sí mismos y no a base de la fe, requieren la ordenación del que va a administrar los sacramentos.

Pero como casi todas las otras iglesias no conceptúan al ministro como sacerdote sino más bien como profeta no hay necesidad de la supuesta sucesión apostólica" por vía de las manos de algún obispo legítimo". Si es que sabe la doctrina el candidato ha de ministrar en un lugar donde no hay otro ordenado que pueda bautizar y administrar la Cena, se suele concederle una "licencia" para actuar como pastor. Si sigue bien por unos dos o tres años, entonces es ordenado.

¿Quién le ordena? Pues, hay varias maneras de llegar a eso, y distintos nombres son usados para designar la misma cosa. En las "Asambleas de los Hermanos" no usan la palabra "ordenación" sino más o menos "reconocimiento". Esto indica exactamente el concepto de la ordenación como debe ser. La primera y verdadera ordenación es la que hace el Señor mediante el Espíritu Santo. Los hombres no deben poner sus manos sobre un candidato para ordenarle al santo ministerio a menos que tengan evidencias de que ya ha sido en verdad ordenado por Dios. Los hombres sólo reconocen lo que creen que Dios ha hecho y la imposición de las manos es el acto oficial de reconocimiento, aprobación o afirmación del acto previo del Señor de la viña.

No creemos que la mera imposición de las manos convierta a un seglar en un clérigo que tenga poderes místicos de hacer funciones aceptables a Dios, algo que no podría hacer si no hubiera sido ordenado. Ciertamente la historia prueba con claridad que la plenitud del Espíritu no se limita al clero o a los ordenados.

El Nuevo Testamento habla de la ordenación de obreros de parte de los hombres, y de algún beneficio resultante, pero no menciona la sucesión apostólica ni el sacerdocio especial del ordenado. Más bien todo cristiano es sacerdote, como ya se ha explicado en el estudio de la doctrina.

Cuando el candidato a la ordenación tiene el sincero propósito de dedicar su vida entera a la predicación de la Palabra de Dios, y está convencido de las grandes verdades de la Doctrina Cristiana, su ordenación será acompañada por mucha oración, un sincero examen propio de sus más íntimos motivos, un sincero examen de sus propósitos y creencias, y generalmente aun por el ayuno. Si todavía no ha experimentado la plenitud del Espíritu Santo, no hay tiempo más propicio para someterse sin reserva a la voluntad de Dios y aceptar por la fe esa plenitud.

Lo mas acostumbrado en cuanto a la ordenación es que la iglesia de la cual es miembro el candidato pida la ordenación. Se extiende una invitación a las iglesias cercanas o a las que pertenecen a la misma misión, asociación o grupo, a que envíen su pastor y un anciano a una reunión, fijando la fecha y el lugar, con el fin de examinar al candidato para la ordenación. Esta participación es para evitar una acción ligera (1 Ti. 5:22); para que el acto sea reconocido por todas las iglesias de grupo que participa; y para la mayor seriedad en un paso tan importante.

Al reunirse la junta examinadora se suele proceder en seguida a dar los pasos siguientes: primero el candidato lee su tesis, que incluye una breve historia de su vida y conversión al Evangelio; luego detalles de su llamamiento al ministerio con su experiencia en el servicio del Señor; por último, una declaración de su fe, eso es, sus creencias bíblicas, su doctrina: lo que cree y lo que va a enseñar y predicar. Se exige que el escrito contenga su concepto de la Biblia, su inspiración y autoridad, su concepto de Dios y de cada Persona de la Trinidad; su comprensión de la salvación; el significado de las ordenanzas y qué parte tiene el ordenado en ellas; y sus creencias acerca del deber de un pastor. Estos puntos constituyen lo mínimo que se requiere.

Después de la lectura de su tesis, el candidato es sometido a un examen oral. A veces esto es efectuado solamente por los miembros de la junta; otras veces se permite a cualquiera hacerle preguntas y la junta o comisión juzga y vota sobre si se debe o no proceder a la ordenación. En algunas iglesias y en algunos lugares tienen la costumbre de llevar a cabo la ordenación durante una convención de iglesias, pero es más conocido que el acto mismo se celebra en la iglesia donde es miembro el candidato, aunque haya sido examinado en una convención. Se suele invitar a todos los ministros ordenados presentes a que vengan a la plataforma para participar en el acto. Un predicador da un mensaje que se llama: "El cargo al candidato" en que le da las exhortaciones del caso. Otro presenta a todos "El cargo a la congregación". Luego el candidato se arrodilla en el centro del escenario y todos los ministros ordenados ponen las manos sobre sus hombros y cabeza.

Por costumbre uno de los ministros ora la "oración de ordenación", o puede ser que dos o tres oren. Durante la oración, o dichas después por el presidente, deben decirse las palabras "ordenamos a nuestro hermano Fulano de tal al Santo Ministerio del Evangelio", o algo por el estilo.

Siempre después al referirse al ordenado. ya no se refiere a él como "el candidato" sino "el Reverendo Sr. Fulano" o "el Pastor Fulano", aunque es más por cortesía que por obligación. Para algunos el llamar a un hombre reverendo es casi una blasfemia, aunque nunca es correcto que un ordenado insista en que todos le llamen así, el diccionario dice que la palabra es un título que se usa para designar a un hombre que ha sido ordenado al ministerio. Llamamos a los nombres "señor", mientras que estrictamente hablando "Uno solo es vuestro Señor". Al escribir podemos hacer la distinción por el uso de letra mayúscula: "Reverendo; Padre; Señor"; etc.

Después es costumbre que se celebre la Santa Comunión o la Santa Cena y el nuevo ordenado está encargado de dirigir ese culto con el cual se termina la reunión. Los detalles no son de suma importancia; por lo tanto pueden variarse según parezca mejor. Como en las iglesias evangélicas no se suele hacer una ordenación a medias o por grados, todo ordenado puede pastorear cualquier iglesia que le llame a hacerlo, administrando las ordenanzas celebrando matrimonios, funerales, etc., sin restricción. (1 Ti. 1:18; 4:14; 2 Ti. 1:6; Tito 1:5; Hch. 13:2; 21:10-11; 9:15-16).

C. Las actitudes al entrar en el púlpito

Al presentarse un hombre delante de un grupo de oyentes como mensajero de Dios, toma parte en el acto más sublime, el privilegio más grande y la responsabilidad más solemne que un ser humano puede tener. Va delante de sus semejantes con un mensaje de Dios para ellos. Es profeta o vocero de Dios a su generación. No ha sido escogido para ese alto puesto por ser más hermoso, digno, mejor y santo, sino por la gracia del Dios soberano. Debe temer a Dios y no a los hombres.

Tal vez al principio su mayor problema será el de no pensar en sí mismo al entrar en el púlpito. Viendo a todos mirando hacia él, casi todos bien dispuestos a su favor, entonces es el momento cuando el enemigo del alma ataca, procurando quitar de la mente todo pensamiento de Dios para ocuparla en conceptos impropios acerca de su propia importancia.

Otro grave peligro en ese momento es la confianza propia, el albergar en la mente la memoria de su buena preparación, sus conocimientos adquiridos en el seminario acerca de la homilética, la exégesis, etc., etc., y en esa presunción seguir adelante con el primer culto.

No debe parecerle extraño que el diablo o uno de sus subalternos esté presente en la plataforma con el nuevo predicador. Si se presentó al Señor y Maestro, ¿cuánto más a los discípulos? Pero el remedio está a la mano. El mismo Salvador, el Señor Jesucristo, también está presente por Su Espíritu morando en el siervo del Padre, y es posible rechazar en sus comienzos a todas aquellas ideas inicuas que el demonio fomenta, y pensar en el Señor que le envió a predicar, el mensaje que le dio para el pueblo, y en la congregación que necesita aquel mensaje.

La iglesia se ha reunido, no para oírle a Ud., caro compañero en el ministerio, sino para encontrarse con Dios y oír Su Palabra divina. Cuando la iglesia da al candidato a pastor una oportunidad de conocerles a ellos, y a los miembros la ocasión de oírle, se suele decir que es un sermón de prueba. Sabiendo que mucho depende del culto, si la congregación le ha de llamar o no para que sea su pastor, es natural que el predicador esté nervioso. Es una equivocación luchar contra esos nervios esforzándose para aparecer indiferente o despreocupado, mostrando una familiaridad en el púlpito como si estuviera "en casa". Reconociendo que el futuro está en las manos de Dios, el candidato debe hablar a los congregados como mensajero enviado de Dios. Dado el caso de que nunca tenga otra oportunidad de predicar a esas almas, hablará de tal manera que, en años venideros, no sentirá vergüenza por lo que dijo. Si exaltó a Cristo, honró al Espíritu Santo y dio gloria a Dios, no habrá razón para apenarse.

Pero si, en vez de fijar su vista en el Señor, su corazón está preguntando a cada momento: ¿Me van a llamar? ¿Estoy haciendo bien? ¿Estoy cayendo en gracia? ¿Qué sueldo me van a ofrecer? Pues entonces, sepa que todo lo está llevando a cabo en la carne y no en el Espíritu. Así los resultados también serán humanos y no divinos. Que haya ánimo, pero del Espíritu y de acuerdo con el mensaje, y no un esfuerzo humano para merecer un empleo como medio de ganarse el pan. El remedio es el hacerlo todo para la gloria del Señor y no a los hombres.

En los primeros sermones hay dos peligros principales. Uno es la tentación de orar tanto que no queda tiempo suficiente para el estudio y preparación del tema; o de estudiar tanto que no queda tiempo para orar. De esto hablaremos más tarde. Basta decir que no debe predicar esperando que Dios haga todo y él nada, ni tampoco lo opuesto. El Espíritu, cuando en verdad el predicador le ha confiado el mando en todo le guiará en la preparación y la oración, pero usando el cerebro o mente del mensajero en el arreglo del mensaje, iluminando la Palabra obrando por medio de Su siervo. Otro peligro principal es la tentación de aparentar una emoción o sentimiento que no es real, sólo porque se cree que la congregación espera que se muestre conmovido. Primero es preciso que el predicador sepa que no sólo es difícil, es imposible tener éxito en la obra del Señor valiéndose de tal ardid. Unos pocos serán engañados al principio, pero al fin y al cabo el mismo aparentador se desenmascarará.

Se ha visto la incongruencia de un hombre predicar sobre los horrores del infierno, y en el momento más inesperado, en medio de sus gemidos y lamentos, una sonrisa casi burlona se ha aparecido en sus labios por un instante. Las acciones le delatarán al culpable de exaltar la retórica sobre la realidad. El predicador del evangelio no está haciendo un papel como si fuera en el cine o la televisión. Su tarea no es la de entretener sino de presentar enérgicamente la verdad a fin de que el Espíritu Santo la use como medio de convencer a los oyentes.

A fin de prepararle para que pudiera hablar con verdadero sentimiento y comprensión, Dios mandó a Oseas a casarse con una mujer mala e infiel. Ella dio a luz a dos hijos, a los cuales dio nombres que indicaban que no eran del profeta. Después ella le abandonó y el Señor hizo que el profeta la buscara, volviera a comprarla y la estableciera en una casa para esperarla. Con tales tristes experiencias en su vida el hombre era un mensajero sincero al pueblo idólatra que también adulteraba con los dioses falsos de las naciones vecinas.

Otro caso semejante es lo que hizo Dios con Ezequiel al quitarle de repente la vida a su esposa: "el deleite de sus ojos", y demandando que no llorara, ni le endechara, ni suspirara siquiera. Con eso tenía un mensaje especial para el pueblo que no había querido escuchar.

Algunos predicadores tienen las lágrimas muy cerca de la superficie, eso es, fácilmente se le corren las lágrimas, y no son de cocodrilo tampoco. Sienten hondamente cada emoción como por naturaleza. Otros son de carácter más frío, difíciles de conmoverse, o, por lo menos de mostrar sus sentimientos. No es impropio para el pastor llorar en el púlpito cuando hay evidente razón para hacerlo. No debe ser costumbre todos los domingos, a menos que sea él un hombre muy raro y elocuente en extremo.

Lo que aquí cabe comentar es que el joven predicador, al entrar en el púlpito, debe resolver que, con la ayuda de Dios, no dirá nada que no cree, ni aparentará un sentimiento más hondo de lo que en realidad siente.

Si le parece que hace falta mas demostración, o aun que no tenga en su corazón el debido pesar, que no llora con los que lloran o se regocija con los que se gozan, debe ir a Dios con su problema. Dios sabe quitar el corazón de piedra y dar en su lugar corazón de carne. El pastor que no se une con los de su congregación en sus experiencias de tristeza y de gozo, debe pedir al Señor un cambio de corazón y confiar que lo hará, pero que no aparente porque entonces no recibirá la realidad.

Cuando el pastor esté verdaderamente conmovido, los hermanos lo sabrán sin que cambie el timbre de su voz o que haga gestos o contorsiones en forma disimulada. Debe haber más susceptibilidad para distinguir entre la realidad que agrada a Dios en contraste con la retórica cuyo fin es el complacer a los oyentes, como entre lo que es costumbre hacer y lo que el público no quiere.

Lección 6

ORGANIZANDO SUS LABORES

El Señor Jesucristo es el Príncipe de los pastores, Aquel que emplea a los pastores y a quien pertenecen los rebaños. Fue Él quien dijo a Pedro: "Apacienta mis ovejas", (1 P. 5:4; Jn. 21:15-17). En Juan 10 el Señor Se llama a Sí mismo el Buen Pastor; aquellos que creen en Él y Le siguen son Sus ovejas; también dijo que tenía otras ovejas que no "son de este redil" de sus discípulos de Galilea y Judea, las cuales debía traer para formar un rebaño.

Luego dice que eso lo hará por medio de conocer o dar Su vida por las ovejas. Por esta causa sería Amado del Padre. Cristo pastoreaba a Sus discípulos, defendiéndoles de sus acusadores; corrigiéndoles sus faltas; instruyéndoles y protegiéndoles (Mt. 12:1-5; 8:26-27; 19:13-15; 13:10-11, 51-52; Jn. 18:8; Hch. 1:3, etc).

También el Señor tuvo un plan para Su ministerio, organizando Sus viajes y siempre mirando hacia Su pasión en Jerusalén. Sus enseñanzas eran progresivas, a la par que los discípulos podían recibirlas. Por más interrupciones que ocurrieron, nunca dejó de llevar a cabo Su propósito, ni fue confundido, ni tomado de improviso. Siempre estaba preparado con la sabiduría o potencia necesaria para la ocasión.

Como decía que Su enseñanza no era Suya sino de Aquel que Le envió, creemos que esta capacidad de poder enfrentarse con cualquier situación con completo éxito se debía a la perfecta sumisión de Jesucristo al Espíritu de Dios que estaba en Él sin medida.

Siendo así, el pastor hoy tiene la esperanza de poder ayudar a todo aquel que viene pidiendo consejo, instrucción o la solución de sus problemas.

A. Las primeras cosas que hacer

Vamos a suponer ahora que el candidato ha sido llamado por la iglesia y está para empezar su pastoría. Algunos graduados salen del seminario con una idea concreta y completa de cómo quieren organizar cualquier iglesia, con todos sus departamentos. Aun anhelan la oportunidad para probar su capacidad de dirigir y de poner en orden todo. Están convencidos de que saben exactamente que hacer y la manera de llevarlo a cabo. Otros salen de sus estudios sin haber formulado ningún plan sino para sus sermones.

Por cierto una buena parte de la culpa para estas diferentes maneras de pensar pesa sobre la institución donde el candidato recibió su preparación para la obra. Algunas escuelas ponen demasiado énfasis sobre la predicación, como si formara la mayor parte del ministerio evangélico. Es muy importante, por cierto, pero muchos pastores fracasan a pesar de ser buenos oradores.

Otras escuelas hacen hincapié en la organización, la obra social, el programa de la denominación, etc., sin la debida instrucción acerca de cómo predicar bien las verdades de la Palabra de Dios. Los arrieros o vaqueros tienen un dicho apropiado para los graduados que están por empezar su ministerio: "En el camino se enderezan las cargas".

No importa cuanta ni cuan buena preparación haya recibido el joven pastor siempre habrá necesidad de confiar en el Espíritu que da sabiduría, porque se presentan problemas que el seminario no pudo anticipar. En la Biblia, sin embargo, hay principios que gobiernan e indican la solución, aunque no haya detalles específicos de un caso igual. Con el tiempo el pastor concienzudo llegará a tener confianza en la Palabra y en el Espíritu, hasta el punto de no temer los problemas que han de presentarse.

Por más apuro que el nuevo pastor tenga para "organizar su carga", debe mostrar paciencia. Hay dos requisitos previos que son importantes. El primero tiene que ver con el pastor mismo. Si desea cambiar las cosas a su gusto porque cree que así habrá mayor bendición, debe estar seguro de su verdadero motivo. El peligro es que su propósito real sea conformar la iglesia a una idea preconcebida que tenga por sus estudios, cosa teórica nacida de su propia mente, y no algo que viene de Dios.

Aun puede ser un cambio innecesario que ha de consumir mucha energía sin que resulte en provecho alguno. El único resultado será que todos habrán hecho lo que el pastor quería de manera que él está contento al ver su sumisión. No, hermano. no haga eso, tenga primero la seguridad de que el cambio es inspirado por Dios.

El otro requisito, si es que desea que resulte en bendición, es que la congregación misma vea la necesidad de la modificación, y, convencida de que los efectos serán beneficiosos, esté listo para cooperar gustosamente en hacer el cambio. Esto requiere tiempo y tino.

1. Hacer visitas. Para poder ser un buen pastor es preciso que se llegue a conocer bien a los miembros personalmente. En las congregaciones de varios centenares de miembros eso es muy difícil pero es siempre el ideal. Primero debe el pastor visitar a los miembros de la mesa directiva, junta, diaconado o lo que sea el nombre del cuerpo de funcionarios. En iglesias pequeñas y nuevas tal vez no haya tal grupo, pero raro el caso en que no exista en efecto, aunque no sea organizado ni tenga nombre siempre hay quienes toman la iniciativa y hacen la labor.

Pero es triste cuando el pastor encuentra que toda la iglesia obedece a una sola persona, hombre o mujer, algún Diótrefes (3 Jn. 9): "al cual le gusta tener el primer lugar entre ellos", y quien espera que el mismo pastor le sea obediente también.

Mejor es que el nuevo pastor visite a los miembros de más influencia temprano, pero que guarde sus oídos abiertos y su lengua refrenada. Debe tener cuidado de no caer en trampas de partidos, rivalidades, antiguas contenciones, o simplemente participar en chismes.

Pero visite, conociendo así a las ovejas, resuelto a dejar una bendición en cada hogar visitado: un pequeño mensaje, algún consuelo, una exhortación, y siempre una corta oración.

Es buena idea anotar las visitas y tal vez algo de sus impresiones, pero siempre teniendo en cuenta que lo que escribe puede, aunque por accidente ser leído algún día por aquellos de quienes comenta.

Después de conocer un poco a los funcionarios, debe visitar a los maestros de la escuela dominical y luego a todos los miembros. Familiarizándose con todos los departamentos de la iglesia primero, y sabiendo la historia del pasado y quienes son los dirigentes, habrá posibilidad de pensar correctamente acerca de hacer cambios.

Hay pastores hoy que rehúsan hacer visitas a menos que sean llamados en casos de enfermedad u otra necesidad en la familia. Alegan la escasez de tiempo, las muchas ocupaciones, o que a los miembros no les gustan las visitas.

Una seria dificultad, especialmente en las ciudades, es que encuentra sólo a la señora en casa y no conviene que el pastor pase tiempo con ella. Bien, que lleve a su esposa, si es casado, o que vaya a una hora cuando sabe que el marido estará presente. Hay que evitar el mal testimonio (Ro. 14:16; 1 Ts. 5:22).

También es posible para el pastor visitar a los hombres en sus oficinas de vez en cuando, si no abusa y si sabe comportarse correctamente. Si es un empleado no debe robar tiempo al que le paga su sueldo privándole de trabajar. Con el tiempo y un esfuerzo cualquier pastor llegará a saber su deber en cuanto a estas visitas.

El propósito no es simplemente poder presentar a la iglesia un informe de que ha hecho tantas visitas. Es para conocer mejor a los miembros, saber lo que piensan, sus problemas, su condición o desarrollo espiritual y poder tener un rato de comunión espiritual con ellos. La práctica de leer un pasaje de las Escrituras y orar con la familia no debe ser olvidada. Ellos lo esperan y es la mejor oportunidad para el pastor ayudarles, recordando en oración a cada persona en la familia.

No debe pasar por alto a los niños ni durante la visita ni en la despedida. Sobre todo es un deber absoluto evitar que la conversación se degenere en sólo chismes y chistes. Muchas veces es la ocasión cuando los feligreses llegan a conocer al pastor como hombre, oyendo de su procedencia, su conversión, sus experiencias espirituales demasiado personales para ser relatadas desde el púlpito. Conversación sobre la manera en que Dios trata con los Suyos, contestaciones a la oración, cómo se convirtió un vecino, etc., tiene su parte junto con los comentarios rutinarios acerca del tiempo, la salud, las noticias nacionales e internacionales, etc. El pastor consagrado sabrá utilizar tales temas como puertas para abrir el camino para hablar de cosas espirituales.

Cuando hay personas inconversas en el hogar donde visita el pastor, no debe temer que se ofendan por conversar de la Biblia. Conversiones sin número han resultado de tales ocasiones. Si hay un hijo de la familia de edad racional que no se ha decidido por Cristo todavía, se debe con tino pero sinceramente tratar de ganarle para el Señor. ¿Qué mejor lugar para hacerlo que en su propio hogar? Sólo que se cuide de que aparenta el muchacho o la hija una decisión no personal y voluntaria, sino para complacer a su madre, o algo por el estilo.

Tampoco hay que limitar sus visitas a los que ya son miembros bautizados. A sus vecinos y a todos los que puede debe visitar. No hay que decir a los incrédulos: "venga al culto para oírme a mí predicar", sino buscar oportunidad de presentarles el Evangelio allí mismo. Si sabe que ya son simpatizantes, con tanta más razón deben recibir una visita. Con el tiempo los miembros aprenderán que Ud. desea visitar para evangelizar y le llevarán a casas donde ellos saben que hay simpatizantes deseosos de poder preguntar muchas cosas a quien les puede contestar y sacarles de sus dudas. Entonces asistirán a los cultos para oír la Palabra de Dios explicada.

2. Los primeros sermones. Cualquier pastor sentirá cierta nerviosidad al estar en el púlpito de su nuevo cargo las primeras veces. ¿Qué cosas debe predicar primero?

El director de un colegio bíblico en el Estado de Texas solía decir a sus estudiantes: "Al llegar a ser pastor de su primera congregación, debe predicar en seguida sermones sobre los temas de la elección, la predestinación, la soberanía, el libre albedrío, etc. Habiendo desahogado su mente de esas cosas, entonces puede ponerse seriamente a ser pastor y predicar lo que el pueblo necesita". Es posible que tal consejo sea bueno para algunos graduados del seminario, pero para la mayoría es inútil.

Lo más práctico es predicar lo mejor que uno pueda, mensajes que todos puedan comprender. Por notar la reacción en los rostros de los oyentes el pastor aprenderá a juzgar si sus palabras son comprendidas y apreciadas, o no.

Se debe cultivar el discernimiento espiritual, la sensibilidad de espíritu a las necesidades espirituales de la congregación y la manera de alcanzar sus mentes y voluntades con el mensaje. Así se dará cuenta de la clase de ilustraciones que hay que usar para mayor efecto, los temas de más interés, y de qué largo debe ser el sermón.

Al estar delante del auditorio, con tantos pares de ojos fijos en él, el pastor está sujeto a varias tentaciones, desde el orgullo ostentoso hasta la humildad exagerada. Pero si tiene en verdad corazón de pastor, sentirá inundar su corazón un amor para su redil y predicará de tal manera que sus ovejas sabrán que les quiere no importa tanto el tema de su sermón.

Ya hemos contado varias ilustraciones acerca de esta verdad, pero vale la pena repetir aquí una o dos. Después de escuchar a un joven predicar, un pastor veterano le dijo: "A Ud. le gusta mucho predicar, ¿verdad?". "Sí, señor. Yo amo la predicación", respondió el joven. "¿Pero ama Ud. a los hombres a quienes predica?" Y el joven tuvo que agachar la cabeza. Su mismo comportamiento le había delatado.

Otra es el caso de un joven que vino a predicar un "sermón de prueba" y usó el texto Salmo 9:17: "¡Se volverán los inicuos al infierno, y todas las naciones que se olvidan de Dios!" El anciano más respetado y espiritual en la congregación aconsejó a la iglesia a rechazar al candidato. El próximo domingo vino otro y predicó sobre el mismo versículo. Esta vez el anciano dijo que éste era aquel que necesitaban por pastor. "Pero ¿cómo es eso?" le preguntaron: "pues usó el mismo texto acerca de que los inicuos irán al infierno". "Verdad", replicó el anciano: "pero aquel se alegraba por eso. Este lo sentía profundamente. Este será buen pastor. No quiere que las almas se pierdan".

El pastor, sin embargo, no debe amar a su congregación más que a Dios. No debe temer predicarles las verdades "desagradables". Algunos pastores tienen la costumbre de "dar látigos" a sus ovejas cada domingo. El plan apostólico era primero enseñar las raíces y preciosas doctrinas del Evangelio que explican lo que Cristo ha hecho a nuestro favor y lo que es hoy para nosotros, y entonces dar las exhortaciones del caso.

El pastor que se disciplina a si mismo podrá retar a su iglesia a servir a Dios con palabras de las más claras y fuertes, y serán aceptadas. Los miembros saben cuándo su pastor es "hombre" y cuándo es sólo predicador. El Dr. Stalker contó la historia de un cristiano que dijo: "Nuestro primer pastor era hombre pero no era predicador. El segundo era predicador pero no era hombre. Aquel que ahora tenemos no es ni hombre ni predicador".

Cosas de evitarse en los sermones son: referencias despreciativas del anterior pastor en el púlpito, o a su ministerio; indirectas a que la iglesia no ha sido bien atendida ni organizada; promesas de que ahora "yo" voy a mejorar todo, el uso de ilustraciones o relatos en primera persona, etc.

Sea o no que esté presente el pastor anterior, es mejor y más cristiano no estar llamando la atención siempre hacia él. A la vez, si el pastor anterior está en el culto, es cortés pedirle que dirija en oración, o cosa por el estilo. Acuérdese de que él está en una posición delicada tanto como Ud. por su presencia. Él quiere ir al culto para adorar a Dios, y ¿qué mas natural que asistir donde es conocido? No le culpe por eso. Tal vez sería criticado mucho más si no asistiera. Trate con él como colega, no como enemigo o rival. La oración al Señor que calmó el viento y la mar salvará el barco.

En sus sermones hable de Jesucristo, muerto y resucitado. Honre al Espíritu Santo. "Para mí el vivir es Cristo", dijo el apóstol Pablo.

La congregación debe sentir que es el amor de Cristo el que constriñe o apremia a su pastor. Es el Cristo levantado que atrae a todos. Citamos otra vez al Dr. Stalker (*Merrick Lectures*, Fourth series, p. 282): "Es mejor sentir que nosotros pertenecemos a la congregación, que creer que la congregación nos pertenece a nosotros. Me gusta pensar del ministro como simplemente uno de la congregación que ha sido puesto aparte para un propósito particular. Una congregación es un número de personas asociadas para su desarrollo moral y espiritual. Y ellos dicen a uno de entre ellos: 'Mire, hermano, nosotros estamos ocupados en nuestras labores diarias y con los afanes y cuidados de la vida; vivimos en confusión v obscuridad; pero anhelamos la paz y la luz para animarnos e iluminar nuestras vidas. Hemos oído que hay una tierra donde se encuentran esas cosas: tierra de reposo y gozo, llena de pensamientos que viven y palabras que arden. No podemos ir allá nosotros por estar tan envueltos en los negocios de este mundo. Vamos; te elegimos a ti, librándote de tus labores diarias, y tú irás allá por nosotros, semana tras semana negociarás en aquella tierra y nos traerás de sus tesoros'. ¡Ay de aquel que acepta esta elección, y sin embargo, por su descuido o flojera, no se ocupa en negociar allá, y cada semana aparece sin la mercancía o con tesoros falsificados en sus manos! ¡Ay de aquel, si, al ir a dicha tierra, se olvida de aquellos que le enviaron y pasa su tiempo gozándose interesadamente en los placeres, deleites de adquirir conocimientos, nada mas! ¡Ay de él si no regresa semana tras semana cargado de ricos tesoros, diciendo: 'Si hermanos, he estado en aquella tierra. Es un país de luz, paz y todo lo noble. Pero no me he olvidado de vosotros y de vuestras necesidades, ni de los vínculos de nuestra hermandad. Mirad, he traído esto, y esto, y esto; tomad de todo; tomadlo para regocijaros y para purificar vuestras vidas'."

B. Organizando su programa

El primer afán del nuevo pastor debe ser la organización de sí mismo, sus actividades y programa. No podrá ser tan rígido como cuando estaba en la escuela, tal vez, porque no puede controlar las horas de todas las consultas, los matrimonios, funerales, etc.; pero si no tiene ni plan ni orden en sus labores, jamás verá el éxito y el progreso que debe ver.

Es verdad que cada mañana es su derecho decir al Espíritu Santo: "Aquí estoy, ocúpame como Tu quieras cada momento del día. No deseo hacer mi voluntad sino la Tuya". Pero eso no significa que nunca hará nada con plan y orden, sino lo que se le ocurra a la mente. Tal idea es peligrosa por cuanto es tan fácil engañarse y ser engañado, su propio deseo carnal o aun el susurro de un espíritu falso guiándole por camino errado. Sabe que es preciso preparar tantos mensajes a la semana, y cumplir con varias otras obligaciones, de manera que no debe haber necesidad de que Dios haga cual el arriero hace al burro, que le dé un golpe por el lado izquierdo para que vaya a la derecha.

El mejor hábito es tener un programa práctico que se ha arreglado después de mucha oración y meditación. A menos que el Espíritu le indique que otra cosa es requerida hoy, se debe seguir un plan trazado, entregándose con toda su energía al estudio, la visitación, o lo que haya por delante. Esto se hace sinceramente en la fe de que, si en cualquier momento el Señor tiene otra cosa para que Ud. la haga, lo manifestará. Esta sumisión de espíritu a Dios ha de ser habitual en el pastor con más urgencia que en los miembros, aunque todos debemos practicarla.

Aquí sugerimos algunos puntos que merecen consideración al organizar su programa:

1. La salud. El bienestar físico, aunque no de suprema importancia, es, sin embargo, digno de mucha atención. El apóstol Pablo dijo que el ejercicio corporal es provechoso para poco, eso es, en una esfera limitada (1 Ti. 4:8). Pero él mismo se ocupó de la dieta de Timoteo porque el joven padecía mucho del estómago. Su receta no es aplicable a todo el mundo, por cuanto no sabemos la naturaleza de la enfermedad ni del agua potable allá, que probablemente no existía en ese entonces.

Es costumbre que el pastor trate de guardar el día lunes como su día de descanso, y cuando piensa hacer ejercicio. Un hombre robusto y fuerte no sólo tiene mejor presencia en el púlpito, pero evita que la atención de sus oyentes sea desviada de su mensaje. Generalmente puede hablar mejor, inspira más confianza, y no atrae las atenciones, simpatía y condolencia de la congregación.

El pastor sufre suficiente tentación con las adulaciones, especialmente de las damas de la iglesia, sin que todas ellas le mimen por ser enfermizo. Al debilitarse por las constantes dolencias buscarán a otro para el puesto, siendo que el pastor está para cuidar a las ovejas y no ellas a él.

El evitar fuera tantas noches en las diferentes reuniones es causa de cansancio por la pérdida de sueño. Sin embargo el pastor tiene que recordar que los comerciantes, empleados y profesionales en los cultos nocturnos tienen su obligación de estar en el trabajo u oficina, a la hora de costumbre la próxima mañana. Por eso es bueno no permitir que los cultos o reuniones se alarguen más de lo correcto.

Es una mala práctica, casi un vicio, de algunos quedarse charlando sin necesidad ni propósito, hasta horas avanzadas de la noche. Otros predicadores sudan en el púlpito, aun en noches frías, y entonces salen fuera a la puerta para conversar sin un abrigo o sombrero. Mejor es cuidarse que estar siempre con resfriado o la gripe, el mal de los oradores.

En las iglesias rurales algunos pastores suelen llevar a su familia al campo para pasar un tiempo de expansión, paseo, y "picnic" o comida campestre los lunes durante el verano. En las ciudades generalmente hay otras diversiones aceptables.

En muchos lugares los pastores de todas las iglesias se reúnen los lunes por la tarde para discutir los problemas mutuos y orar a favor de la ciudad.

Para algunos pastores, sanos aun, la idea de un ejercicio fuerte es espantosa. Se dice que el escritor A. Wollcott decía que debía su excelente salud al hecho de que, siempre que le venían ganas de hacer ejercicio, en seguida se acostaba hasta que se le pasaban las ganas.

Otros pastores lo consideran un descanso los lunes atender a su correspondencia en vez de preparar un sermón, o de leer libros y revistas sin las miras de preparar un mensaje especial sino para su placer y para aumentar sus conocimientos generales. De todos modos debe haber en su programa un día de esparcimiento y recreo en cada semana.

2. La cultura intelectual. Es una equivocación pensar que la intelectualidad es necesariamente enemiga de la espiritualidad. Aunque sea posible hacer un ídolo de la educación, no quiere decir que el Señor premia la ignorancia ni que llama sólo a los de poca preparación al ministerio. Es notable la manera en que la buena educación ha sido promovida por las iglesias desde la Reforma, y es casi universal la experiencia de que los jóvenes evangélicos busquen mejorar su condición por medio del estudio y que los padres evangélicos estén más dispuestos a sacrificarse para la educación de sus hijos.

Cuánto más, entonces, debe el obrero del Señor sentir un anhelo de prepararse mejor para su servicio por aprovechar toda oportunidad de educarse bien. Después de graduarse del instituto bíblico o seminario y ser llamado como pastor, entonces es que el obrero debe resolver seguir su educación.

En algunas ocasiones es posible para el pastor asistir a una o más clases a la semana en una universidad, pero por regla general tiene que estudiar por su propia cuenta, sea por cursos por correspondencia o por comprar los textos necesarios y estudiar a solas.

Muchos no tienen la disciplina necesaria para eso, o sus ocupaciones no lo permitirán, dicen, pero por lo menos deben resolver no limitar sus estudios a lo que van a predicar el próximo domingo. Cuando en su preparación para un sermón encuentren alguna palabra o materia que les es desconocida pero que sería útil saber, no lo pasen por alto sino búsquense una enciclopedia o por lo menos un diccionario para aumentar su vocabulario y su saber.

Pocas son las ciencias que no sirven para ejercitar la mente del pastor para que comprenda mejor el Evangelio. Cuando menos lo que ofrece es una cantidad de ilustraciones útiles para sus mensajes, ideas para mejorar las distintas organizaciones. Pero no tiene que reformarlas en un solo día, ni personalmente.

Por práctica común vale la pena consultar con los que son responsables en cada departamento y "venderles" a ellos sus idea, dándoles la oportunidad de llevar a cabo las mejoras y permitiéndoles también recibir la gloria cuando la sociedad haya crecido. Entre más participa el pastor en las actividades de los miembros, mejor cumple él su ministerio, aunque añada mucho a su propia necesidad de tino, paciencia y humildad.

Lección 7

Ministrando

El Señor Jesucristo dijo: "Mi doctrina no es mía, sino de aquel que me envió" (Jn. 7:16); y "Yo, la luz, he venido al mundo, para que todo aquel que cree en mí no permanezca en tinieblas" (Jn. 12:46); y "Yo soy el buen pastor; y conozco mis ovejas, y las mías me conocen" (Jn. 10:14).

Jesús era Pastor y era Maestro, dando Palabras de Vida para el sostén de Sus ovejas (Jn. 6:63). Él supo lo que era ver a muchos de sus seguidores volver atrás y no andar más con Él (Jn. 6:66). También tuvo el gozo de ver a algunos que Le habían abandonado o dudado, regresar arrepentidos para confesar de nuevo su fe y amor (Jn. 20:24-29; 21:15-17).

Cuando Él aparezca otra vez será como el Príncipe de los pastores, y recompensará a cada pastor o anciano. Será un Juez justo por cuanto Él sabe todos los problemas, las pruebas, tentaciones y trabajos de los pastores. Hoy anda entre los candeleros de oro, velando por el bienestar espiritual de Sus iglesias (Ap. 1:10—3:22).

Léase 1 Pedro 5:1-11 como un consejo y consuelo a los ancianos y jóvenes de una congregación. El v. 7 no es sólo para los jóvenes sino también para los pastores. Cristo "sabe compadecerse": Él sufre o se regocija con Sus siervos, y les acompaña en todas sus dificultades.

En esta lección nos imaginamos que el candidato ya ha llegado a ser pastor y que ha pasado unas semanas o meses en su nuevo cargo. Ya no le es tan extraño el púlpito ni desconocidos los miembros de la iglesia. Está aprendiendo como funciona el consistorio, sesión, junta o grupo de ancianos y diáconos, y conoce en parte los diferentes departamentos de la iglesia. Tiene ahora tiempo para meditar y hacerse unas preguntas: ¿Cuál es mi propósito al estar aquí? Cuál es mi parte como instrumento del Espíritu Santo en preparar a cada miembro para la venida del Señor? ¿Qué se puede hacer para ganar más almas aquí para Cristo, la iglesia. y yo trabajando juntos? ¿Cuál debe ser el peso principal de mis oraciones diarias para que alcancemos todo lo que Dios tiene para esta Su iglesia? ¿Debo procurar predicar por radio o acaso por televisión? Pablo dijo a los ancianos de Éfeso: "Mirad por vosotros, y por todo el rebaño".

A. El modo de pensar acerca de su cargo

1. Acerca de sí mismo. Dicen los aviadores que el tiempo de mayor peligro para un piloto es cuando ha cumplido unas quinientas horas en el aire gobernando el avión. Como ya está acostumbrado a los instrumentos y controles, y sabe que puede despegar, volar y aterrizar bien, la tentación es muy grande de mostrar, inconscientemente, demasiada confianza en sí mismo y descuidarse: no chequea todos los manómetros, niveles, e indicadores. Ya que hasta ahora todo le ha ido bien, cree que no vale la pena tener el cuidado extremado que se merece. Se olvida de las muchas vidas bajo su responsabilidad, y no se acuerda de que es nada más que hombre falible que necesita vigilancia constante para evitar el desastre.

También para el pastor hay el peligro de acostumbrarse tanto al púlpito, de estar delante de la congregación y ver que todos le miran con esperanza para ser instruidos, consolados v fortalecidos, que empieza creer que merece el puesto, siendo el único capaz de ocupar el púlpito y dirigir dicha congregación. Se olvida de que es mero hombre, quien debe a la gracia de Dios todo lo que es y que puede hacer para el Señor. Y puede ser que, semejante al piloto excesivamente confiado, necesite un accidente o fracaso para despertarse de su sueño con que se conduce.

El remedio consiste en confesar, arrepentido su descuido fracaso o pecado, humillarse bajo la mano del Señor y aceptar Su disciplina sin dorar la píldora ni pretender que todo se debe a causas ajenas.

Oh, amados colaboradores, huir de la confianza propia como de la peste. Es una plaga carnal que arruina a multitudes de los siervos del Salvador. Se dice que aquellos que emplean actores para papeles importantes en los dramas serios suelen preguntar a aquellos que buscan dichas colocaciones: "¿Siente Ud. algo de nerviosidad cuando sabe que ha de estar delante de un auditorio?" Si confiesan que sí, sigue la entrevista y hay la posibilidad de emplearlos, pero si dicen que no, se les rechaza sin más que decir. Puede ser que sea así porque es bien sabido que el hombre de sangre tan fría y de confianza propia tan elevada que no reconoce la posibilidad de fracasar ni la importancia de su parte en el todo junto con su influencia sobre otros, no acepta instrucción ni hace su mayor esfuerzo.

Nunca ningún predicador debe ponerse detrás del púlpito sin sentir la urgente necesidad de elevar una oración a Dios clamando por Su auxilio. Al faltar dicho sincero sentimiento es claro que no es un mensajero del Soberano Dios Espíritu en ese momento, sino predicador vano de ideas propias. "Humillaos delante del Señor. y él os exaltará" (Stg. 4:10).

La actitud de humildad sincera delante de Dios no quiere decir que el ministro ha de presentarse delante de los hombres en forma servil, como si estuviera pidiendo excusas por estar allí y ocupar el tiempo de tantas personas. No, nada de eso. Dios ha ordenado el culto cristiano y la predicación porque Él sabe que los hombres necesitan reunirse alrededor de Su Palabra si han de ser fieles seguidores de la verdad. "La fe viene por el oír, y el oír por la Palabra de Dios". "¿Pero cómo oirán si no hay quien les predique?" (Ro. 10). "Agradó a Dios salvar a los creyentes por la locura de la predicación" (1 Co. 1:21). "Somos embajadores en nombre de Cristo", de manera que no hay que pensar que es un puesto bajo ni vergonzoso el ser siervo del Señor Jesucristo.

Diga y haga el mundo incrédulo lo que quiera, el obrero cristiano puede mantener su cabeza erguida delante de todos los hombres, sabiendo que ocupa un lugar útil en la comunidad, la cual por su presencia y ministerio es un pueblo mejor de lo que sería no estando él allí. La actitud correcta es: delante de Dios, corazón humilde y cabeza inclinada en sincera sumisión; delante de los hombres, corazón lleno de amor para servir y ayudar pero con la cabeza levantada, sin pena por la ocupación que le toca.

2. Acerca de la congregación. Su manera de pensar acerca de la congregación afecta mucho el ministerio del pastor. Ya se ha dicho que él pertenece a la iglesia y no ella a él, y que él no está allí para servir de muchacho de mandados ni que los miembros le han de servir a él, sino que ambos han de servir a Cristo.

Pensando en la congregación como un rebaño o redil de ovejas, hay muchas lecciones prácticas que el estudiante puede por analogía elaborar y aprovechar en su obra. Como pastor debe apacentar, pastorear, guiar y abrevar a los corderos y a las ovejas. Esto incluye cuando menos que sea responsable por la dieta o comida, a fin de que no les falte ninguna vitamina. Le cuesta al paso encontrar los pastos verdes y sanos.

Pero algunas ovejas en cada rebaño, a pesar de los mejores pastos, no se engordan por no asimilar el pasto. Es el deber del pastor descubrir las causas, remediarlas, ungiendo con aceite a los enfermos, débiles y cansados. Si las ovejas no beben las aguas de reposo, el pastor también debe averiguar la razón. Otras veces las ovejas sufren del calor y el pastor ve que es tiempo para el esquileo, de que den al dueño la lana que es su producto natural, para el provecho del patrón.

El pastor también vela por el aumento de la cría. Como en la iglesia también debe haber un crecimiento, no sólo el pastor sino también todo creyente debe buscar el ganar almas. Y además de todo esto hay la responsabilidad de proteger al rebaño de los estragos de los enemigos, tanto como de adentro como los de afuera (Hch. 20:28-30) .

Considerando a la iglesia como Esposa. ¿Que parte tiene el pastor en ella? Sabemos que la figura no es del todo fiel en sus detalles, como tampoco lo son las otras metáforas, analogías, comparaciones, etc., por cuanto las verdades espirituales son bien complejas, pero ciertamente alguna enseñanza resulta de esta figura. El pastor, aunque forma parte de la novia o esposa aquí, sin embargo tiene una obligación especial hacia el Señor.

Era el deber del amigo del esposo ir en busca de la esposa, acompañarla hasta la casa del marido ver que todo estuviese preparado para la boda mientras las mujeres embellecían a la novia y, al llegar la hora señalada, conducir al novio a la cámara nupcial. A veces aparecían enemigos que procuraban estorbar que el amigo llevara a la novia, o aun trataban de secuestrarla, y el amigo del esposo la defendía aun a costa de su propia vida. En el camino se ocupaba en elogiar al esposo, contando a la novia sus virtudes, riquezas, atractivo, coraje, gracia, etc.

De igual modo el obrero del Señor debe servirle de amigo, contando a la iglesia las bellezas y glorias del Salvador, mientras anda con ella en camino, conduciéndola a la presencia real de Cristo (Ef. 5:25-27; 1 Co. 11:2: Ef. 4:11-14).

También el apóstol Pablo compara a la iglesia como un edificio, en el cual él mismo hacía la obra de un arquitecto, y a una labranza, en la cual un obrero siembra, otro riega, siendo para Dios la cosecha. Además la iglesia es llamada el cuerpo de Cristo. ¿Qué parte del cuerpo es el pastor? Cristo mismo es la Cabeza, quien ve las necesidades de Su cuerpo y usa a los pastores o ancianos cual manos para guardar limpios, sanos y fuertes a los demás miembros del cuerpo, dando de comer y de beber, vistiéndolos de la armadura y el manto de justicia.

No es el obrero sólo ojos para ver lo malo, o boca para criticar sino corazón para sentir, pies para ir y manos para ayudar, auxiliar a los otros miembros del cuerpo de Cristo. El estudiante hábil puede ver en estas figuras otras lecciones y aplicaciones de los privilegios y las obligaciones, de los pastores evangélicos.

"Así, pues, nosotros, como colaboradores suyos, os exhortamos también a que no recibáis en vano la gracia de Dios" (2 Co. 6:1). "Porque somos hechura suya, creados en Cristo Jesús para buenas obras, las cuales Dios preparó de antemano para que anduviésemos en ellas" (Ef. 2:10).

Según estos y otros versículos vemos que Dios tiene algo que hacer para cada cristiano. Uno de los deberes del pastor es el de ayudar a cada miembro de la iglesia a que entienda cuál sea la voluntad de Dios para con él, y a animarle a ocuparse en cumplirla. Esto requiere una visión de la obra de la iglesia que alcance mucho más allá de simplemente la tarea de preparar sermones y predicarlos. Demanda un conocimiento de los hermanos, una entrada en los planes de Dios para la parte que Dios desea que la congregación tenga en la salvación del mundo: "empezando en Jerusalén", o sea, la comunidad inmediata. Para la mayoría de los obreros esto no quiere decir más que cumplir apenas las metas o cuotas fijadas por la denominación o agrupación a la cual pertenece. ¿Está seguro de que el Señor de la mies no espera más que eso?

El concepto del obrero como pastor de ovejas no basta. Es también caudillo de una compañía de soldados, jefe de una cuadrilla de trabajadores, una especie de ministro de relaciones exteriores con su cuerpo de embajadores de su Rey y Señor. Hay una debilidad notable en estas comparaciones. Sin embargo, el pastor no tiene autoridad personal para señalar arbitrariamente a cada soldado su asignación diaria. Es Dios el Espíritu Santo el que tiene la autoridad sobre los individuos.

Cuando el obrero pide a otros su ayuda en la obra, debe procurar que sea, de conformidad tanto en su propio concepto como en el de la persona solicitada, una oportunidad y llamamiento de parte de Dios. Y no importa cuán fuerte sea la convicción que el pastor tenga en su alma de que cierto hermano debe ocupar el puesto de diácono o de superintendente de la escuela dominical, por ejemplo, no le conviene nunca adelantarse a ofrecerle tal puesto cuando es la iglesia misma o acaso la sesión o junta la que elige la persona para tal oficio.

El pastor es político sólo en el sentido de usar tino, tacto, discreción, delicadeza y juicio en su trato con todos, no en el concepto de ejercer presión sobre los miembros, especialmente sus amigos íntimos, para que den su voto a fin de llevar a efecto lo que a él le puede beneficiar. Tal proceder es incompatible con el concepto de que una iglesia es el cuerpo de Cristo, dirigida por el Espíritu Santo. La oración y no la coacción es el recurso del pastor.

Aun en la oración debe manifestarse confianza en la dirección del Espíritu en las mentes de los miembros. Si los resultados ponen de manifiesto que las elecciones o decisiones de los miembros no son correctas, el pastor debe considerar bien si la falta cae o no sobre él, por cuanto no enseñó debidamente las Escrituras que tratan del asunto en preparación para la consideración del problema.

A pesar de su falta de autoridad personal para señalar a cada miembro su trabajo sin consultarle su parecer, el pastor no tiene por qué desanimarse. Es verdad que muchas veces las personas solicitadas sólo necesitan tiempo para orar y meditar sobre la oportunidad de servir antes de aceptar. No siempre rehúsan la responsabilidad de servir. Y es mejor cuando toman el tiempo necesario para considerar bien el caso con sus obligaciones, decidiendo con calma que es la voluntad de Dios que hagan lo que se les propone. Son más constantes y cumplen mejor la obra cuando lo hacen para el Señor y no para complacer al pastor.

Es señal de espiritualidad, no de obstinación, cuando exigen tiempo antes de aceptar un nombramiento que lleva en sí largas y series obligaciones. A la vez, si les cuesta demasiado tiempo para hacer contacto con Dios y descubrir Su voluntad, probablemente es señal de que no son equipados para el trabajo propuesto.

Hermanos en el ministerio, estas son las limitaciones ineludibles del pastoreo. En vez de rebelarnos contra ellas, nos conviene aceptarlas como de Dios. El método que Él ha escogido para el Espíritu Santo es mantener el lugar que le corresponde en la iglesia y así bendecir al mayor número de personas.

Lo ideal es que la iglesia sea tan espiritual que los dones del Espíritu de Dios son manifiestos en los distintos miembros, de tal manera que no haya duda acerca de la obra que le toca a cada uno, pero aun así no son innecesarios el amor las exhortaciones, etc., como vimos en 1 Corintios.

Un problema para pastores que está llegando a ser más serio es la falta de respeto para el pastor de parte de todos, mayormente los jóvenes. Algunos atribuyen esto al hecho de que el obrero evangélico no viste un hábito distintivo; por lo tanto no hay "el respeto para la sotana".

Ya que han aprendido los creyentes que el Nuevo Testamento no admite "órdenes", una clase apartada de hombres que tienen una entrada especial a Dios y una misteriosa "santidad" que les fue imputada en su ordenación, como resultado van al otro extremo de mostrar desprecio para los pastores. Jóvenes han dicho: "¿Para qué tener pastor? Él no es sino un hombre cualquiera. Yo puedo hacer todo lo que él hace".

Además el espíritu de anarquía, de rebelión contra todo lo acostumbrado, contra las maneras antiguas de pensar, contra toda autoridad, y a favor de una libertad que se incline más hacia la licencia, este espíritu que está dominando la nueva generación en todo el mundo hoy tiene su parte también en producir este desprecio para con el obrero.

Aun más, al avanzar esta edad de gracia y acercarse los últimos tiempos antes de la venida de Cristo, el mundo y los cristianos carnales manifiestan su resentimiento hacia la persona consagrada a Dios, siendo como un testimonio que les condena a ellos. El pastor debe recordar que es una ley espiritual que "todos los que quieren vivir piadosamente en Cristo Jesús padecerán persecución" (2 Ti. 3:1).

No es incorrecto enseñar Hebreos 13:7, 17 cuando cuadra bien con lo demás del sermón, pero lo mejor es granjearse el respeto más bien que demandarlo. No es fácil, especialmente cuando se trata de jóvenes rebeldes, pero Dios ve la oración. Generalmente viene a dichos jóvenes una experiencia triste, tal vez resultado de su espíritu de rebeldía, y si el pastor aprovecha esa oportunidad para mostrarse un verdadero amigo en tiempo de dificultad, podrá lograr la confianza y respeto de los tales.

El pastor que no aprende a "ver lo invisible" discernir la mano de Dios llevando a cabo Su voluntad en medio de la congregación, en forma directa tanto como por medio de él mismo, nunca podrá guiar a la grey a todo lo que son sus privilegios y responsabilidades en el reino espiritual. Puede llegar a ser muy popular, buen predicador con numerosa congregación, pero su ministerio se acabará con él y su influencia en las vidas de sus oyentes no permanecerá.

Tenemos como ejemplo humano a Moisés, quien tuvo que llevar a la multitud de la nación consigo como una carga. A veces se sentía muy desanimado, como que quería quitarse de encima el peso de la responsabilidad de tanta gente, pero cuando el Señor ofreció acabar con ellos y hacer otra nación de los hijos de Moisés, en seguida dio prueba que les amaba mas que a su misma vida (Nm. 11:10-15, 29; Ex. 32).

El mantener su mirada fija en el Señor y en Su obra con toda la iglesia exige una vigilancia constante de parte del pastor. Precisa una crucifixión de sí mismo, una muerte al yo propio, que no admite tregua ni descanso. Se estima a sí y a sus posesiones, talentos, fama y popularidad, sólo a la luz de su valor para Cristo, como instrumentos para el uso del Espíritu Santo. Si no sirven para la gloria del Señor, no son de importancia. El resultado será una estimación sincera para con los miembros de la iglesia, y el ver en ellos muchas posibilidades. Estimula en el pastor la oración a favor de cada miembro y un cuidado por averiguar su progreso espiritual y ayuda en su desarrollo.

En la Iglesia en Corinto es verdad que hubo creyentes carnales y creyentes espirituales, pero eso no da razón para que el pastor esté contento con tal condición como un hecho permanente en su congregación. Puede ser que no sea capaz de escribir cartas al estilo de las dos epístolas a los Corintios para remediar dicha situación. Tampoco hay necesidad para ello siendo que tenemos, ya en nuestras manos dichas cartas inspiradas que se emplean para ese propósito. Lo principal es que reconozca la verdadera situación y que no se sienta conforme o contento de que las cosas sigan siempre así. Los miembros espirituales deben llegar a una preciosa madurez; los carnales a ser espirituales; y los inconversos a ser creyentes.

¿Le parece este ideal demasiado alto? No lo es verdad que requiere la obra de Dios el Espíritu Santo para llevarlo a cabo, pero el ministro que piensa en tener un ministerio limitado a lo que él mismo puede hacer como hombre, no es un ministro de Dios. No importa cuánto sepa de la teología, psicología, psiquiatría, sociología, homilética, retórica, hermenéutica, y otras ciencias, su obra no valdrá para nada si no es instrumento del Espíritu Santo. Sólo Él puede regenerar y dar vida eterna. Lo que se busca es la regeneración, no la reformación o simplemente el "estar en paz consigo mismo".

B. La predicación

"Ten cuidado de ti mismo y de la doctrina" (1 Ti. 4 :16). Al considerar si ha tenido cuidado de la doctrina o no, el pastor no sólo juzga su fidelidad "a la fe que ha sido una vez dada a los cantos", sino también su diligencia y entereza en anunciarles "todo el consejo de Dios"; es decir, si ha sido buen administrador "de los misterios de Dios", o no.

Estas cosas son de mayor importancia que la cuestión de si estamos ya seguros en el puesto de pastor de esta congregación, si hemos ganado la simpatía de los miembros de más influencia, y si parece que se puede contar con varios años en esta pastoría. Es tiempo además para que el pastor se pregunte si ha faltado o no en su cuidado de sí mismo o de la doctrina, causando la defección o separación de algunos miembros, o constituyendo un obstáculo, una piedra de tropiezo para algunas almas que buscaban al Señor pero que no siguieron adelante hasta encontrarse con Él.

Algunas almas han sido convertidas, gracias al Señor, pero ¿no debía ser el número mucho más grande? Algunos miembros han sido ayudados en una vida espiritual y victoriosa, pero ¿se han dado cuenta todos de su obligación de ser llenos del Espíritu de Dios? ¿Ha sido efectuada una obra que es claramente mayor de lo que los hombres pudieran haber hecho por medio de la psicología u otras ciencias? ¿Reconocen los miembros más espirituales en la iglesia que Dios mismo está obrando en medio de la grey ¿Son unidos en ánimo, pensamiento y obra, como un solo rebaño del Pastor Jesucristo? ¿Predico a menudo sobre la salvación, pero nunca sobre la santificación? ¿Sabe la congregación que la Biblia contiene estas palabras: "La voluntad de Dios es vuestro santificación"?

Una preocupación grande de los obreros es la triste verdad de que la mayoría de las personas que profesan recibir a Jesucristo como su Señor y Salvador personal, no son realmente convertidas ni siguen al Señor.

Después de una campaña de evangelización en que dos, tres o cuatrocientas personas levantan la mano en señal de su fe en Cristo, luego que transcurre un par de meses ya no se encuentra en las iglesias ni diez de aquellos "conversos". Es fácil para el evangelista y los obreros excusarse de responsabilidad diciendo que la parábola del sembrador y las cuatro clases de terreno donde cayó la semilla explica que siempre es así. No es extraño, entonces, que dicho evangelista pronto no tenga más campos donde trabajar.

¿Para qué tantísimo trabajo para llevar a cabo una campaña, cuando los resultados finales son más o menos lo que hubiera acontecido durante el mismo período sin el esfuerzo especial del evangelista? Tal vez algunos dirán que el cuadro que hemos presentado no es enteramente correcto. Gracias a Dios es un poco pesimista y exagerado. Es verdad que un buen orador ayuda mucho en alcanzar a personas que nunca oirían el mensaje por los métodos ordinarios de las iglesias. También, aunque durante la campaña no hacen una decisión, se ha quitado el prejuicio y las falsas ideas del Evangelio, y algunos reciben a Cristo más tarde. Los tratados repartidos producen fruto más tarde, también.

Aun así, la pérdida de profesantes es muy grande, más de lo que debiera ser. Lógicamente la causa tendrá que encontrarse en los hombres y no en Dios, y estribará, o en una "conversión defectuosa", o en una "alimentación insuficiente" del recién convertido. Hemos visto ya que toda verdadera conversión es obra de Dios, quien solo puede perdonar, redimir, rescatar, justificar, adoptar, santificar y glorificar. ¿Reconocemos debidamente esta obra como efectuada por el Espíritu de Dios cuando predicamos?

La dependencia del predicador, del Espíritu Santo, no quiere decir que hablará con menos fervor, lógica y persuasión, sino con más, por cuanto se estima como instrumento del Espíritu y se esforzará para ser siempre mejor instrumento. Esta cooperación con Dios engendra un denuedo en el púlpito como el que tuvieron Pedro y Juan ante el sanedrín (Hch 4:13).

También estimula la esperanza de ver resultados de las predicaciones porque contamos con que el Espíritu usará "la Palabra de la Cruz" para salvar a los perdidos. Pero si confiamos en nuestra sabiduría y elocuencia, los resultados serán humanos, no divinos.

Aun en los sermones para los recién convertidos debemos reconocer el lugar que ocupa el Espíritu en iluminar la mente, fortalecer la voluntad, y aplicar a la vida las verdades reveladas. Conviene explicar que uno no debe esperar que, al hacer profesión de fe en Cristo, el mundo le alabará y le ayudará a seguirle. Vendrán dificultades y tribulaciones, pruebas y persecuciones.

Pero junto con esto vendrán experiencias preciosas de la presencia y la providencia del Padre Celestial. No es la predicación un soplo de viento que ha de hacer de la chispa de vida espiritual recibida en la conversión una llama fuerte que encenderá el espíritu. Es más bien el dar alimento primero con leche y después con manjar sólido hasta que la pequeña criatura recién nacida siga creciendo hasta alcanzar la medida de la estatura de la plenitud de Cristo, eso es, que sea varón perfecto o maduro (Ef. 4:13; He. 5:11-14). En las predicaciones el pastor debe manifestar un conocimiento cabal de los problemas y condición de la vida diaria de los hermanos. Sin embargo, esta manifestación debe hacerse indirectamente y con simpatía, no criticando, ni despreciando la pobreza, el infortunio, ni aun la ignorancia de ninguno.

Y así como las ilustraciones en los sermones que son referencias a experiencias propias o a sí mismo en cualquier forma deben ser muy raras, así también el predicador debe abstenerse de referencias a personas particulares en la congregación o aun en la comunidad. Si elogia al hermano, otros pueden tomarlo a mal; si le desprecia, el mismo sujeto se da por ofendido, o, lo que es peor, pueden creer que algo dicho en secreto está divulgándose en violación de la confianza. Aquel que desea ser respetado tiene que respetar.

Sin embargo los sermones deben ser "humanos", eso es, al alcance de los oyentes, comprensibles, que hablan de cosas que conciernen a la vida que ellos mismos viven todos los días.

Al mismo tiempo los sermones deben llamar a los oyentes a una vida mejor, más espiritual, más pura y más útil con relación a la eternidad. Lo menos que nos enseña 1 Timoteo 1:7 es que el predicador debe ser sincero, íntegro, honesto. No debe ser como los escribas y fariseos que "atan cargas pesadas y difíciles de llevar, y las ponen sobre los hombros de los hombres; pero ellos ni con un dedo quieren moverlas" (Mt. 23:3-4).

Quiere decir que el pastor no tiene derecho de predicar lo que no se esfuerza él mismo en practicar. No quiere decir, sin embargo, que limite sus mensajes a sólo lo que él haya experimentado personalmente a perfección. Debe exponer delante de los hermanos todo lo que ve en la Palabra de Dios, como, por ejemplo, Mateo 5:20 y 48, y confesar que él, junto con ellos, debe ocuparse en llevar a cabo lo enseñado, pero que, cual Pablo, no pretende haberlo ya alcanzado, sino que prosigue a la meta (Fil. 3:12-14).

Cada obrero, mientras sigue predicando, debe darse cuenta de que está progresando en eficiencia en la obra siendo más útil al Señor; que crece en el amor a Dios y a los hombres; que ore con mayor eficacia y que predica mejor que antes. Sea así con tal que cumpla con el mandamiento: "ten cuidado de ti mismo, y de la doctrina; persiste en ello...." La iglesia también se dará cuenta de dicho progreso y se gozará. "Practica estas cosas. Ocúpate en ellas, para que tu aprovechamiento sea manifiesto a todos"(1 Ti. 4:15-16).

Cuando el predicador se examine en relación con su adelanto en la obra, le conviene también juzgarse en cuanto a sus motivos más íntimos para saber si es la ambición carnal o el amor a Dios lo que le ha movido a ello. También es bueno pensar si el progreso ha sido todo lo que debía ser o no, y qué puede hacer para que en el futuro sea mayor.

Lección 8

PELIGROS Y PROBLEMAS EN EL MINISTERIO

El Señor Jesucristo dio a Sus discípulos una comisión que requería un poder divino para llevarla a cabo. En primer término el enviar a un pequeño grupo de hombres pobres, eso es, hombres que habían abandonado todo para seguirle a aquel que no tuvo donde reclinar la cabeza, a que fuesen a todo el mundo, era cosa que demandaba recursos más allá de lo visible.

Así que el hacer discípulos en el mundo político y tan entregado a los placeres y a la idolatría, como era el caso en aquel entonces, hacia tangible que Él que les comisionaba contaba con un poder que alcanzaría hasta los intelectos las voluntades y los corazones de los hombres.

Las armas con que los equipaba eran solamente la verdad, las Buenas Nuevas, pero incluían la seguridad de la presencia y el poder del Espíritu de Dios. No les prometía una vida fácil, ni les dijo que todo el mundo les prestaría atención y respeto. Todo lo contrario. Pero la presencia divina garantizaba que su obra no seria enteramente en vano, porque serían Sus embaladores, y la recepción que las gentes les brindarían a ellos sería considerada como si fuera dada a Dios mismo. Por estas razones sus mensajes resultarían en vida nueva o en muerte eterna para los oyentes.

Noble comisión, pero grande responsabilidad. Sólo la convicción de la naturaleza divina de su ministerio puede salvar al pastor del desaliento y el abatimiento cuando se encuentra frente a los peligros y problemas de su obra. Estos son serios y múltiples, pero el Señor dice: "Tened buen ánimo; yo he vencido al mundo". (Jn. 16:33).

A. Los Peligros en el ministerio

Algunos de los peligros y problemas del ministerio han sido tratados en los capítulos anteriores, pero será útil volver a mencionarlos aquí juntos y considerar algunas cosas adicionales. Ya se ha considerado que la actitud mental, o sea, el modo de pensar, junto con los motivos íntimos, son de primera importancia. Estas dos cosas dictan el proceder, el cual será correcto si ellas lo son, o han de corregir el mal procedimiento si no está de acuerdo. Pero si se piensa mal acerca de lo que se hace, o si se hace con propósito indigno, tarde o temprano no sólo el pastor sino toda la congregación sabrán que está en mal camino.

1. **El peligro de ser reprobado.** En 1 Corintios 9:15-27 el apóstol Pablo hace un resumen de las cosas que él lleva a cabo para ganar el premio en vez de ser eliminado, rechazado por indigno, descalificado o simplemente rechazado, según dicen las varias versiones. Es una expresión que viene de la arena donde los atletas tienen que competir legítimamente o dejar el deporte.

La misma voz es usada con igual enseñanza en Hebreos 6:8. No se refiere a la salvación del alma sino a su aceptación y efectividad en la obra o servicio del Señor. Aquel que está en el ministerio debe observar las reglas o leyes del Espíritu Santo si desea continuar en el puesto y recibir el gran premio de la aprobación de Dios (2 Ti. 2). No sólo hay que llenar las condiciones sino también esforzarse dedicando todas sus energías a cumplir con el trabajo que Dios le ha designado, sirviendo al Señor para Su gloria. El que se retrae, o se desanima, se cansa, deja de orar, de ejercer la intrépida, de meditar en la voluntad de Dios, de tener siempre visión de nuevos horizontes, queda pronto sin fruto y es rechazado o eliminado de la carrera. Perderá el galardón, pero no su salvación.

Se ha dicho que el único pesar o remordimiento en el cielo será el reconocimiento de la gran diferencia entre lo que éramos o hicimos y lo que debíamos haber sido y hecho.

2. **El peligro de encontrarse golpeando el aire.** En 1 Corintios 9:26 el apóstol Pablo afirma que él se esforzaba para evitar este peligro. Pero hay obreros que no logran escaparse. Trabajan, forcejean, predican, pero no avanzan hacia el blanco, por la sencilla razón de que no tienen blanco. O será que están tan sumergidos en los detalles de su ministerio que se han olvidado de su meta. Han quitado los ojos del Autor y Consumador de la fe, y los han puesto en el auditorio, o en sus compañeros, en el "¿qué dirán"?, o en un centenar de otras distracciones.

Al predicar piensan sólo en ocupar el tiempo del culto, o en su modo de expresarse, o en su correcta presentación, pero no piensan en la urgencia de su mensaje.

El Dr. Dale dijo que durante sus vacaciones había oído dos sermones presentados por un hombre de mucha cultura con una mente activa e inteligente. Los sermones eran buenos por tener buena exégesis, pensamientos ingeniosos y frescos, con ilustraciones admirables, y el estilo demasiado delicado y hermoso. Pero parecía que al predicador no se le ocurrió que alguien le escuchaba. Hablaba porque le era placentero hacerlo. No era posible dar con alguna verdad que quería aclarar, o algún deber que deseaba exhortarnos a que cumpliéramos, un error que intentaba refutar o algún sentimiento que trataba de vivificar.

Esto trae a la memoria la historia del soldado que no estaba en su debido puesto durante la batalla. Más tarde le encontraron paseándose en un jardín cercano. Al preguntarle qué hacía allí, contestó: "No estoy haciendo daño alguno". Lógicamente lo fusilaron por cuanto algunos de sus compañeros perdieron sus vidas cuando él no defendía su puesto en el frente de batalla. Cuidado hermanos pastores, que nosotros no caigamos en el error de olvidarnos de nuestro blanco, el de glorificar al Señor Jesús con todo nuestro vigor (He. 12:12; Fil 3:10-14; Col. 3:17, 23-24, etc.).

3. El peligro de naufragar. El contexto del pasaje (1 Ti. 1:3-20) aclara el hecho de que "la fe" aquí no se refiere al ejercicio de la confianza, sino a la verdad, el conjunto de las doctrinas neotestamentarias. Así el decir que Himeneo y Alejandro hicieron naufragio respecto a la fe, quiere decir que no mantuvieron ni la fe o verdad, ni la buena conciencia (v. 19).

Muchos creen que éstos eran gnósticos, negando la verdadera deidad de Jesucristo, basándose en el versículo 17. Pero los versículos 3 a 11 hablan de ciertas enseñanzas erróneas en cuanto a la ley, en que tal vez constaba un desprecio desmedido de todo el Antiguo Testamento. La negación de las profecías naturalmente llevaría al rechazo de la doctrina de la deidad de Jesucristo.

También se ve que el mismo Evangelio, la conversión de pecadores por la gracia mediante la fe, está incluido en la verdad que desecharon aquellos que "naufragaron en cuanto a la fe".

El ser rechazado o eliminado de la obra del Señor como indigno de servir, o el quedar sin fruto o efecto aun cuando continúe en el ministerio, no es tan trágico como el hacer naufragio de la fe. Quiere decir que no sólo deja la obra sino que ahora ama al mundo. Demas abandonó o desamparó al apóstol Pablo porque amaba al mundo. Marcos abandonó a los apóstoles también, pero no hizo naufragio de la fe y fue reinstaurado (2 Ti. 4:10; Hch. 13:13; 2 Ti. 4:11).

Es demasiado frecuente en nuestros días que los graduados de algún instituto bíblico o seminario empiecen su ministerio en alguna iglesia y después de uno o dos años abandonen la obra por un empleo comercial con "buen" sueldo. Se da por excusa que es absolutamente necesario ganar más dinero para el bien de la familia, o se pretende que la iglesia no le ha tratado bien y prefiere trabajar en una compañía, o aun se dice que ya él se da cuenta de que no tiene vocación de pastor, etc., etc. Es muy probable que para él la obra del Señor no resultó ser tan sencilla y fácil como había soñado; se siente chasqueado. Pero en realidad de verdad lo que pasa es que su amor al mundo se ha manifestado al fin, sin poder esconderse más. Su fe y su amor al Señor Jesús no son lo suficiente predominantes en su vida como para vencer la atracción del mundo. Es lamentable que estos náufragos generalmente dejan aun de asistir a los cultos, hasta que Dios les hace, tras muchas experiencias tristes y disciplinarias, al arrepentimiento sincero y permanente.

Por lo dicho arriba no se quiere menospreciar a aquellos buenos hermanos que trabajan para sostenerse y predican o pastorean iglesias que son pequeñas y no pueden pagarles el sueldo suficiente. No. Es dirigido a todos a fin de prevenir el fracaso. Al verse el escollo, el barco debe evitar el peligro para no irse a pique.

4. El peligro de no cumplir el ministerio. Ignoramos la razón que impulsó a Pablo a escribir a la Iglesia en Colosas que dijeran a Arquipo: "Mire que cumplas el ministerio que recibiste en el Señor" (Col. 4:17).

Aunque no sea cosa fácil de hacerse, ni agradable, sin embargo, cuando una congregación ve que su pastor no está cumpliendo con su ministerio, los espirituales entre ellos deben decírselo. El apóstol escribió la misma cosa a Timoteo: "Cumple tu ministerio" (2 Ti. 4:5). En el caso de Timoteo vemos que la exhortación está precedida por otra: "haz obra de evangelista".

Ciertamente el evangelizar es parte del ministerio, pero se debe incluir por lo menos todo lo mencionado en las Epístolas Pastorales como deberes y responsabilidades. Más de una aplicación tienen las palabras del Señor Jesús: "Estas cosas deberíais hacer, sin desatender aquéllas" (Lc. 11: 42).

Pocos podemos decir: "Lo que debíamos hacer hicimos" (Lc. 17:10), para pronto pensar que hayamos "hecho todo lo que (os) ha sido ordenado". Ciertamente debemos servir en amor y con todas nuestras fuerzas y ánimo. La calidad tanto como la cantidad de nuestro servicio son cosas importantes. Pero siempre habrá muchísimo más que hacer que lo que cada pastor puede cumplir, al contemplar la comisión de Mateo 28:18-20. ¿Qué quiere decir entonces la exhortación: "Cumple tu ministerio porque yo ya estoy para ser sacrificado, y el tiempo de mi partida está cercano"? Pues, lógicamente es que ¿cada día se debe hacer lo que los ha sido ordenado": "las buenas obras, las cuales Dios preparó de antemano para que anduviésemos en ellas" (Ef. 2:10).

Sería contraproducente si el estudiante, al pensar en evitar este peligro de no cumplir su ministerio, determinara orar menos y hablar más; estudiar menos y predicar más, o cosas por el estilo. Sin duda la mayoría de los estudiantes ya están conscientes de algunos deberes los cuales el Espíritu Santo les haya indicado que cumpliesen. Y quiere decir que cuando se presenten interrupciones inesperadas, o acaso desagradables, obligándonos a poner a un lado el estudio u otra ocupación que pensábamos hacer, tales ministerios serán cumplidos como un grato servicio a Dios.

Pero si no es en realidad una suspensión de planes que el Señor ha enviado, sino una diversión más agradable que lo que íbamos a hacer, y no necesaria ni urgente, entonces habrá que decidir delante del Señor cuál es la cosa que el Espíritu le indica como su ocupación en esa hora, y cumplir con el verdadero ministerio.

5. El peligro de perder el poder. Cuando los setenta regresaron de su viaje misionero, la Palabra dice que volvieron con gozo diciendo: "Señor, aun los demonios se nos sujetan en tu nombre" (Lc. 10:17). Los apóstoles, al ser enviados la primera vez, recibieron potestad o autoridad sobre los espíritus inmundos, para que los echasen fuera, y Cristo les mando que echasen fuera demonios (Mt 10:1, 8). Se regocijaron en hacerlo (Lc. 10:17). Pero más tarde ellos eran impotentes delante de un muchacho endemoniado (Mt. 17:10). Hicieron bien en preguntar al Señor la razón de su fracaso, y aprendieron que era por falta de oración. No debemos dar por sentado que, ya que somos obreros reconocidos, todo ha de salir con éxito porque sí. Dios no obra de esa manera. Hay condiciones para el éxito (Sal. 1:1-3).

Hay varias cosas que conducen a que un pastor pierda el poder espiritual. Una es el efecto amortiguador de demasiada familiaridad con lo sublime, el acostumbrarse tanto a tratar de las verdades santas que pierda el temor reverencial, y deje de maravillares al contemplar la gloria de la gracia divina.

Por ejemplo, el año que el predicador no sienta nueva admiración por el plan de la redención al predicar desde el "Domingo de Ramos" hasta el "Domingo de Resurrección", ya ese obrero ha dejado su primer amor y ha perdido su poder espiritual.

Otra cosa que influye en esto es la familiaridad con lo común y ordinario de la vida: el acostumbrarse tanto a la muerte, los servicios funerarios, que ya no causa emoción alguna. El contemplar con sangre fría la tristeza, el sufrimiento la suma pobreza, etc, es señal de que el pastor está en peligro de pervertir sus emociones.

Pero si está consciente de tener que refrenar sus sentimientos o sea la manifestación pública de ellos, aunque sinceramente los tendrá, entonces está bien. A la vez conviene decir aquí que no debe tener pena de derramar algunas lágrimas en presencia del dolor o de la muerte con tal que no sean "lágrimas de cocodrilo".

En caso de que el pastor no sienta emoción sincere nunca, o casi nunca, por ser persona estoica por naturaleza, siempre calmada no importa lo que pasa, debe pedir a Dios que le dé corazón de pastor. Nuestro Señor y Maestro sentían hondamente la tristeza y el gozo, y en ocasiones lloraba en presencia de otros sin pedir excuses por hacerlo. La expresión: "tuvo compasión de ellos" quiere decir que sufría con ellos, que se colocaba en su lugar de tal manera que los dolores de ellos eran sus dolores también. Pidamos a Dios que nos ayude a tener los sentimientos debidamente desarrollados y ejercitados, y que toda manifestación de ellos sea siempre sincera.

Pero además de estos peligros en cuanto a las emociones genuinas o falsas, hay peligros espirituales que causan la pérdida del poder en el predicar. Una experiencia definitiva y honda de haberse entregado sin reserve al Señor y de haber recibido la plenitud del Espíritu Santo para santificación y servicio, es de valor incalculable en combatir este peligro.

Pero por más real y positiva que haya sido su dedicación a la consagración, siempre vienen las tentaciones y pruebas. Aun Jesucristo fue tentado del diablo después de que fuera bautizado y el Espíritu Santo reposaba sobre Él. Y nuestras tentaciones son semejantes a las que Él resistió: el hacer algo que no es según el plan de Dios; el buscar la gloria del mundo aun a costo de perderlo todo; y el tentar a Dios.

El obrero que deja de distribuir tratados y literatura evangélica por temor de que el mundo no le haya de tener en buena estima, está en peligro de perder el poder de Dios en su vida por cause de su orgullo.

Ya hemos estudiado estas cosas en otros cursos, de manera que no debe ser necesario repetirlas aquí. Terminamos esta parte de la lección haciendo al estudiante recordar que la plenitud del Espíritu Santo es para todos aquellos que cumplan con las condiciones requeridas, y que es posible perderla y recobrarla. El querer independizares del Espíritu Santo es pecado fatal. No nos olvidemos de Él nunca.

B. Los problemas en el ministerio

Naturalmente será imposible enumerar aquí todos los problemas que pueden presentarse en el ministerio. Así como cada individuo es diferente de los demás, así los problemas son infinitos en número.

La mejor preparación que el obrero puede tener para confrontar las pruebas que puede encontrar es la convicción de que en la Biblia tiene algunas instrucciones, preceptos definitivos, o ilustraciones, ejemplos o enseñanzas generales sobre el tema. Por la oración y su laboriosidad el pastor aprenderá cómo aplicar a cada caso la porción de las Escrituras que corresponde a la necesidad.

Así, después de cincuenta o sesenta años en el ministerio, logrará ser experto en esto por las variadas experiencias en solucionar los problemas.

Mientras adquiere esos años de experiencia, tendrá que andar y actuar en la fe de que el Espíritu Santo que está en él lo sabe todo y puede guiarle a la solución solicitada.

1. El problema de la falta de asistencia en los cultos. Este problema es casi universal. Es muy común que el culto del domingo por la mañana sea bien concurrido, pero que por la noche y en el culto de oración durante la semana, la asistencia sea pésima. Es sólo en raras ocasiones que los miembros dejan de reunirse por tener sentimientos personales contra el pastor. Él no debe culparse a sí mismo como la causa a menos que tenga razones legítimas para ello, y en ese caso el Espíritu Santo que le redarguye también le indicará el camino para arreglar y vencer la dificultad.

Generalmente se acusa al pueblo mismo, pero si los cultos son dirigidos y presenciados por el Espíritu, los cultos servirán para el consuelo y la fortaleza espiritual que ellos necesitan y por lo tanto estarán allí. Ni la radio ni la televisión ocupará el lugar de los cultos de la iglesia, el método ordenado por Dios. El remedio no es hacer de la iglesia un teatro, ni usar métodos mundanos, aunque no es malo hacer propaganda seria, como por ejemplo poner anuncios en el periódico convidando a todos a venir para escuchar la predicación de la Palabra de Dios. La oración eficaz y cultos espirituales son los remedios más recomendados.

La escuela dominical y las reuniones de las sociedades de jóvenes sufren de la misma enfermedad, una asistencia mucho menor de lo que debe ser. Estas organizaciones o grupos en la iglesia suelen tener sus altibajos, sus tiempos de desánimo y de avivamiento. A veces depende de la persona encargada del departamento, que sea demasiado severo, sin ideas ni visión, o tal vez sin devoción y un verdadero deseo de trabajar y ver la obra progresar. El pastor, en vez de decidir él solo cuál o qué es la causa, debe interesar a los ancianos de la iglesia en el problema y esperar su cooperación en solucionarlo.

2. El problema del sostén de la obra. Por lo general es un error para el pastor creerse responsable para el sostén de la iglesia. Ciertamente debe predicar de vez en cuando sobre la mayordomía (en el sentido en que se usa la palabra en las iglesias de las Américas), o sea, la responsabilidad de cada cristiano de dar sus ofrendas a la obra del Señor con regularidad y alegría. Pero cuando una iglesia no sostiene debidamente la obra, cancelando a tiempo todas sus obligaciones, es la tarea de los diáconos y no la del pastor el recordarles su deber. Es mejor evitar tales informes y exhortaciones a aumentar las contribuciones en los cultos públicos. Es en las reuniones para miembros, en que se discuten los asuntos de la obra, que esto se hace. Para conseguir la cooperación de todos en el sostén, el pastor debe reconocer que todos deben decidir libremente si la iglesia debe asumir tal o cual obligación o no. Si ellos hacen la decisión tendrán mayor gusto de ayudar con su dinero para que se lleve a cabo lo acordado. Esto es aplicable en manera especial a la cuestión del sueldo del pastor, cantidad que es bueno fijar antes de que entre en el cargo.

Las normas comunes para decidir cuánto ha de ser la recompensa monetaria del pastor son: las necesidades del pastor, su familia, su casa, vestidos adecuados según su posición en la comunidad, libros, etc.; las capacidades de los miembros, porque el pastor debe vivir al nivel económico de la mayoría de los de la congregación.

No es bueno que los miembros sientan pena porque su pastor no esté correctamente vestido por cuanto no tiene cómo hacerlo. A la vez no es malo que el pastor y su esposa tengan que practicar economías en la casa, cuidando bien sus gastos sin ser mezquinos.

Es triste, por ejemplo, cuando el pastor tiene pena de convidar a un amigo a visitarle o a comer con él en casa, porque los muebles son tan pobres, y el atender a otra persona obligaría a la familia a pasar hambre. El pastor tiene que ser hospitalario, dice la Palabra, pero ¿cómo puede sin tener con qué?

Los diáconos también deben cuidar los bienes de la iglesia, manteniendo todo en buen estado. El patio de la iglesia debe estar siempre bien aseado, y el auditorio libre de todo polvo antes de cada reunión. En otra lección habrá consejos para los libros de contabilidad, etc. Dejaremos el tema por ahora con estas cortas palabras.

3. El problema de divisiones o disensiones. No es cosa extraña que haya disensiones entre los miembros, dice Pablo (1 Co. 11:17, 19). Son pruebas que ponen de manifiesto la carnalidad de los cristianos, según los primeros capítulos de la Epístola a los Corintios. El pastor hará bien en tratar el asunto siempre en el plano de lo espiritual, exhortando a todos incluso a sí mismo, a observar las instrucciones o mandamientos prácticos como: Gálatas 2:20; Santiago 4:10-12; Filipenses 2:1-5; Mateo 10:38-39, etc.

No es necesario que se haga siempre lo que quiere el pastor, el anciano, el hombre más rico, el más acostumbrado a dominar, ni la voluntad de ningún individuo. Si alguno tiene convicción firme sobre determinado asunto, por medio de juicios y razonamientos debe tratar de convencer buenamente a los otros, pero si no puede, entonces debe aceptar cristianamente la decisión de la mayoría. Por cierto se supone que no sea cosa de la moral sino cuestión de gusto, opinión o conveniencia.

Hay veces cuando es práctico para el pastor llevar a su oficina a los dos o tres hermanos que encabezan los distintos partidos en alguna disensión, leerles pasajes bíblicos pertinentes y luego exigirles que oren los unos por los otros buscando la voluntad de Dios. Según Filipenses 4:2-3 el pastor debe ayudar a conservar la unión, aun cuando sean mujeres las que están en pugna una contra otra. Todo ese libro es un tratado sobre la unión que debe existir entre los miembros de una iglesia.

Cuándo los ancianos, diáconos y miembros de una congregación están en desacuerdo y la cosa va de mal en peor, ¿qué puede hacer el pastor? Tal vez teme predicar directamente sobre el asunto por la delicadeza que siente de mencionarlo abiertamente. En verdad es por demás lamentable cuando un predicador tuerce un pasaje de la Biblia, haciéndolo enseñar algo que está lejos de su verdadero significado, con el fin de justificar un lado del argumento que divide la congregación. No haga así, hermano. Pero si es una controversia en que la Biblia da instrucciones claras y explícitas, pues entonces no hay dos lados al argumento, sino uno solo.

Por ejemplo una señora que había cometido adulterio en otra ciudad regresó a su casa y, cuando la iglesia la excomulgó, protestó que no tenían derecho de hacerlo sin oír el otro lado y sin conocer al hombre. No había otro lado, ni importaba en lo más mínimo quién fuera el hombre, ¡aunque fuese el rey David! Con todo era pecado y debía de ser juzgado.

Es sorprendente, sin embargo la manera en que algunos delincuentes pueden presentar su caso y llevar a muchos de los miembros tras sí, causando así división en la iglesia. El único proceder correcto para la congregación es el de averiguar la verdad de los hechos y aplicar las enseñanzas del Nuevo Testamento al caso, sin importarles la persona del culpable.

Obedecer a Dios sin acepción de personas es el deber de cada cristiano y de cada iglesia y es sólo así que tiene derecho de esperar bendición y también libertad para orar con confianza (1 Jn. 3:19-22).

¿Qué debe hacer el pastor cuando es llamado al púlpito de una iglesia, y, después de aceptar el cargo, encuentra que la congregación está dividida en dos o más partidos? ¿O si por acaso, a pesar de todos sus esfuerzos, se desarrolla una disensión recta mientras él sea pastor. Pues, como en todo asunto, su primer afán debe ser el orar y, de igual importancia, escudriñar las Escrituras en busca de enseñanzas sobre el tema y predicar fielmente dichas verdades, exhortando a todos a obedecer a Dios en amor.

Entonces, si algunos miembros no se comportan cristianamente serán juzgados por la Palabra de Dios y no por su opinión acerca de cierto asunto. No debe el pastor apresurarse a presentar su renuncia. Eso se hace sólo en caso, muy extremo, porque si abandona un púlpito dejando el rebaño dividido o esparcido, le será difícil retener la confianza de todas las iglesias y conseguir otro púlpito. Es cosa seria que un pastor huya cuando el lobo de la disensión hace estrago entre las ovejas. Esto nos trae a otro problema.

4. ¿Cuándo debe el pastor presentar su renuncia? La única contestación categórica a esta pregunta ha de ser: "Cuando está seguro de que Dios quiere que lo haga". Y ¿cuáles son las normas comunes que influyen en esa decisión? Otra vez es imposible hacer más que mencionar algunas pocas razones. Por regla general es la convicción de muchos que los pastores renuncian sus puestos demasiado a menudo y temprano, aunque más bien abundan en la América Latina los casos de obreros que siguen en el pastoreo de las iglesias cuando deben tener suficiente juicio para saber que su deber es renunciar.

Hemos oído de un predicador que decía: "Yo nunca quedo más de dos años en un púlpito porque la congregación se cansa de oír mis sermones con las mismas enseñanzas después de ese tiempo". Ciertamente este pensar hace a uno creer que tal hombre es predicador pero no pastor, y que es holgazán, no queriendo aceptar el reto a su inteligencia de preparar mejores sermones y de mantenerse al frente de su congregación espiritualmente, guiándoles a nuevas alturas espirituales que él mismo ha alcanzado por sus estudios y oraciones.

Otro caso que contó un famoso pastor que tiene muchos años en la iglesia donde sirve cuando le pedimos un consejo para pastores con las miras de incluirlo en este curso, fue así: "Dígales que no renuncien su cargo muy precipitadamente. Tal vez la más grande tristeza de mi larga experiencia en el ministerio es el haber dejado cierta iglesia en vez de confrontar la dificultad y quedarme. Pero salí de allí, y el hombre que me siguió en el puesto, después de algunos meses, estaba en el mismo apuro. Sin embargo él, con mayor juicio que el que yo había usado, dijo a la iglesia más o menos estas palabras: 'Hermanos, yo sé que se está diciendo que es tiempo que yo renuncie el cargo aquí. Pero he leído con cuidado el registro de la historia de esta iglesia. Noto que en los últimos diez años han tenido doce pastores, y que siempre ha sido el diácono Fulano que ha propuesto que cada pastor sea despachado. Ahora, yo quiero decir que esta vez no será el pastor el que se ha de ir. Si el diácono Fulano no quiere que sea así, que se vaya él, pero yo me quedo'. Y en efecto el diácono pidió su carta de transferencia y se unió con otra iglesia. El pastor se quedó para un ministerio largo y fructífero".

Al mismo tiempo otros pastores quedan en un puesto mucho más tiempo de lo debido. No hay ningún tiempo fijo ni hay siquiera promedio o termino medio ya que cada caso es diferente. Cada pastor y cada iglesia son diferentes, así como las circunstancias también son distintas. Debe haber discernimiento espiritual de parte de la grey tanto como de parte del pastor. Es condenable la costumbre de alguno pastores de presentar su renuncia cada vez que desean un aumento de sueldo, o cada vez que la congregación no vota a favor de alguna proposición que él presenta. Parece que está empleando las normas de la política mundana en vez de la caridad y juicio franco del Evangelio.

Sin duda la frustración, la inhabilidad de ayudar a la iglesia a crecer numéricamente y en el conocimiento de Dios y en la santificación, es la más frecuente causa del desánimo y la renuncia de pastores. Algunos se culpan a sí mismos y creen que son fracasos espirituales. Otros culpan a los miembros o a una multitud de causas, sin aceptar la menor responsabilidad personalmente.

Nosotros no podemos juzgar aquí, pero es muy conocido que el desánimo es el arma con que Satanás ataca a más obreros del Señor que con cualesquier otra. Sin haber dedicado días enteros a la oración (y con ayuno si en verdad es muy sincero), el pastor no debe decidirse a "tirar la toalla" en una iglesia. Pero si los más espirituales en la congregación son casi unánimes en la opinión de que su utilidad allí ha terminado, entonces necesita razones poderosas para convencerse de que sea mejor que se quede. Cuando sea necesario que la iglesia misma diga al pastor que se vaya, resulta caso triste para todos. Hay casos demasiado frecuentes en que las iglesias se sienten obligadas a hacerlo porque es la única manera de romper el dique que está estorbando el crecimiento y la bendición que hacen falta.

En muchas denominaciones el problema del pastor, si ha de quedarse o renunciar, apenas existe por cuanto la autoridad eclesiástica hace esa decisión. Pero en las otras iglesias, ¿cómo va a saber el pastor cuándo debe presentar su renuncia?

Es una decisión difícil para un pastor con familia, siendo que es su empleo y le provee sus medios de vida. Es aquí donde se hace prueba de su confianza en las promesas del Señor. Como en muchas otras cosas, en esto también las iglesias acostumbradas a un ministerio "profesional" y pagado, están prontas a aceptar los beneficios y tardos a cumplir con las responsabilidades del sistema.

Por lo tanto hay muchas injusticias económicas manifiestas, como en lo que respecta a la provisión para un pastor probado que esté sin púlpito, o para jubilar a los pastores veteranos con una pensión adecuada, etc. Sin embargo el pastor es siervo del Señor y debe confiar en las promesas acerca del cuidado divino de aquel que confía en Él. Esto es lo que sostiene al obrero cuando presenta su renuncia a una iglesia sin tener otra que le espera. Los indicios de que haya llegado el tiempo en que conviene a un pastor renunciar un cargo, son varios. No conviene que el pastor luche contra la idea de renunciar, ni que sea obstinado y sordo a la voz de Dios susurrándole que debe salir de allí. El mismo Espíritu Santo que le llevó al puesto puede también dirigirle definitivamente a. que lo deje. Él tendrá otra cosa en que ocupar a Su siervo si le encuentra obediente a Su voz.

Es cosa seria para un pastor quedarse en un púlpito cuando es tiempo que lo abandone. Toda la iglesia sufre. La asistencia en los cultos disminuye; las ofrendas menguan; los miembros muestran recelo en cooperar; se pierde la espontaneidad y el gozo en los cultos de oración y en los testimonios, menos pecadores se convierten, etc.

Otro indicio que muchos pastores no comprenden o que no prestan atención, es que los que le tienen más confianza empiezan a insinuar que debe estar buscando "pastos nuevos y más verdes", que ya estará cansado de esta congregación, etc. Al principio lo harán medio en broma y medio en serio, tratando así de implantarle la idea de una manera inofensiva, pero el pastor obstinado, en vez de recibir el aviso se decide a resistir, o se pone bravo con aquellos que son en realidad sus mejores amigos.

Si sale antes de que todos, o casi todos, se disgusten con él, puede ser que más tarde le vuelvan a llamar para otro ministerio.

Una costumbre de muchos pastores es la de pedir un "voto de confianza" en la reunión anual de la iglesia, o cuando haya una crisis seria en la marcha de la congregación. El pastor que dude de su posición o de la lealtad de los miembros naturalmente teme tal prueba pero debe estimar más altamente el bien de la iglesia que su propia comodidad, y estar pronto a hacer lo necesario para el Cuerpo de Cristo antes de cuidar su propio cuerpo.

Al saber que habrá un voto de confianza es anticristiano que el pastor se ponga a politiquear o a coaccionar. Si lo hace, tarde o temprano se arrepentirá de haberlo hecho por cuanto estorba la bendición del Señor.

A propósito de los avisos de los hermanos al pastor indicándole que ha llegado el tiempo para que renuncie, como caso exagerado se cuenta la anécdota siguiente: El pastor fue al tesorero de la iglesia en busca de su mensualidad acostumbrada, pero le dijo éste: "Ya está pagado". "Pero no me ha pagado. He predicado todo este mes, y no me ha pagado". "Sí", contestó el tesorero: "Ha predicado los mismos sermones y ya ha sido pagado por ellos".

Una historia citada para ilustrar lo serio de una renuncia y a la vez la debida humildad y espíritu de sacrificio que debe caracterizar a un pastor es la siguiente. La iglesia había crecido bajo el largo ministerio de su pastor, y ahora se preparaban para edificar un templo nuevo más grande. El sitio que compraron formaba un lote de esquina en una encrucijada de dos caminos principales. Un grupo de los miembros deseaba que la entrada al nuevo templo estuviera por la calle más cerca a sus residencias. Otra facción quería que la puerta principal quedara en la otra calle porque vivían por allá. La contención llegó a ser tan recia que ya hubo peligro de dividirse la iglesia en dos. Cuando parecía imposible reconciliar a los dos partidos, el pastor presentó su renuncia, diciendo que no quería continuar en una iglesia tan falta de amor cristiano. Todos amaban al pastor quien les había bautizado, casado y acompañado tan fielmente en sus tristezas durante los años, y con el choque de su renuncia se dieron cuenta de sus acciones vergonzosas. En el largo silencio que siguió a la presentación de la renuncia con su regaño severo, un joven conocido por tonto se levantó y dijo: "¿Por qué no podemos tener la entrada principal en toda la esquina?" Y así se hizo y fue rechazada la renuncia del pastor.

Terminamos este tema con citar un artículo que apareció en una revista cristiana (*The King's Business*, Feb. 1961):

"¿Por qué renuncian los pastores?"

I. Razones oficiales:
1. Por ir a un campo más amplio (cuando el sueldo es mayor).
2. Por buscar un clima mejor para la salud de la esposa (cuando el sueldo ha de ser el mismo).
3. Porque es la voluntad divina (cuando el sueldo es menos).
4. Para escribir un libro (cuando es despachado y no encuentra otra iglesia).

II. Razones confidenciales:
1. Ha recibido una llamada y no sabe cuándo pueda recibir otra.
2. Han predicado ya todos sus sermones para niños y no encuentra más.
3. La iglesia es obstinada y rehúsa escuchar sus razones sabias.
4. El coro está en guerra.
5. Alguna "vieja" (de cualquier sexo) cree que conviene un cambio.
6. Los asientos sólo recogen polvo los domingos por la mañana.
7. La cultura y educación del pastor requieren una congregación de más inteligencia.
8. Las canas le están saliendo y teme que en pocos años más ninguna iglesia le ha de llamar.
9. Sus hijos han causado escándalo en la parroquia.
10. La cara del tesorero se está poniendo larga y más larga, y el sueldo corto y más corto.

I. Razones verdaderas:
1. Su mano derecha se ha cansado de saludar, su sonrisa ya no aparece y su vigor está acabado.

2. Ha expuesto todas sus ideas particulares y vaciado su "saco de tretas".
3. Púlpitos nuevos son más fáciles de encontrar que las ideas nuevas.
4. Es más fácil cambiar de residencia que cambiar de costumbre.
5. Los pastos lejanos parecen más verdes que los cercanos.
6. Es más fácil trasladarse que crecer.
7. Es menos trabajo entregar los problemas al sucesor que resolverlos.
8. El ministro ya no tiene nuevas maneras de excitar al pueblo y pierden el interés.
9. Los profetas tienen por naturaleza una disposición de cambiar de lugar.
10. Los éxitos del ministro se aumentan por sumarlos; sus fracasos se multiplican.
11. Se cansa el pastor del pueblo y ellos se cansan de él.
12. Por fin, tarde o temprano, aun el mejor ministro tiene que entregar el trabajo a otro.

Bendito y bienaventurado aquel pastor que sabe cuándo debe quedarse;
Tres veces bienaventurado aquel que sabe cuándo debe renunciar.

5. La familia del pastor. Terminamos esta lección con unas cortas palabras sobre un tema que merece un libro entero de comentarios. Un veterano pastor que llegó al Ecuador en el año 1896 para empezar la obra evangélica en la república, leyó hace poco el manuscrito de este curso. Se le exigió que lo criticara, y el único consejo que dio fue que dijéramos algo acerca del joven pastor usar sabiduría y discreción espiritual al buscarse una novia.

Citó un caso en extremo triste, casi increíble, de un hombre que la misión creía capaz y preparado, que fue enviado a cierto puerto de mar para allí ayudar al grupo de creyentes en el estudio bíblico y a evangelizar. Al hacerle la primera visita le encontró viviendo con una mujercita. Presentó la explicación siguiente "Vi que necesitaba una mujer para cuidarme la casa y preparar mi comida y ropa. Pedí al Señor que me proporcionara una esposa y esta mujer se me presentó. Lo he aceptado como cosa del Señor y ya tengo una semana viviendo con ella". ¡Qué absurdo! ¡Qué pecado!

El obrero, evangelista o pastor evangélico que es llamado por Dios para la obra que está llevando a cabo, puede estar seguro que la esposa que le conviene a él es una que le será una ayuda idónea en su ministerio, y no un estorbo.

Por cierto el ministro casado tendrá que hacer ciertos sacrificios para su esposa o familia, como es natural e inevitable, pero también su vida será más rica y llena por tener su esposa e hijos.

Cuando el obrero busca una novia, debe recordar que su llamamiento a la obra tiene primera consideración. Multitudes de obreros han tenido que dejar el ministerio porque se equivocaron en su elección de novia. Por ejemplo: es correcto que haya belleza y algo de atracción física en ella, pero si estas cosas constituyen los factores dominantes en la selección, fracasará el enlace, por lo menos desde el punto de vista de la obra.

No se espera sino de aquellos que han recibido de Dios el don de la continencia (que quiere decir que no sienten ninguna necesidad física de tener una esposa), que se queden solteros siempre. Sin embargo todo obrero del Señor debe saber la abundante provisión que ha suplido el Señor Jesucristo para vivir con victoria sobre la carne, hasta que Dios mismo le provee de esposa. No es necesario hacer "lo que le pide el cuerpo" y casarse en seguida.

Y aun casado, el esposo no debe olvidar que es cristiano, y faltar en consideración para con la señora. Ella debe ser respetada como vaso más débil, y las instrucciones apostólicas de Pedro y de Pablo deben ser observadas con escrupulosidad (1 P. 3:7; 1 Co. 7; Ef. 5, etc.).

Hay que pensar en la educación también. No conviene que el obrero busque una muchacha ignorante con la mire de poder dominarla más fácilmente, haciendo de ella una especie de esclava para que le sirva a él solamente, sin permitirle a ella tener ninguna parte con él en su ministerio.

Tal combinación de obrero preparado y mujer sin educación no glorifica al Señor por no dar testimonio bueno. Una ayuda idónea no se refiere solamente a su trabajo en la cocina y la caso, sino a acompañarle en algunas visitas, aconsejarle en cuanto a su presencia en el púlpito, decirle sus costumbres o ademanes de que no estará consciente pero que disminuyen del efecto de su sermón, etc., etc.

Más importante de todo es lo espiritual, que no sea sólo convertida sino también consagrada y deseosa de servir a su Salvador. Esto es indispensable si el matrimonio ha de ser para el bien del obrero y de la obra. La espiritualidad sin nada de aptitudes no baste, pero aptitudes sin espiritualidad no es aceptable en ninguna manera. Si todo está perfecto menos lo del espíritu, se puede orar y esperar que Dios obre el cambio deseado y necesario, pero que no haya compromiso hasta que lo espiritual sea efectuado.

Casi todo pastor es criticado por su manera de tratar a la esposa y por la disciplina (o falta de ella) de sus hijos. En verdad que algunos merecen la crítica. Aquel que es llamado a la obra siendo casado ya tiene razón para esperar que Dios obre en su esposa y en sus hijos lo que sea necesario a fin de que ellos le apoyen en el ministerio. Esto merece oración, mucha y larga oración ferviente, con ayuno y con fe hasta ver el debido resultado.

Mientras los hijos estén bajo su techo y responsabilidad, el obrero gozará o sufrirá por lo que hacen. La comunidad le ha de juzgar responsable. No se puede evitar o escapar tal criterio, de manera que conviene reconocer que le da una magnífica oportunidad para manifestar el poder de Cristo en la familia y así dar un ejemplo digno y efectivo.

La vida familiar del pastor puede ser un medio para hacer mucho bien, iluminando el camino para la solución de un sinnúmero de problemas en los hogares de la congregación. Así como muchos imitan el mal ejemplo, hay algunos que siguen un buen modelo una vez que ven que trae los resultados que desean.

Sin lugar a duda, el pastor que es padre de familia tiene sus problemas, como el apóstol Pablo predijo que los tendría. Pero los problemas no son mayores que los peligros de aquel que no tiene esposa. La congregación comprende bien dichos problemas por cuanto son comunes a los casados.

Los hijos presentan un sin fin de ilustraciones, pero el pastor tiene que tener cuidado con usarlas. No debe pintar a su familia como perfecta ni tampoco afearla ante la iglesia. Nunca conviene mostrar desprecio para su esposa o sus hijos en público. Cuidado de que su narración de algún acontecimiento en la familia tenga buena lección o razón de contarse: que en verdad arroje luz sobre el tema que se esté presentando.

Dejaremos el tema con estos consejos, que, agregados a los del estudio de Corintios y de las Epístolas Pastorales y de la doctrina de la iglesia, han de servir, por lo menos así lo esperamos, para que el obrero medite bien antes de tomar el paso de suma importancia hacia el matrimonio.

El amor es natural en el plano de lo humano, pero muchas veces es nada más que la pasión carnal lo que se llama el amor. El verdadero amor es también espiritual. El griego de 1 Juan 4:19 dice: "Nosotros amamos porque él nos amó primero". 1 Juan 4:7 dice que "el amor es de Dios", y está hablando del amor cristiano de los unos para con los otros.

Aun nuestros amores son de interés para Dios. Él derrama Su amor en nuestros corazones por el Espíritu Santo que nos es dado (Ro. 5:5). No hay necesidad, entonces, para que el pastor evangélico se someta o se limite al amor carnal, sino que debe sujetarse al amor divino que le dará una satisfacción espiritual y duradera.

Lección 9

La predicación

El Señor Jesucristo "vino a Galilea predicando", dice Marcos 1:14. De Sus discípulos dice: "Y saliendo predicaban" (Mr. 6:12). El día de Su ascensión al cielo dijo: "Así está escrito, y así fue necesario que el Cristo padeciese, y resucitase al tercer día; y que se predicase en Su nombre el arrepentimiento y el perdón de pecados ...." (Lc. 24:46-47).

Durante el ministerio del Señor Jesús en la tierra la predicación, unida a la enseñanza, tenía el lugar más prominente. En Sus sermones enseñaba, y enseñaba por la predicación, aunque también es posible decir que usaba el método de preguntar, de lecciones objetivas, de comparaciones y parábolas, etc. Cuando hacía milagros, los usaba como ocasión para predicar sus prácticas y enseñanzas. No bastaba una vida santa como testimonio, tuvo que hablar y dar la gloria al Padre Celestial. Nos ha dejado la predicación como el método principal para la propagación de la fe que salva aunque filosóficamente es llamada "la locura de la predicación". Es lo que más manifiesta la bendición y el poder de Dios, y todavía hoy es instrumento divino para la salvación de los hombres. "La fe es por el oír, y el oír, por la Palabra de Dios", pero "¿cómo oirán sin haber quien les predique?" (Ro. 10:17, 14).

A. La importancia de la predicación

El Prof. H. C. Brown cita lo siguiente: "Si el Protestantismo muere con una daga en sus espaldas, esa daga será el sermón protestante". También cita a un estudiante que se preparaba para el ministerio que dijo: "Considero que la predicación sea un mal necesario. Predicaré sólo lo que demanda mi posición para así poder tener oportunidad para cumplir con otras tareas en que tengo puesto mi corazón. Pero bien quisiera que fuese posible evitar casi por completo toda predicación".

Qué triste que pastores tengan ese concepto de lo que es su mayor privilegio y mejor instrumento para bien. Hoy se espera que el pastor sea muchas otras cosas.

Hace unos años el Dr. Blizzard pidió a varios ministros que pusieran en orden de importancia su concepto del ministerio ideal. Setecientos pastores contestaron: 1° predicador, 2° pastor; 3° sacerdote; 4° maestro; 5° organizador; 6° administrador. Luego les exigió que pusieran las mismas cosas en el orden en que actualmente se ocupaban según el tiempo con que trabajaban, y resultó así: 1° administrador; 2° pastor; 3° sacerdote; 4° organizador; 5° predicador; y 6° maestro.

Durante un día común de diez horas y media estos pastores ocupaban solamente un promedio de 33½ minutos en su preparación para predicar. ¡El tiempo que ocupaban en la administración es siete veces más que el que dedicaban a la predicación! Y sin embargo reconocían que la predicación era una función principal, aunque había quedado reducida al quinto lugar. No es extraño, entonces, que la predicación haya degenerado tanto en calidad y contenido.

En el Antiguo Testamento vemos que la comunicación del mensaje de Dios al pueblo por medio de la predicación era la única ocupación de los profetas. Desde el primero, Enoc , el hombre de Dios sentía hondamente la condición moral (o inmoral) de sus oyentes, y predicaba con profunda convicción, aunque diese por resultado la persecución o la muerte. En el Nuevo Testamento la voz "testigo" es la clave del libro de los Hechos, y por lo tanto el lema de los apóstoles. Hechos 4:19-20 junto con 1 Corintios 9:16, ponen de manifiesto la urgencia, la suma necesidad, la obligación que sentían de predicar. 1 Corintios 15:1-4, 11; 1 Timoteo 3:16; Hebreos 4:2, etc., dan prueba de que esperaban que, por medio de la predicación, las almas llegarían al conocimiento de la verdad y fuesen salvadas.

No hubo, ni hay, ni puede haber, una responsabilidad mayor que la predicación. Si no predicamos pecamos gravemente, privando a aquellos que nos oirían de la oportunidad de conocer a Cristo. Si predicamos, pero no el Evangelio verdadero, hacemos peor y recibimos la condenación justa de anatema. Pero si predicamos la Palabra de Dios en el poder del Espíritu, veremos que actúa entre los oyentes (1 Tesalonicenses 2:13).

Dos citas más (H. C. Brown, Jr.) "A mi parecer, el primer y más grande trabajo del hombre en el púlpito es el predicar la Palabra. Si acaso Dios le ha llamado, Él le ha llamado para que haga justamente eso. Nada debe ser estimado como más importante. Casi toda otra obra en la iglesia puede ser llevada a cabo por los legos o por los hermanos, pero la predicación es todavía la obligación del predicador" (*Mensajes para hombres*).

Y esta de P. T. Forsyth: "Con la predicación el cristianismo está en pie o cae porque es la declaración del Evangelio. Aun más—mucho más—es el Evangelio prolongando y declarándose a sí mismo" (*Predicación positiva y la mente moderna*).

B. El propósito de la predicación

Si el propósito del culto cristiano es primeramente el de adorar a Dios, el primer propósito de la predicación es el de comunicar al pueblo el mensaje de Dios. No sólo es el predicar la Palabra sino también exhortar o instar a los oyentes a que la obedezcan, a que se arrepientan y crean la verdad. Es vocear la invitación del Salvador a todos a que vengan a Él para que reciban la vida eterna. Es también el enseñar a los creyentes a observar o guardar todo lo que Jesucristo ha enseñado, suplicando y animándoles a que lo hagan. Se ha dicho que la predicación no será completa hasta que el predicador haya enseñado a sus oyentes su deber y haya obrado sobre sus ánimos hasta alcanzar sus voluntades e influir en ellas por el Espíritu Santo. Así se ve que la verdadera predicación es el poner al oyente delante de Dios a fin de que cumpla con su deber para con Él.

El elemento de la enseñanza en la predicación debe ser el ingrediente principal. Es lo que distingue la predicación del Evangelio de toda otra, entendiéndose que hablamos de las Buenas Nuevas como se encuentran en la Biblia.

Es un poco de exageración lo que dijo el muchacho en la historia siguiente, pero nos hace pensar en el valor de los sermones didácticos. La hijita de un profesor del seminario que era también pastor de una iglesia cercana, preguntó a su hermanito: "¿Cuál es la diferencia entre un maestro y un predicador?" El muchacho contestó: "El maestro ayuda a uno a aprender lo que no sabía; un predicador sólo se pone detrás del púlpito y dice: "guau, guau! ¡pum, pum!"

El sermón debe informar de una manera aceptable, cuando menos, aunque es mejor cuando el estilo es atractivo y bello. La información debe ser bíblica y relacionada a la vida de los oyentes, directa o indirectamente. Dichoso el pastor que tenga una congregación tan espiritual que considera que cualquier detalle, por más insignificante que sea, que aumente sus conocimientos de la Biblia, es un tesoro.

En las oraciones de Pablo a favor de los Efesios y los Colosenses se ve cómo el conocimiento acompaña y es la base para las bendiciones y el poder espiritual (Ef. 1:15-23; 3:14-19; Col. 1:9-14).

El Dr. Andrés W. Blackwood, el más veterano de los maestros de la homilética en América dice: "Demasiado a menudo los ministros de hoy predican y enseñan la Biblia, de alguna manera u otra, sin mucha referencia a las necesidades presentes, o hablan acerca de las necesidades presentes sin hacer mucha referencia a la Biblia" (*Christianity Today*, 2 ene. 1961). Estos procederes no cumplen con el propósito de la predicación.

Es bueno, por ejemplo, saber los detalles de la vida de José, hijo de Jacob, y la marcada semejanza entre sus experiencias y las del Salvador. Lo mismo en relación a la vida de Moisés. Pero cuánto mejor cuando se pone de manifiesto que Dios en Su providencia todavía obra de igual manera, haciendo que las grandes dificultades de la vida sean usadas para llevar adelante el plan divino en nuestras vidas y en las de los nuestros.

Ilustraciones modernas hay de esta verdad como lo es el martirio de los cinco misioneros perpetrado por los Aucas aquí en el Ecuador. Más tarde la viuda de uno de los misioneros junto con la hermana de otro entró a la tribu y predicaron el Evangelio. "De la muerte a la vida" es la ley del Espíritu.

Un comerciante que tenía un gran negocio y empleaba a miles de hombres y mujeres de varias razas y religiones, aunque buen cristiano, se quejaba de los sermones que escuchaba cada domingo. Dijo que los predicadores discutían como un hombre pudiera asegurarse de tener éxito; cómo evitar las tensiones en la vida, vencer sus temores y alcanzar el gobierno propio. Y todo esto sin necesidad del Evangelio. Se sentía chasqueado.

Pero un día un amigo, socio en el negocio, le invitó a acompañarle al culto en su iglesia. El pastor leyó un capitulo de la Biblia; dijo luego que la lección allí contenida era exactamente la que muchos hombres hoy necesitan, y procedió a mostrar cómo era así, aplicando la verdad a las necesidades humanas del día. ¡Qué consuelo, fortaleza espiritual y enseñanza para el alma! Al salir los dos comerciantes, el miembro de esta iglesia dijo a su socio: "Yo nunca he sentido la necesidad, de ir a un psiquiatra, oyendo tales mensajes cada semana".

Él no es el único que da testimonio a favor del sermón bíblico como de incalculable valor mientras los esfuerzos para presentar discusiones filosóficas o de la psicología no satisfacen el alma hambrienta ni conducen a la salvación. La misma Biblia contiene la mejor filosofía y psicología. "Predica la Palabra" dijo Pablo a Timoteo, y éste todavía es el mejor consejo para todo pastor.

C. El mejor método para predicar y enseñar

Cuando un Pastor se encarga de un rebaño, no se pone delante de las ovejas para regañarles sobre las virtudes y fama que él tiene. Está allí para apacentarles primero, eso es, guiarles al buen pasto y a las aguas frescas. Como dice el Salmo 23, el buen pastor lleva las ovejas a "delicados pastos" y a "aguas de reposo". Sabe manejar la vara contra los enemigos y el cayado para el bien de la grey. En tiempo de necesidad usa el aceite para ungir la cabeza del animal enfermo o fatigado. Sin embargo su tarea constante es la debida alimentación de todas las ovejas.

El pastor de almas tiene trabajo análogo o similar. No es pavo real para lucir sus plumas cada vez que tenga audiencia, ni gallo de pelea buscando con quien pelear, ni perro bravo o león para espantar, ni perro faldero para lamer las manos o los pies de nadie. Es hombre, y un hombre encargado de una comisión que es sumamente difícil de llevar a cabo con éxito. Pero tiene los mejores medios posibles para su ministerio: La Revelación autoritaria de Dios, en forma escrita, y el poder y la presencia del Espíritu de Dios a fin de que los resultados sean divinos y eternos.

Si su tarea principal es el dar de comer a las ovejas, y su instrumento la predicación de la Palabra, ¿Qué clase de sermones debe emplear para la evangelización y la alimentación? En el estudio de homilías, o sea, homilética, se enseña que hay sermones evangelísticos, devocionales, doctrinales, de exhortaciones, textuales, tópicos, didácticos, etc., etc. En el seminario el estudiante debe saborear toda estas clases de sermones y probar cada uno por lo menos una vez. Pero su afán no es el ser experto en saltar de un método de predicar a otro con facilidad. Debe aprender cuál método le conviene emplear en la ocasión presente para el mejor efecto en poner delante de la congregación la comida espiritual para ese día.

Nunca debe decidir usar cierta clase de sermón porque sea la más fácil, necesitando menos preparación. Ningún método sirve para mucho cuando esa sea la actitud del predicador. ¿ Habrá un método o manera de predicar que se puede usar siempre, o casi siempre que abarque todas las diferentes comidas, maneras de servirlas, y los condimentos y servicios también? Si lo hay, el predicador que practique ese método constantemente puede llegar a ser más experto que aquel que no se concrete a ninguno.

Creemos que sí hay tal método es el expositivo. La voz significa el sacar de alguna parte y poner delante de la gente. Con relación al sermón evangélico es el sacar las verdades de la Biblia y ponerlas en orden delante de los oyentes para que se aprovechen de ellas como lo harían de los platos de una comida.

Primero hay que escoger el libro, capítulo o trozo que va a exponer, los versículos o párrafos que forman "una unidad de exposición". Luego hay que averiguar con toda exactitud posible lo que cada frase realmente dice. Esto incluye el exégesis y el análisis, eso es, el saber lo que dice, poner las verdades o frases en orden lógico en su relación una con otra, con sus divisiones y subdivisiones.

Luego con esto sale la interpretación del mensaje, con su punto o tema principal, con las enseñanzas detalladas que apoyan la central. Siempre hay que tener cuidado de presentar un solo tema fundamental y relacionar todo el sermón a esa verdad. Habiendo analizado e interpretado el pasaje, se pone a buscar ilustraciones que éstas sean originales o nuevas, si es posible.

Con esta pequeña explicación del proceso, se puede apreciar cómo es que algunos estiman en poco el sermón expositorio mientras que otros lo creen el mejor, o aun el único sermón que se debe predicar. Es que es muy abusado el método. Hay pastores que se ocupan de otras cosas hasta no tener nada preparado y en vez de predicar un sermón escogen rápidamente algún capítulo o párrafo de la Biblia, lo leen delante de la congregación haciendo comentario según cualquier idea que se les ocurra en el momento sobre cada versículo, y lo llaman sermón de exposición pero no lo es.

Otros sí estudian el pasaje y presentan a la congregación todos los detalles confusos y desordenados que han encontrado. Tampoco es un sermón ni es exposición. La cocinera nunca presenta en la mesa las sartenes, pailas, y tazas que ha empleado en la preparación de la cena. El pastor debe predicar en buen orden los resultados de su estudio que forman el mensaje de ese sermón, nada más. Puede ser que haya encontrado varias ideas buenas para otros mensajes pero no hay que mencionarlas en esta ocasión. No es, pues, el sermón expositivo un comentario corredizo ni técnicamente hablando, un estudio bíblico. No es un conjunto o mezcla de muchas ideas o verdades sacadas de algún pasaje y presentadas como se le ocurrió a la mente. Es un verdadero sermón con su tema principal, sus subdivisiones relacionadas lógicamente con ese tema principal, y en apoyo de él, sus ilustraciones y su aplicación a la vida y a las necesidades espirituales de los oyentes. Es la clase de sermón que requiere más preparación que cualquier otra, pero que produce los mejores resultados en el pastor y en la iglesia.

El Dr. White presenta las siguientes ventajas de la predicación expositiva:

1. Revelación: es la mejor manera de enseñar toda la Biblia.
2. Precedente: es el método probado por siglos por los mejores predicadores.
3. Adelanto personal: obliga al predicador a saturarse de la Biblia.
4. Adelanto - congregación: los oyentes se interesan más en las Escrituras.
5. Diplomacia: presenta ocasiones para tratar verdades correctivas sin que los individuos culpables se den por ofendidos.
6. Balance: obliga a la consideración de todas las doctrinas sin insistir siempre en una sola verdad.
7. Fidelidad: es el mejor método para fomentar la fidelidad de los miembros, quienes conocerán toda la Biblia y así no serán llevados por los engaños de sectas.

Es costumbre para el pastor u obrero en la iglesia rural tener que trabajar arduamente para sostenerse y también predicar. Cuando no ha tenido la debida preparación en un instituto bíblico o seminario, y no tiene concordancia, manual, diccionario bíblico, comentarios y otras ayudas, le es difícil preparar cualquier clase de sermón. Con los cursos bíblicos de la

Academia centenares de ellos están equipados ahora para preparar y usar sermones expositivos.

Hay pastores famosos hoy quienes predican la Biblia consecutivamente. Generalmente empiezan con el primer capítulo del Génesis el primer domingo de enero por la mañana, o tal vez los primeros dos capítulos. Por la noche del mismo día predican sobre la caída del hombre y hasta el diluvio, tal vez capítulos tres a diez.

El culto de oración o de estudio bíblico durante la semana se dedica al resto del libro de Génesis o por lo menos la Torre de Babel. El segundo domingo del año su tema seria las vidas de Abraham y de Isaac, y por la noche las de Jacob y los doce patriarcas. No se dirá todo ni se leerá todo en el púlpito, pero la congregación poco a poco se dará cuenta de lo que esta pasando y leerá con anticipación la porción para el próximo culto. Y de esa manera se prosigue hasta terminar toda la Biblia en un año.

El segundo año empiezan de nuevo pero esta vez predican sobre el Antiguo Testamento por la mañana y el Nuevo por la noche. O algo por el estilo. El tercer año deciden emplear dos años enteros para cubrir toda la Biblia o acaso usan temas especiales por un año y después vuelven a pasar por toda la Biblia. Alguna vez no tratan sus libros en su orden canónico sino cronológicamente.

También se toman la libertad de cambiar en varias ocasiones el orden para tener porciones apropiadas para la "Semana Mayor", etc., pero aun esos sermones se relacionan con el curso que siguen. Para el predicador no experimentado lo dicho parece imposible. Le aconsejamos a no precipitarse en empezarlo. Debe primero haber leído toda la Biblia varias veces, como primer requisito. Entonces sería práctico hacer una prueba con un solo libro. Supongamos que ya haya predicado sobre el Evangelio según San Juan y después los Hechos, capítulo por capítulo.

Que predique alguna vez sobre el Evangelio de Juan, con las señales o milagros como una división, y los discursos como otra, y termine con la semana de pasión, haciendo que el todo sea un apoyo de Juan 20:31.

Después de esto predica sobre uno de los libros cortos, primero uno conocido como Santiago, ó 1 Pedro, y después uno del Antiguo Testamento como el de Jonás. Abarcando todo el libro en treinta o cuarenta minutos será una verdadera tarea pero con la práctica aprenderá cómo fijarse sólo en los puntos sobresalientes que conducen a una comprensión del tema principal. No trate de preparar un buen sermón expositivo sin haber leído la porción por lo menos diez veces antes de pensar en apuntar algo. Lea hasta que el tema principal esté bien claro en su mente, no lo que otro haya declarado ser el tema sino lo que usted mismo ve.

Entonces siga leyendo hasta asegurarse que todo el pasaje contribuye a tal tema. Por cierto si es un pasaje largo puede haber algún paréntesis, pero eso no estorbará la exposición. Persistiendo en la lectura cuidadosa cada vez fijándose en más detalles, el corazón comenzará a arder con el mensaje y deseará predicarlo en seguida. Pero no deje de leer, meditar, analizar y arreglar todo. Lea en todas las versiones a su alcance. Entonces piense en las ilustraciones y en la mejor manera de hacer comprender a los oyentes porque éstos no habrán leído el pasaje veinte veces ni meditado en él como usted lo ha hecho. Y no se desanime, hermano si su primer esfuerzo le parezca un fracaso. Predicó la Palabra y eso es lo importante. No prolongue el discurso más de lo acostumbrado. Termine la lección en otra ocasión pero no canse a sus oyentes perdiendo por su largura el terreno ganado en los primeros minutos.

El Dr. Griffith Thomas dijo que hay cuatro pasos en la preparación de un sermón: "Pensarnos vacíos; leernos llenos; escribirnos claros y orarnos agudos", que quiere decir que debemos echar a un lado todo otro pensamiento y cuidado para dedicarnos exclusivamente a la preparación de este sermón. Este paso es importante y con la práctica no requiere mucho tiempo. Entonces se debe leer y releer y volver a leer el pasaje bíblico escogido antes de leer comentarios y otras ayudas. El tercer paso es natural y necesario: apuntar los pensamientos y ponerlos en orden hasta tener un sermón lógico.

El último paso no es último en el sentido de no hacerse antes y durante la preparación sino que nunca es completo sin la oración y tanta oración que el predicador se encuentra entusiasta, ansioso de declarar la verdad estudiada. Hay mucho que decir sobre las ventajas del uso de variedad en el púlpito predicando sermones de una y de otra clase, mezclando los biográficos con los textuales, los tópicos con los expositivos, hablando de misiones y luego de la devoción, evangelizando y enseñando a los creyentes. La práctica de la exposición de toda la Biblia incluye todas estas cosas pero terminamos esta lección con una referencia al esquema (Apéndice A, al fin del curso) sugerido por los Doctores Perry y Whitessell para tres años de predicación, salvo un mes de vacaciones cada año. No se copia tal bosquejo con la idea de que será obligatorio al estudiante que es pastor el seguir tal programa. No. Es sólo un ejemplo una ilustración. Es el Espíritu Santo quien debe dirigir al Pastor en la selección de sus textos. Pero examinen el apéndice A.

La próxima lección ha de tratar algunos puntos prácticos en la predicación, cosas que serán discutidas más ampliamente en el curso de homilética pero útil aquí por cuanto conciernen al pastor y a su comisión divina en relación con la iglesia.

Lección 10

EN EL PÚLPITO

El Señor Jesucristo no dio ningunas instrucciones a Sus apóstoles acerca de cómo comportarse en el púlpito. Él mismo, al predicar en las sinagogas, aprovechaba la oportunidad para enseñar el cumplimiento de las profecías acerca de sí mismo. Cuando predico en Nazaret se nos dice que: "todos daban buen testimonio de él, y estaban maravillados de las palabras de gracia que salían de su boca" (Lc.4:22).

Sin embargo, al terminar Su sermón, quisieron matarle allí mismo. Un sermón perfecto, entonces, no es simplemente una obra de arte que cuando se termina de predicarlo, ya está concluido. Es una acción, es un estímulo para que se lleve a efecto algo definitivo, es un poder que efectúa un cambio de los ánimos.

El Señor Jesús pronunciaba palabras de tanta dulzura que atraían a muchos, y también palabras recias, fuertes, duras de llevar, que alejaban a muchas personas. ¿Por qué? Pues, se verá que Sus palabras ásperas tenían por propósito el desenmascarar la hipocresía con las miras de salvar el alma.

Nuestro Señor jamás fue engañado por nadie. Les revelaba a todos la condición verdadera de sus corazones, como hizo con el joven rico, y sentía tristeza cuando no accedían a Su manifestación ni aceptaban Su invitación.

A. El púlpito

La voz "púlpito" tiene varias acepciones. En su sentido más limitado es el atril o mesa especial o mueble en que el predicador pone su Biblia mientras la lee y predica al pueblo. También se usa para designar no sólo el atril sino también la plataforma con su antepecho y tornavoz si los tiene, y las sillas sobre la plataforma.

Por extensión significa el empleo de pastor, como al decir: "El Rvdo. García queda sin púlpito", queriendo decir que por lo pronto no está pastoreando ninguna iglesia.

Nada de mobiliario ni de cosas materiales es absolutamente necesario para que haya una verdadera iglesia cristiana. El conjunto de creyentes en Cristo que se reúnen, aunque sea en un patio, debajo de un árbol, o en las catacumbas o cuevas de la tierra, con el fin de adorar a Dios por medio de Jesucristo, constituye una iglesia local.

Algunas iglesias usan un "altar" además del púlpito; otros usan hasta tres atriles en los servicios: uno desde donde el pastor dirige los cantos, hace los anuncios y ora; otro para la lectura de la Biblia; y el otro, a veces a un lado mucho más alto, desde donde predica. Estos detalles se conforman a costumbres antiguas pero no se pretende que son indispensables ni inspirados, sino útiles a los que están acostumbrados a ellos y nada mas.

La mayoría de las iglesias evangélicas comienzan por reunirse en la sala de algún hogar con sólo una mesita detrás de la cual el predicador se para, y con sillas o asientos para los oyentes. Después, cuando edifican su primera capilla, hacen una pequeña plataforma, de más o menos 30 ó 40 centímetros de alto con un sencillo atril para el orador. Generalmente la mesa de comunión no está en la plataforma. Si hay espacio, ponen una, dos o tres sillas sobre la plataforma detrás del púlpito o atril.

En los templos más grandes hacen la plataforma más alta y espaciosa, con antepecho, tornavoz cuando sea necesario, y aun sillas o bancas para el coro. Entonces hacen un "juego" de sillas o butacas, púlpito y la mesa de comunión. Suelen hacer el púlpito más ancho y atractivo, con la parte central un poquito más elevada e inclinada hacia atrás para sostener en buena posición la Biblia, y con una o más gavetas o divisiones que se abren por detrás donde el pastor guarda los platos para la ofrenda, un himnario y cualquier otra cosa.

A veces hay una placa o letrero, o aun queda grabado en la misma madera del púlpito, algún versículo de la Biblia o las palabras: "Dios es amor", o algo por el estilo. Y en la mesa por la parte que da hacia la congregación, algunos tienen grabadas las palabras: "Haced esto en memoria de mí".

Se debe evitar un lujo que distraiga a los asistentes, pero a la vez tener algo útil, decente, y de acuerdo con las circunstancias, de modo que no llame la atención por su falta de dignidad.

Las iglesias que practican la inmersión tratan de tener el bautisterio, o tanque para bautismos, en la misma capilla, cuando sea práctico. A veces está en la parte posterior de la plataforma. No es raro ver también, pintada en óleo en la pared detrás de la plataforma, una escena como si fuera el río Jordán con sus aguas desembocándose en el bautisterio. Para aquellos a quienes les gustan todas esas cosas, pues, que se gocen de ellas, teniendo siempre cuidado de no darles tanta importancia, al punto de constituir una causa de distracción durante los servicios.

Y aquellos a quienes no les complacen pues, que pongan toda su atención en su adoración y en el sermón, sin criticar a los otros. Pero si hay alguna cosa que está a la vista de la congregación y que estorbe su concentración en el propósito del culto, que sea quitado, aunque haya sido regalado por el miembro más rico e influyente. Por eso muy pocas iglesias evangélicas permiten pinturas en las paredes del templo.

Si tiene cuadros, fotos, etc. como por ejemplo los retratos de pastores antiguos y recordados, que se coloquen en la sala de recepción, o en la sala social, etc., pero no en el auditorio principal. Especialmente en la América Latina se debe evitar escrupulosamente cuadros religiosos, como de Cristo o de un apóstol u otra persona, que un católico romano pueda confundir con los "cantos" a que están acostumbrados a ver en sus templos.

B. La etiqueta del púlpito

Conviene al pastor aprender cómo comportarse correctamente en el púlpito, si es que ama a su grey. Es muy lamentable que un miembro de la iglesia traiga consigo al culto a un vecino y después tenga que pedir excusas por las acciones del pastor durante el servicio. Es verdad que algunas cositas no son de importancia, y que algunos críticos son por demás quisquillosos pero la grande mayoría de los pastores evangélicos serían mejores siervos del Señor si fueran más circunspectos en el púlpito.

Los malos hábitos en la plataforma son vistos con lente de aumento por la congregación, y desvían la atención de lo importante. No se debe culpar ni a Dios ni al diablo por la desatención causada por el predicador mismo.

Primero en cuanto a su traje y apariencia. Es difícil pensar en una excusa adecuada para un pastor que ocupa el púlpito domingo tras domingo sin haberse afeitado esa misma mañana. Puede ser que sea disculpable algunas veces cuando todos saben que ha sido inevitable, pero es una falta de más importancia de lo que a muchos pastores les parece. ¿Qué debe pensar el hombre que se ha esmerado en arreglarse antes de ir al culto para presentarse ante su Dios en adoración, y entonces note que el mismo predicador ni se ha molestado en afeitarse? ¿Qué testifica ese descuido acerca de la seriedad del pastor en reconocer la presencia de Dios mismo en el culto? Mejor es arreglarse bien con la navaja y el peine, que comer bien al desayunarse.

No es necesario que el predicador sea de hermosa presencia, lo cual puede servirle de gran tentación a la vanidad, pero sí debe cuidar de su apariencia. Sin embargo, que no vaya al otro extremo, ocupándose en peinarse cuando esté en la plataforma. ¡Nunca! Eso es inexcusable.

Sus vestidos deben ser limpios y arreglados, de una calidad de acuerdo con sus circunstancias. Si está en el campo donde ningún hombre en la congregación use corbata, no hace tanta falta tampoco que el pastor la utilice, especialmente donde hace bastante calor. Pero si está en la ciudad, conviene que la tenga y que esté correctamente asentada. Si no la tiene, pida a Dios que se la dé, o haga un esfuerzo y cómprela.

Lo mismo se puede decir acerca del saco, y que esté abotonado. Pero si la iglesia está en la selva donde los hombres apenas tienen una o dos prendas de vestir, el que se ponga delante de los otros para predicarles la Palabra de Dios debe presentarse de acuerdo a lo que exijan las circunstancias.

El esfuerzo debe ser hecho para evitar aquello que llame la atención, o cause comentario; y para que sea así el pastor tiene que considerar las costumbres locales, a fin de no ser tan extraño que atraiga hacia su apariencia el pensamiento de la gente. El púlpito evangélico no es lugar para un espantapájaros ni tampoco para un pavo real.

En los pueblos donde la etiqueta demanda que el orador se vista de camisa blanca con terno y zapatos negros todos los domingos, no hay tanto problema. Que todo lo visible sea suficiente agradable a los ojos a fin de que no aparte la atención del desarrollo del culto.

A pesar de lo dicho arriba, es oportuno decir una palabra acerca de aquellos predicadores que se afanan por demás por su apariencia en el púlpito. Hay pastores que compran un nuevo terno cada tres meses, aun fiado, haciendo que la esposa y los hijos queden sin los vestidos apropiados, o acaso padeciendo un poco de hambre.

Junto con esto se encuentra la costumbre de lucir corbatas más brillantes que cualquier otra cosa en el auditorio, por fortuna sus calcetines no son visibles desde los asientos porque son de colores escandalosos. Pero el colmo es el hombre elegante que insiste en usar la última moda, luciendo prendas de brillantes, y oliendo a perfume abundante. Por cierto debe el pastor bañarse la noche anterior o durante el día en que celebra cultos para no tener mal olor, pero cuando todos los que se le acerquen perciben el olor de perfume que emana de él, es tiempo para que algún amigo le dé un consejo sobre este particular.

El esmero extremado en vestirse el domingo por la mañana priva a algunos predicadores de cumplir con sus deberes como padre de familia, ayudando a su señora e hijos para que estén también ellos en el culto a buena hora, y, peor todavía, le priva de pasar el tiempo debido en oración para que esté espiritualmente preparado para predicar.

Al entrar el pastor en el púlpito debe hacerlo con porte correcto, no como un deudo que va al entierro, ni como un payaso o un títere, no debe haber un temor supersticioso acerca de la plataforma, porque nada importa en realidad ese tablero, sino que su propósito debe ser el de dirigir al pueblo congregado en su servicio espiritual a Dios. El lugar está consagrado a ese fin. Elevado para que todos los presentes le vean con facilidad, y consciente de que todos los ojos están fijos en él, es difícil al principio que el pastor accione de una manera natural, pero por lo menos puede evitar las maneras artificiales.

Mejor es la seriedad con benignidad que la familiaridad al extremo de ser indiferente al lugar donde se encuentra. Si el mismo pastor no "respeta al púlpito" tampoco lo harán los asistentes. En algunas iglesias no permiten, sino en raras ocasiones, que una persona que no sea un ministro ordenado ocupe un puesto en la plataforma. Sería difícil justificar tal proceder por medio del Nuevo Testamento, pero por otra parte es lógico tener cuidado en no permitir que "todo el mundo" tenga el privilegio de usar el púlpito. La disciplina cristiana en este punto se basa en que aquellas personas cuyas vidas no son correctas no deben ser presentadas en el púlpito como mensajeros de Dios. Ni Cristo ni Sus apóstoles aceptaban los testimonios de los espíritus malos. No es justo que sean recomendados delante de los miembros y la juventud, hombres que no andan en la verdad.

Es difícil describir la actitud o porte correcto para el ministro en el púlpito. Cabe decir que nunca le es permitido escupir estando delante de su auditorio, por más que sea en una salita con piso de tierra, mucho menos en una capilla. No debe sacarse el pañuelo y limpiarse las narices, ni ocuparse con su vestido, a menos que sea absolutamente necesario.

Algunos oradores piden que haya un vaso de agua a la mano para tomarla durante el sermón. Tal vez en lugares de mucho calor tal proceder sea excusable, aunque es discutible si se hace por necesidad física o por mera costumbre.

Pero lo más importante de todo esto de lo físico es el semblante, la expresión en el rostro del predicador, porque por ella sus oyentes juzgan lo que creen estar en su corazón. Una sonrisa sincera puede "alumbrar" todo el auditorio mientras que una sonrisa hueca puede hacer lo contrario. La virtud de la sinceridad, honestidad, o autenticidad es precisa e indispensable al pastor.

Un predicador que habla acerca de los resultados del pecado, de la perdición eterna, del juicio final, y de otros temas semejantes, con una sonrisa en los labios y una expresión de gozo en el rostro, o es hipócrita o es actor haciendo mal un papel.

La sinceridad de corazón se manifestará en el rostro, según los pensamientos que uno vaya expresando, sin necesidad de preguntarse mientras predica: "¿Tengo en mi cara la manifestación de viveza o tristeza propia para esta frase?" Siente de veras en el corazón la verdad que está declarando con los labios y lo demás del rostro declarará también la misma cosa. Por cierto es reconocido que el relatador no debe reírse de sus propios chistes, pero el predicador no es un bufón.

Otra prueba de la honestidad del predicador está en su humildad al citar a otro, o en referirse a personajes conocidos. El "robo" de los sermones ajenos, predicándolos sin declarar que fueron leídos en algún libro o revista, se llama plagio y la conciencia debe acusar al que así abusa. Tarde o temprano será descubierto su secreto y otros le acusarán.

Si hace referencia a algún famoso predicador o maestro del Evangelio, llamándole: "mi buen amigo, el Dr. Fulano", cuando en realidad nunca le ha conocido, no es honesto por más que él haya estado en la congregación cuando predicó y aunque tal vez le haya dado la mano después del culto junto con un centenar de personas, de manera que nunca ha conversado siquiera con el hombre.

O si cuenta como propia una experiencia ajena, creyendo que así llevará más peso, ¿cómo puede pedir la bendición del Señor sobre su sermón? Hermanos, las armas de nuestra milicia no son carnales. Son espirituales y más poderosas que las tretas humanas, aunque cuestan más.

Otra costumbre incorrecta es la de citar números estadísticos o porcentajes como si fueran exactos cuando no son más que cálculos o adivinaciones. Mejor es confesar su verdadero origen, o también usar términos generales, indefinidos.

El idioma contiene palabras como: "mucho": "varios": "una buena cantidad": "supongo": "tal vez la mayoría", etc., y son más difíciles de contradecir.

Con relación a quiénes deben predicar y a quién debe cederse el púlpito, en algunas iglesias es el pastor el que tiene la sola responsabilidad. En otras es el pastor junto con los ancianos o diáconos. Si es una iglesia denominacional la que envíala los superintendentes, obispos, secretarios especiales, etc. es costumbre darles el púlpito en seguida.

En algunas ciudades los diferentes pastores tienen un convenio de "cambiar púlpitos" una vez al año, eso es, que el pastor de la "Primera Iglesia" predique en la "Segunda Iglesia" tal domingo, mientras que el pastor de la Segunda ocupe el púlpito de la Primera; el pastor de la "Iglesia de la Calle Quinta" se cambia con el de la "Iglesia del buen Pastor", etc.

Pastores visitantes, obreros, misioneros nacionales o extranjeros, colportores, etc., son los que se presentan, acaso deseando o pidiendo el púlpito, eso es, el derecho de la palabra. Hay que tomar en cuenta el hecho de que el Señor tiene muchos siervos muy buenos y útiles, pero que no son buenos predicadores. Algunos de ellos lo reconocen y rehúsan la invitación a tomar la palabra. Otros no lo saben, pero el pastor sabe por experiencia que el visitante no predica bien, y por consideración para la iglesia no le permite predicar. Puede ser permitido que dé un corto saludo o informe, pero no más. Conviene al pastor tener cuidado en este asunto porque hay en el mundo muchos engañadores, pero que no sea tan escrupuloso tampoco, al extremo de perder la bendición legítima que la providencia proporciona a su grey.

Un pequeño consejo más sobre este asunto sería la seriedad y simplicidad de parte del pasto; al presentar a la iglesia el orador visitante. Debe decir con claridad su nombre con algún título que tenga, como: "el pastor de la Iglesia en Santiago", o "el secretario de misiones foráneas de nuestra denominación", o algo por el estilo. No es necesario "echarle flores", alabarle como orador elocuente, elogiarle como gran maestro, etc., etc.

Tampoco es buena la costumbre de algunos pastores de siempre comentar el sermón del visitante una vez que éste haya terminado y el pastor está clausurando el culto. Una expresión corta de agradecimiento basta. Si trata de dar un resumen o de añadir nuevos pensamientos, parece que desea remendar las fallas del discurso ajeno, dando a entender que él mismo pudiera haber predicado mejor sermón sobre ese tema. Es descortés, por no decir vanidad.

C. El culto

El propósito principal del culto evangélico es el de proporcionar una oportunidad para que cada asistente pase una hora en la presencia de Dios, alabándole, orando junto con el pastor, oyendo la lectura de Su Palabra y el mensaje que el Espíritu le presenta por medio del predicador.

Hay varias recomendaciones o consejos en cuanto a cosas que ayudan a alcanzar esa meta. Pero nada puede substituir la presencia en poder del Espíritu Santo ni ocultar la falta de la debida preparación de parte del pastor. Si él llega al culto con el sermón medio preparado, y sin haber pensado en cuáles himnos van a cantar, que va a decir en la oración pastoral, etc.; si no tiene bien arreglados los anuncios, si el número especial de música lo piensa pedir a la primera persona que ve que es músico sin darle siquiera la oportunidad de ensayar; es imposible que el culto resulte bien ordenado y bendecido.

Bien sabido es que unos pocos pastores creen que así debe ser o peor aun dicen que sólo de esa manera dejan al Espíritu Santo con libertad para dirigir el culto, y, dicho sea de paso, ellos se libran del trabajo de preparación, y en caso de que el culto sea un fracaso pueden echarle la culpa a Dios. Ese proceder no es justo. No da lugar para el músico o cantor de orar, ensayar y hacer lo mejor para que su contribución resulte lo que debería resultar.

Y, por más que él crea lo contrario, tampoco es justo para el mismo predicador, quien nunca es el mejor instrumento posible para los usos del

Espíritu Santo cuando no toma el tiempo debido en la meditación y oración para buscar la voluntad de Dios acerca de cada detalle del culto.

El auditorio o salón donde se celebran los servicios se debe barrer la tarde o la noche anterior. Luego por mañana y por lo menos una hora antes del culto se debe despolvar los asientos y muebles. No es bueno que una congregación, por más pequeña que sea, espere que el predicador haga ese trabajo por cuanto el polvo no le hará bien a su garganta tan cerca del tiempo en que empiece a hablar. Pero si otra persona no lo hace, es mejor que el pastor lo haga no que todo el mundo tenga que sentarse sobre asientos cubiertos de polvo. Haciéndolo puede ser que les dé pena a los miembros y que así se evite la necesidad de repetirlo.

Cosa importante también es que se abran las ventanas antes de empezar, a fin de que la ventilación de aire fresco evite que muchos de los oyentes tengan sueño durante el sermón. No es justo que un pastor tenga que hacerle la competencia al aire viciado.

Es buena práctica también en las iglesias pequeñas, donde no hay otra provisión para las madres con niños pequeños, que éstas tengan asientos reservados para ellas cerca de una salida para que puedan llevar a sus "angelitos" cuando lloran durante el culto. Un solo llanto de un niño durante el servicio no debe causar alboroto. La paciencia es una virtud recomendable al predicador y a la congregación. Pero cuando el chico sigue haciendo ruido y apartado la atención de otros es justo que la madre tenga la posibilidad de salir del auditorio con el niño sin incomodar a los demás.

Cuando muchachos jóvenes o adultos manifiestan tanta falta de cultura que susurran o molestan con bulla o desatención hasta el punto de impacientar a otros, uno de los diáconos o cualquiera que esté cerca tiene derecho de hacerles señas para que se tranquilicen. En último caso el mismo predicador puede decir algo, pero es mejor probar primero un ruego suave antes de recomendar en público.

El decir: "por favor muchachos no olviden que estamos en la casa de Dios y otros desean oír", es mejor que, por ejemplo, interrumpir un mensaje sobre el amor de Dios para con los pecadores, con una exclamación: "Cállense, imbéciles; si no van a quedarse quietos sálganse". El pastor que ama a los corderos no les trata así; no los ahuyenta, sabiendo que el aumento del rebaño se espera de !os corderos.

Ahora unas palabras en cuanto al culto mismo. Primero, que empiece y termine a tiempo. El principiar tarde el culto es casi siempre nada mas que una mala costumbre, no una necesidad. Contribuye a hacerlo el descuido, la falta de consideración para la congregación, el amor propio porque para no incomodarse piensa sólo en su propia comodidad antes que en las cincuenta o cien o quinientas personas a quienes les hace perder tiempo.

Puede ser que en los campos o en las iglesias rurales se crea imposible ser estricto en la hora, por cuanto los hermanos no creen importante el tiempo; que por no tener relojes no saben la hora; que tienen que venir desde tan lejos, etc. Pero el pastor que observa la puntualidad en empezar y en terminar los servicios encontrara que pronto el pueblo llegará a tiempo, y saldrán contentos una vez que se den cuenta de que pueden contar con la salida a cierta hora. Les da confianza. Serán más fieles en su asistencia.

Pero al principio es difícil ser puntual si ya están acostumbrados a la tardanza e irregularidad. Mejor es empezar a tiempo, o cambiar la hora señalada después de consultar con la iglesia.

En el curso de la homilética se aprende a preparar buenos sermones y cómo predicarlos. La introducción, el cuerpo o argumento, y la conclusión, son las tres divisiones retóricas de un discurso. El uso de la voz, los ademanes o gestos, el vocabulario la sintaxis, son considerados en esa enseñanza.

Cómo emplear las ilustraciones, el numero correcto de ellas, y a no repetirlas con ligeros cambios de nombres, lugares o detalles insignificantes, y el valor de las ilustraciones originales que sean apropiadas, junto con anécdotas, analogías, parábolas, etc., todo esto forma parte de la homilética. Es un estudio sumamente útil al predicador.

Los dos libros clásicos sobre este tema son: *Tratado sobre la predicación* por el Dr. Juan Broadus, y *La preparación de sermones bíblicos* por el Dr. Andrés W. Blackwood.

Hay varias obras más pequeñas que también son buenas aunque no son textos completos. He aquí un párrafo de *Hábitos del ministro* por el Dr. Eric Lund, que incluye unos de los hábitos que deben evitarse:

"Pero, aparte de los malos hábitos indicados, existen otros que se deben evitar. Indicaremos aquí algunos: el repetido uso de las palabras retumbantes; expresiones estereotipadas; provincialismos; abuso de la voz; entonación tristona; gritos desaforados.

"Por otra parte, uso frecuente del pañuelo sin necesidad; la costumbre de tomar un sorbo de agua; meter las manos en los bolsillos del pantalón (o del saco); no mirar a los oyentes en la cara sino mirar al techo; pegarse demasiado al pupitre; encogerse de hombros y sacudir la cabeza como epiléptico. Cuando tales cosas son imitaciones de otros, resultan detestables.

"Es buena la cortesía, pero si degenera en hábito de excusa debe corregirse.... Inclinarse siempre en el atril, como el viejo Jacob sobre la cabecera de la cama es un vicio que debe abandonar el predicador".

Sería posible continuar la lista casi indefinidamente, pero en la mayoría de los casos la esposa del predicador lo hará sin que nosotros tengamos que hacerlo. Y si no le presta atención para corregirse, otros se lo estarán diciendo.

El ministerio evangélico es una vida de constante vigilancia, de esfuerzos incansables de ser mejor instrumento del Espíritu Santo. No se puede decir que ya no queda nada nuevo que aprender. Los esfuerzos humanos para perfeccionarse van combinados con la oración y la entrega del ser entero con sus talentos y capacidades como instrumento para Su uso.

Lección 11

El culto público

El Señor Jesucristo enseñó que toda persona debe adorar al Padre en espíritu y en verdad (Jn. 4).

Algunas personas adoran lo físico, apreciando la destreza de las manos, la hechura de cosas, la habilidad de atletas, etc. Otros adoran lo intelectual, el conocimiento de muchas cosas, la ciencia, etc. Pero todos deben apreciar lo espiritual y, conociendo a Dios, adorarle en espíritu y en verdad.

El mismo Señor, mientras estaba en la carne, oraba a menudo, y enseñó a los Suyos a orar al Padre en Su nombre. Era Su costumbre orar diariamente a solas, pero también buscaba compañía en la oración y adoraba al Padre en presencia de otros (Jn. 17; 11:41-42; 12:27-28; Lc. 6:12-13, 5:16, etc.) Sus predicaciones son modelos de elocuencia: no usaba palabras inútiles o inaplicables; usaba ilustraciones variadas y originales, ni demasiado a menudo en un sermón, ni tampoco faltaban; aplicaba las verdades enseñadas a las necesidades de Sus oyentes, con las advertencias y exhortaciones correspondientes.

También permitía que Le hicieran preguntas, las cuales contestaba sin demora, guiándose siempre por la Biblia, la cual consideraba ser la autoridad de Dios.

Pensemos ahora en el culto del domingo por la mañana. En el Curso A-8, *La doctrina de la iglesia,* página 93 a 98, se trató de este mismo tema. El estudiante debe volver a leer esas hojas. En las lecciones anteriores de este mismo curso hemos hablado ya de los cultos, de manera que habrá algo de repetición en esta lección.

Primeramente repetimos que no hay ninguna ley, ni en la Biblia ni en la razón, que dice que el orden del culto tiene que ser exactamente el mismo siempre y en todas partes.

Tampoco hay ventaja en ir al otro extremo de cambiar el orden cada domingo, o estar sin orden hasta el punto de que la pobre congregación no tiene idea de lo que va a encontrar.

El apóstol dijo, con referencia a los cultos públicos, que todo debe hacerse decentemente y con orden. Sin orden no hay confianza, quietud de espíritu y una participación segura en cada parte del servicio.

Al mismo tiempo no debe el pastor sentirse esclavo de la tradición en los detalles, ni la congregación creerlo un crimen ni un pecado que cambie el orden de vez en cuando, si le parece mejor al pastor hacerlo. Lo que es menester al pastor recordar es que no es necesario poner en práctica en el momento todo lo que se le ocurre a la mente mientras avance el culto, sin reflexionar si es bueno, útil o aceptable y si conduce o no al propósito y unidad de ese servicio.

Es mejor cuando los cambios sean anunciados con claridad, y si son importantes con la idea de que sean permanentes, que consulte primero con la iglesia, o por lo menos con el consistorio o junta.

A. La apertura del culto

Hay varias maneras buenas de dar comienzo a los servicios. Generalmente no importa si tiene que ver con una grande iglesia metropolitana de unos mil miembros o con un grupito del campo. Si es un culto de adoración, o si le llama culto de predicación u otra cosa semejante, siendo una reunión de la iglesia, la apertura, como toda parte del culto, debe contribuir al mismo propósito.

Se puede empezar con el pastor parándose detrás del púlpito o mesa o simplemente en frente de los congregados y citando o leyendo un versículo de la Biblia, como Salmo 11:4, 65:4 (ó 1 a 4), Habacuc 2:20; Salmo 122:1, etc. Luego puede dirigir a Dios una corta invocación pidiendo la presencia, poder y bendición del Señor en ese culto, y después anunciar el primer himno. Otros empiezan con la invocación primero.

Miles de congregaciones principian el culto cantando juntos la Doxología seguida por la invocación. Algunos optan por observar primero uno o dos minutos de oración en silencio, y en seguida la invocación. Muchos prefieren cantar un himno primero para así dar oportunidad para todos sentarse y tranquilizarse. Esto sirve un buen propósito cuando los reunidos no están acostumbrados todavía a tomar asiento y orar tan pronto como entre en el auditorio, quedando en actitud de reverencia hasta que principie el culto.

Hay iglesias que den principio a sus servicios con la lectura unida o antifonal de un Salmo o de algún capítulo o trozo de las Escrituras, para luego cantar la Doxología. El espíritu con que se abre el culto puede crear mucha simpatía entre los oyentes, especialmente los visitantes, o puede estorbarla. Debe haber cierta seriedad sin aparecer estar en un funeral.

Al pastor le es permitida una sonrisa afectuosa al mirar a toda la congregación pero nunca con excesiva jovialidad en aquel momento y lugar. La impresión de estar tan ocupado con el propósito del culto, de ser un mensajero fiel que tiene que entregar el mensaje que le ha sido encargado, es lo más deseable. Se consigue siendo honesto y genuino en su pensar, sentir y actuar. No hay que decir a la congregación que es sincero y que siente hondamente la verdad que les va a predicar: ellos lo sabrán sin eso.

El predicador que no siente su gran responsabilidad como profeta de Dios cuando se pone detrás del atril, debe orar que Dios le haga sentirlo de veras, o dejar de engañarse creyendo que es llamado al pastoreo. La oración cambia las cosas, eso es, la oración de fe unida con la paciencia.

B. Los cantos

Desde el comienzo del Evangelio el canto ha formado parte del culto y de la vida de los creyentes. Al principio seguían la costumbre de los judíos y entonaban Salmos. El uso de himnos espirituales no tardó mucho en establecerse, como evidencia Efesios 5:19, y varias partes del Nuevo Testamento han sido escritas como si fueran cánticos en la iglesia primitiva: 1 Corintios 13; 15:3-7, 20-28, 1 Tesalonicenses 5:2-10; Romanos 8:31b a 39, etc. Himnos han sido usados por el Espíritu Santo para influenciar sobre las almas.

En verdad el cristiano que no tenga sus himnos favoritos echa de menos la alegría espiritual. Si no tiene voz para cantar, silba o tararea o hace algún sonido, pero las palabras del canto están en su mente como si fuera expresando en el alma sus sentimientos espirituales. Muchos pastores no pueden cantar bien pero no se atreven a suprimir el canto de los cultos porque la congregación lo demanda, mientras otros tienen buena voz y parece que les gusta más cantar que predicar. ¡Ay del pastor que está encantado de su propia voz! Desde las iglesias pequeñas en los campos hasta las grandes congregaciones en la ciudad capital, la música es importante, aunque no de suprema importancia. En toda iglesia hay algunos que tienen el don natural de poder llevar bien la tonada y, a menos que el pastor mismo sea buen cantor, hará bien en depender de la persona con ese don para que dé principio al himno, por lo menos.

Por cierto en las asambleas grandes habrá un director de música quien dirige a la grey en todos los himnos, y al coro en los números especiales o antífonas. En estas iglesias el director del canto es necesario por cuanto es extraordinario el predicador que tenga capacidad y garganta que aguante el cantar para dirigir los himnos y hacer los anuncios. etc., y después predicar con buena voz por media hora. En grupos pequeños no es tarea tan difícil.

En el culto, la música tiene la función de preparar los espíritus para la oración y para el sermón, pero si no ofrece una oportunidad a los cristianos para expresar al Señor su adoración, amor, agradecimiento y consagración, no ha cumplido su parte en el sermón.

Los himnos dirigen los pensamientos a las verdades: que el pastor va a mencionar en su sermón, y así promueve un espíritu de devoción que es importante en la recepción de la doctrina, exhortación o amonestación. Por eso conviene, o más bien se requiere, que el pastor se asegure de que los himnos sean escogidos con cuidado, contribuyendo al propósito y unidad del culto. Si hay director del canto, o director de música como es llamado, él y el pastor deben consultarse entre sí con anticipación a fin de que toda la música conduzca a llevar a cabo lo que se propone el pastor.

Por eso no es buena costumbre esperar que empiece el culto y entonces preguntar a los congregados qué himnos desean cantar, como si el propósito del canto fuera solamente el complacerlos. En un culto de evangelización donde no es numeroso el grupo de oyentes, tal cosa puede hacerse con buen efecto para estimular a todos a cantar, pero antes de la oración e inmediatamente antes del sermón los himnos especiales deben haber sido escogidos de antemano y a propósito.

En los grupos nuevos donde pocos conocen los himnos y aun eso en número reducido, no es posible hacer todo con perfección sino adaptarse a las posibilidades y circunstancias del caso.

Cuando uno o dos hombres entran en un pueblo donde antes no se ha predicado el Evangelio y se les presenta la oportunidad de celebrar un culto de evangelización, no es necesario omitir toda la música. Aunque no tengan ningún instrumento musical, si conocen bien algunos himnos es bueno cantar. Pero se ha encontrado en la América Latina que es provechoso explicar primero cómo los himnos han acompañado a la predicación del Evangelio desde el tiempo de los apóstoles, y que es costumbre para la congregación también cantar. Luego se debe decir unas palabras acerca del himno que va a cantarse.

Si se ve que hay interés en todo esto, es un proceder lógico cantar una o dos estrofas de varias clases de himnos como de evangelización, de devoción, de testimonio, de invitación, etc. Aun se puede incluir uno de la Navidad y otro de la Resurrección. Antes de orar es muy recomendable decir pocas palabras acerca de la oración al Padre, en el nombre de Cristo, en el Espíritu.

Los himnos, tanto como la oración, deben ser sencillos, no aquellos que requieren un coro amaestrado. A veces es bueno, cuando se ve que hay la simpatía de los oyentes, enseñarles a cantar un coro primero, y después la primera estrofa de un cántico fácil como: "Cristo me ama", repitiéndolo varias veces hasta que varios o muchos de los reunidos le estén acompañando. Esa participación les predispone a seguir con cuidado su mensaje y recibirlo con agrado.

El Espíritu le ha de dirigir si debe o no extender una invitación a que confiesen su fe en Cristo en esa primera reunión evangélica en ese lugar.

En las iglesias establecidas algunas tienen por costumbre el domingo por la mañana usar sólo himnos que están en el himnario. Usan cierta solemnidad en el canto y los números especiales son más serios. No debe haber, sin embargo, una atmósfera fúnebre ni debe permitirse que el tiempo del canto sea tan lento como una marcha a la muerte.

Por la noche es un poco más libre el espíritu del canto. Se utilizan coros, se canta la primera estrofa y el coro; las damas cantan la segunda estrofa y todos el coro, los caballeros la tercera y juntos el coro, y todas las voces se unen al cantar la última. Si hay muchos niños presentes, cantan ellos una frase y los del otro lado la próxima frase, o algo por el estilo. Esto promueve el entusiasmo para cantar, pero si llega a ser una costumbre arraigada pierde su valor y eficacia.

Mejor es cuando todos cantan en el gozo del Espíritu Santo sin necesidad de emplear betas.

De vez en cuando el director puede relatar la historia del himno que van a cantar, o dar un testimonio acerca de cómo Dios lo usó una vez para Su gloria, para así estimular el interés en ello.

Para los pastores de iglesias donde no hay un director de música, ni voluntario, ni empleado, y él mismo no ha tenido instrucción en el canto pero quisiera saber leer la música y dirigir correctamente los himnos, queremos decir que es posible aunque difícil aprenderlo por correspondencia o por textos sin tener maestro.

Consiga un himnario con música y un texto pequeño como *Rudimentos de la música* por Jesús M. Suárez (Agencia Musical, Víctor M. Álvarez, Caracas) o *El manual de música para el cantor evangélico* por Lemuel Quarles (Junta Bautista, B. A.). No es necesario hoy que se aprendan los términos antiguos que eran usados con los cantos llanos o gregorianos: Longa; Breve; Semibreve; Mínima; Fusa, y Semifusa. Tales cantos son usados todavía por algunas iglesias de culto ritualista, después de la oración, o cuando el coro canta el "Padre Nuestro": "Gloria", etc.

Si se quiere aprender a leer la música moderna usada en los himnarios evangélicos más populares, como *Himnos de la vida Cristiana*, *El nuevo himnario evangélico*, etc., es preciso saber el valor de las notes llamadas: redonda, blanca, negra, corchea, semicorchea, fusa y semifusa. Generalmente se principia por reconocer la note "negra", que es ovalada, negra, y con un "palito" sencillo. Fundamental en la dirección de los himnos es el tiempo o rapidez con que se canta, y es gobernado por la note negra que ocupa más o menos el tiempo de una palpitación o un latido del corazón.

La posición de cada note en relación con el pentagrama (las cinco líneas y cuatro espacios), da el tono, sea más bajo o más alto en la escala. La clase de note designa el tiempo que ha de sostenerse: la blanca equivale a dos negras; la redonda (ovalada sin palo y hueca) vale por dos blancas o cuatro negras. Si cualquier note es seguida por un puntillo, eso agrega la mitad más al tiempo. La corchea (negra con banderilla en el asta) equivale a la mitad de la negra, y así sucesivamente.

Los números que se encuentran al principio en el pentagrama, después de la llave, indican el tiempo o el número de notas negras que constituyen un compás (eso es lo que cabe entre dos líneas divisoras verticales en el pentagrama). Si dice 4/4 (o C, por ser lo más común) quiere decir que cada compás contiene el equivalente de cuatro notes negras.

Para dirigir el canto, es necesario saber que la primera nota negra recibe mayor acento, y la tercera acento secundario. Puede ser que estas pocas palabras den a algunos estudiantes un interés en aprender la música para así ayudar mejor a la iglesia.

Lo mejor es tener cuidado de no permitir que degenere el canto a un tiempo tan lento o prolongado que haya necesidad de respirar entre una palabra v otra, como a veces se ha visto. Se respire después de cada línea (según los renglones en los himnarios sin música).

También baste de que todos canten juntos. Si uno no gobierna el canto los niños suelen cantar demasiado rápido y los adultos más despacio de lo que deben. Sin embargo, repetimos aquí que la música en el culto es parte de la adoración, de manera que el esfuerzo de eliminar o evitar los abusos se hace con el propósito de que cada persona pueda expresar en los himnos los sentimientos espirituales que quiere presentar a Dios, sin ser estorbada por la confusión o irregularidad.

Terminamos esta división con una palabra sobre los números especiales musicales

Es bueno cuando forma parte del culto público un canto especial por una persona, llamado un "sólo". o un "dúo" cantado por dos personas etc. No es necesario que el cantor sea un profesional que sabe cantar ópera, ni que sea un visitante de mucha fama. Tampoco es correcto usar el culto como oportunidad de lucirse personalmente, o aquellas a quienes el pastor o el director del canto desea alabar o ganar su interés. El todo debe contribuir al espíritu de adoración.

Ni debe ser una costumbre tan arraigada el tener uno o dos números especiales en cada culto que el programa sea esclavizado a ello. Y esto es verdad si se refiere al número especialmente del sermón, o después durante la invitación. Estos cantos especiales merecen tanta oración como las otras partes preliminares o finales del culto, y pueden ser usados por el Espíritu para mucho bien.

C. Las oraciones

Como ya se ha hablado acerca de la "invocación" al principio del culto, aquí se trata de la "oración pastoral" en que el pastor, o en raras ocasiones otro anciano, dirige la congregación en alabar a Dios por lo que Él es, en darle gracias por todos Sus beneficios espirituales y materiales, y en presentarle las peticiones que son de interés general para toda la congregación. Esta oración debe contener muy poco de naturaleza privada o personal, especialmente en lo concerniente al mismo que ore.

Aunque no sea una iglesia que use oraciones escritas, no quiere decir que es incorrecto para el pastor pensar de antemano acerca de esta oración.

Y no es necesario presentar todas las peticiones iguales cada domingo. Lo que es de interés para todos es, por ejemplo: la iglesia; cada departamento: la escuela dominical con sus clases de alumnos, niños (o párvulos), principiantes, jóvenes y adultos; la sociedad de jóvenes; la sociedad de damas; los diferentes cultos; la junta, consistorio o directiva, etc.; las autoridades civiles de la ciudad, estado y nación; las misiones nacionales y en el extranjero; el evangelismo; los necesitados; los comerciantes y obreros, agricultores, marineros, etc.; los enfermos, ancianos, etc., etc.

Si hay un miembro prominente de la iglesia que esté enfermo, especialmente si está grave, se puede mencionar por nombre, pero no debe tratar de decir en el púlpito los pormenores de la enfermedad ni sacar a luz todas las dificultades de cada miembro de la congregación.

Acuérdese de que está orando a Dios y no a los congregados. Pero está hablando en representación del auditorio y por lo tanto se usa siempre el plural de los verbos, etc. No debe permitir que su mente pierda ni por un momento el sentir de estar ante Dios en Su templo.

Y mientras ore, no esté haciendo cosas con las manos que no debe por cuanto hay personas que le miran de vez en cuando, a pesar de que deben mantener los ojos cerrados. La costumbre de algunos pastores de orar con los ojos abiertos y mirando hacia el techo siempre parece afectada. Es verdad que somos exhortados a entrar en la presencia de Dios con confianza, en plena certidumbre de fe en los méritos de Jesucristo, pero después de todo Él es Dios y nosotros la hechura de Sus manos. Es un deber entonces que mantengamos reverencia.

De la oración para la ofrenda y de la despedida se hablará en otro lugar.

D. Los anuncios y la colecta

De esta parte del culto no hay que decir mucho. Lo necesario es que se haga sin ocupar mucho tiempo pero sin dar la impresión de que no tiene importancia. Tampoco debe interrumpir el espíritu de adoración. San Pablo habla de hacer colectas o recoger ofrendas como cosa muy natural de considerar, aunque acababa de escribir sobre el tema sublime de la resurrección.

Cuando la iglesia tiene impreso su programa o "calendario" cada domingo, la mayor parte de los anuncios son incluidos allí sin necesidad de que se diga mucho desde el púlpito; sólo hace énfasis el pastor sobre alguna cosa especial.

De otra manera se anuncia desde la plataforma todos los cultos de la semana, aclarando quiénes pueden o deben asistir. Si hay alguna conferencia especial de interés para los hermanos, alguna campaña de evangelización, o cosa semejante que se celebra en otro salón o iglesia cercana y en que los hermanos deben colaborar, también se anuncia indicando el día y hora y la dirección. Pero procure ser breve en los anuncios.

También, antes o después de anunciar las reuniones, se puede dar una corta palabra de bienvenida a aquellos que asisten por primera vez.

Es costumbre en las iglesias que den lugar en el culto para que todos den sus ofrendas que esto se haga inmediatamente después de los anuncios.

No es recomendable que éstos se hagan durante el tiempo en que los diáconos estén pasando los "platos" para que cada uno deposite su dádiva.

El ofrendar al Señor es una parte integrante del culto de adoración, de manera que se debe llevar a cabo en ese mismo espíritu. Si los hermanos empiezan la mala costumbre de conversar durante la ofrenda o colecta, el pastor debe impedirlo pronto, antes de que sea difícil enseñarles mejor.

Ni se debe permitir a los niños abusar de ese tiempo como si careciera de espiritualidad. Por eso muchos tienen la creencia que es mejor que el organista o pianista toque una pieza de música tranquila durante la ofrenda.

En algunas partes el pastor suele pedir a uno de los diáconos que ore antes de que pasen los platillos. En otras iglesias esperan que ya tengan el dinero recolectado y aquel que ora presenta la ofrenda a Dios para Su causa. Aquel que ore, presentando la ofrenda a Dios, debe recordar que el propósito de su oración es el de dedicar lo ofrendado al Señor, y pedir la bendición divina sobre ello y sobre los miembros. No es ocasión para el diácono orar por su propia familia y sus necesidades, o algo por el estilo.

También es bueno, cuando un diácono recoge por un lado del auditorio, y el otro por el lado opuesto, que traten de terminar juntos y presentar los platillos al pastor al mismo tiempo. Esto, sin embargo, ayuda sólo al buen orden y apariencia del culto: no es de gran valor espiritual.

En iglesias grandes todos los diáconos suelen entregar la ofrenda al tesorero y sus ayudantes que esperan detrás de la congregación, evitando así el ocupar más tiempo con la colecta.

No es justificable que se cuenten chistes o que el pastor exhorte con demasía al hacer la ofrenda. Dios ama al dador alegre, no al obligado ni forzado. Si acaso los fondos de la iglesia están escasos, son los diáconos y no el pastor los que deben hacerlo saber a todos y hacer las exhortaciones y advertencias del caso. Es mejor cuando esto se hace en las reuniones de miembros y no en el culto.

También es recomendable que los platillos tengan un paño de fieltro, terciopelo o tela gruesa en el fondo a fin de amortiguar el sonido de las monedas que caigan en ellos.

E. La lectura de la Palabra

Ahora llegamos a la consideración de la parte central y más importante del culto.

En los siglos antes de la invención de la imprenta y la distribución general de Biblias, los ejemplares de las Escrituras eran raros y costosos. Solían encadenar la Biblia al púlpito en el templo para que no fuese robada. Si alguno sabía como y deseaba leer la Palabra de Dios, le era preciso conseguir el permiso necesario e ir al templo para leerla. Sólo los más ricos tenían su ejemplar propio.

Ya que la mayoría no sabía leer, cuando se reunían en el culto era con el propósito principal de oír la lectura de la Biblia. Si había pastor presente para explicar una porción, muy bien, pero si no, siempre había culto si oían la lectura de la Palabra.

Hoy hay una tendencia a considerar el sermón como lo más importante y las otras actividades son llamadas las cosas preliminares. No es correcto este pensar. Cada acto del culto debe unirse al propósito de la reunión, cuanto más la lectura de las Escrituras. Si el blanco del culto es que cada uno se sienta en la presencia de Dios, adorándole, tributándole gloria y gracias, a la vez que oye de Dios eso es, un tiempo de comunión, de comunicación con el Señor vivo, entonces es lógico que la lectura pública de una o más porciones de la Revelación divina ha de formar parte indispensable del servicio.

Algunas iglesias tienen por ley la lectura de una porción de ambos Testamentos en el culto, tomando pasajes relacionados con el mismo tema, o uno devocional y el otro de acuerdo con el tema del sermón que sigue.

Otras iglesias no tienen regla fija: un domingo usan una lectura antifonal, sea del himnario, o directamente de la Biblia, sea un Salmo o cualquier pasaje al propósito, y otra semana el pastor lee la parte escogida.

El pasaje puede ser corto o largo, según el pastor lo arregle para no alargar el culto. El sermón debe ser lo que se acorte más bien que omitir la lectura de la Palabra de Dios.

Hemos oído a un anciano en la iglesia leer todo el capítulo 24 de Génesis de tal manera que toda la asamblea numerosa quedaba absorta en la lectura, y el pastor sentía que su sermón que seguía la lectura era un anticlímax, inferior a lo ya hecho.

Para poder hacerlo de esa manera es menester que el que va a leer en público haya leído con mucho cuidado el pasaje previamente, que lo haya comprendido hasta el punto de poner el énfasis en el lugar debido, dando a entender el significado por su manera de leerlo (Neh. 8:8).

Un conocimiento de las leyes de la acentuación y del silabeo (la manera correcta de dividir una palabra entre sus sílabas) es muy útil pero no de suprema importancia. Lo que sí es de rigor es el estudio previo del pasaje, y la oración. Evite la monotonía (un solo tono) y la salmodia, eso es, una lectura descuidada, recitada, o con acento cantante.

Está leyendo; pues lea, y no pretenda que no está leyendo. No muestre afectación de ninguna clase. Lea como uno que está presentando el mensaje de Dios a almas hambrientas.

Escoja con cuidado los pasajes que va a leer en público. No es ni extraño ni despreciable que la Biblia contenga varias oraciones que no se prestan para la lectura en el culto. Así como se ha explicado antes en los primeros cursos de esta Academia, la Biblia trata de la vida y la enfermedad del pecado, con su remedio.

En privado debe ser leída en su totalidad, pero no es necesario usar pasajes que ofenden el sentimiento de pudor o decencia por leer tales capítulos en reuniones de niños, jóvenes, damas y caballeros todos juntos.

Los médicos hablan entre sí de una manera distinta de como conversan en público. Mantenga siempre la reverencia de todos para la Biblia.

F. El sermón

No diremos mucho aquí sobre este tema ya expuesto en otras lecciones. Véase también el Apéndice "C", al fin del curso.

Sugerimos que el pastor se pregunte: ¿Si Jesucristo estuviera sentado en la primera banca durante el culto, qué pensaría acerca del sermón? ¿Qué habría aprendido del Señor y Salvador un comunista marxista? ¿Qué consuelo recibió alguna viuda pobre que sin duda estaba presente? ¿Qué hubo en la predicación que el Espíritu Santo pudo haber usado para convertir a un pecador del error de su camino? ¿Puse mi alma en la predicación, después de una preparación concienzuda del sermón?

Lección 12

LAS VISITAS PASTORALES

El Señor Jesucristo estaba dispuesto tanto a hablar a los individuos y a entrar en los hogares, como a predicar en las sinagogas. Aceptaba invitaciones a comer con los fariseos ricos o con los publicanos. Por lo menos una vez Se invitó a Sí mismo a comer en una casa (Lc. 19:1-10).

Él usó tales ocasiones para dar enseñanzas espirituales (Lc. 7:36-50; 19:9-10; 10:38-42, etc.), o para curar o levantar a enfermos o muertos (Lc. 4:38-41; 14:1-6; 8:51-56, etc).

Cuando envió a Sus discípulos, les habló de entrar en casas, sin enviarles a sinagoga o a templo (Lc. 10:5 y Mt. 10:19). Predicaba a las multitudes en las sinagogas, o en los campos, pero siempre con la mira de alcanzar a los individuos. El visitar a los enfermos y encarcelados es elogiado y recompensado (Mt. 25:31-46).

Los apóstoles también practicaban el ministerio a individuos y a familias, en el camino o en las casas (Hch. 2:46; 8:26-39; 20:20; 1 Ts. 2:7-12, etc.). Se interesaron en la prosperidad espiritual de las personas, como se ve al leer las Epístolas, y varias de ellas fueron escritas a particulares, como las dos a Timoteo, y una a Tito, Filemón, 1 Juan y 2 Juan. Otras mencionan a varias personas por nombre.

El pastor debe esforzarse para conocer a todos los miembros, no sólo en los cultos sino también en sus casas y las circunstancias de sus vidas. Sólo así puede suministrar la Palabra en manera efectiva.

A. La necesidad del pastor de visitar los hogares

Tal vez la primera razón para las visitas pastorales, es que sólo así se puede de una manera completa, cumplir con la comisión de apacentar y pastorear a las ovejas. Desde el púlpito el predicador alimenta al rebaño, pero si no les ha visitado no sabe qué alimento les conviene. Esto no quiere decir que todo texto para los sermones sea el resultado de las visitas, ni mucho menos que, cuando en la visita se descubre cierta necesidad de instrucción hay que esperar el domingo y predicar sobre ese asunto. Por cierto que no. Allí mismo es generalmente el mejor lugar y tiempo para satisfacer la necesidad.

Y es en la visita que la enseñanza puede ajustarse a lo que la persona o grupo que está escuchando necesita saber. También hay visitas de disciplina, cuando es necesario tratar con un individuo acerca de alguna desobediencia a la Palabra de Dios, haciendo esfuerzo para ganarle antes de que la iglesia tenga que ocuparse del asunto.

Cuando un joven va a la guerra, o se gradúa del colegio, o recibe algún honor, etc. es bueno hacerle una visita. Se ha dicho que ninguna iglesia debe tener más de 300 miembros, a fin de que el pastor pueda hacer las visitas debidas como amigo íntimo de cada familia. Por cierto las iglesias grandes suelen tener pastores ayudantes que hacen las visitas, y tienen un ministerio precioso y útil, pero se siente la falta de la comunión personal del pastor predicador con los miembros. Necesita años, a veces, para aun conocer por nombre a la mayoría.

Una congregación bien enseñada, donde los miembros están siempre testificando, haciendo esfuerzos repetidos para ganar almas para Cristo, presentará al pastor muchas peticiones para visitas especiales a sus casas o a otras, con el fin de hablar con personas interesadas. Es una fuente de mucha bendición para el mismo pastor aceptar esas invitaciones y ganar almas para Cristo donde los miembros han preparado el terreno. A veces las personas ya han hecho su decisión por el testimonio del hermano, pero creen que será de alguna manera más completa o genuina si el mismo pastor les ayuda.

Otros miembros traerán noticias de una nueva familia que acaba de llegar al vecindario, pidiendo que el pastor les acompañe en visitarles. Es muy correcto que el pastor haga tales visitas, invitando a los nuevos llegados a asistir a los servicios de la iglesia. Es costumbre que tenga una tarjeta con dicha invitación escrita junto con la lista de los cultos, su hora, naturaleza, y la dirección.

Es inevitable que, con el tiempo algunas familias en la iglesia se trasladen a otras ciudades o estados. Pues, se espera que allá donde van serán miembros de una iglesia en la localidad. ¿Por qué no buscar nuevas familias que constantemente se establecen en los alrededores de su propia iglesia?

El pastor que acepta el cargo en una iglesia ya establecida y no busca el registro de miembros con la mira de averiguar quienes son los activos y quienes los descarriados, y que no resuelve hacer lo posible para buscar a estos y volver con ellos al redil, ¿por qué se llama pastor? ¿No es propio de un pastor esa labor?

¿No fue por eso que el Dueño de las ovejas le dio el puesto? Aquel de Quien son propias las ovejas "no quiere que ninguno perezca". Sus sub-pastores deben tener el mismo sentir. Léanse Ezequiel 18 y 33. ¿De qué otra manera será posible poder decir con el gran apóstol a los gentiles:

"Estoy limpio de la sangre de todos"? (Hch. 20:26). La labor de pastor demanda que visite en los hogares.

B. ¿Por qué no quieren hacerlo algunos pastores?

Se presentan varias razones o excusas por no hacer visitas pastorales, pero la reserva o aun rebeldía a esa labor es más profunda que la mera excusa de "no hay tiempo", etc. Es más bien un temor, una antipatía a hacerlo, junto con el interés propio que quiere hacer otras cosas más agradables y fáciles.

Se reconoce que en las ciudades modernas la vida de la familia no se presta para visitas pastorales como hace una o dos generaciones. Estando el hombre de la casa en el trabajo todo el día, no parece propio que el pastor vaya solo a pasar tiempo por la tarde con la esposa, especialmente si es ella joven y atractiva. Esto es la pura verdad, y el pastor que lleva a su propia señora o a algún anciano o diácono consigo al hacer tales visitas, es sabio y cuidadoso de su testimonio. Pero es fácil exagerar el número de las casas donde rige esa circunstancia.

Hoy muchas familias viven en edificios de varias viviendas o departamentos, donde no hay aislamiento ni nada secreto. También el pastor puede visitar en el día a la hora cuando el marido se encuentra en casa. Si fuera vendedor y sólo así habría esperanza de vender, haría el sacrificio necesario de su tiempo para encontrarse con el hombre de la casa. ¿Por qué no hacerlo para el Señor?

En cuanto a la timidez o temor del joven pastor para entrar en las casas y enfrentarse con situaciones diferentes y previamente desconocidas, es un temor natural pero nacido de la carne. Hay algunas personas aventureras a quienes les atrae tal labor, y son capaces de ocupar tantas horas en ella que resulta en perjuicio de sus sermones. La mayoría, sin embargo, sienten menos nerviosidad en el púlpito con todos los ojos de la congregación fijos en el de lo que sienten en una casa delante de una o dos personas.

Se ha dicho que el temor al hombre es más fuerte que el temor a los hombres. También se llama la atención a la diferencia entre el predicar a muchos y el hablar a pocos.

En el púlpito es muy natural que su tema sea Cristo y la Biblia, pero en una casa es fácil hablar de todo menos lo espiritual. El pastor tiene que dirigir la conversación a la Biblia o la visita no servirá al propósito a que debe servir. En la iglesia el predicador es la voz de Dios para los oyentes, pero en la casa, como dice el Dr. Jowett, es la encarnación de las cosas espirituales. En la plataforma es indecoroso usar muchas ilustraciones personales, mientras que en los hogares hay tiempo propicio para testificar de cómo la gracia de Dios se aplica a la vida. Durante el sermón, mientras el predicador dice: "nosotros", y realmente se incluye a sí mismo como uno con los congregados; en la casa la conversación es más individual: "Ud". y "Yo", o "Tú" y "Yo". En un caso es como pescar con una red; el otro es como pescar con anzuelo y sedal.

Para muchos la dificultad de presentar el mensaje es en proporción inversa al tamaño de su audiencia pero, dificultoso o no, hay que predicar a todos.

C. Consejos acerca de lo que se debe hacer y lo que debe evitarse en las visitas

Tal vez el peligro más frecuentemente encontrado es el de permitir que las visitas degeneren en una tarde de conversaciones inútiles, o, peor aun en una mera chismografía. Es extraño notar la frecuencia con que el diablo gana la victoria en esto. El pastor y su esposa tienen que oponerse resueltamente a esta tentación si han de ser usados por Dios.

Cuando la persona a quien se está visitando empieza a hablar en desprecio de otras, es preciso que se le ataje en seguida. Si persiste, pues, cabe la retirada o una amonestación, una oración y luego la retirada. El proceder dependerá del caso de la persona, si es conocida como habladora y chismosa, o si es una ocasión de olvidar el amor cristiano.

En casos de disciplina, cuando es necesario referirse a ciertas personas, se debe recordar las instrucciones bíblicas del caso, como por ejemplo, Mateo 18:5-17.

En las visitas a gente genuinamente pobre, como es el caso de algunas viudas que tienen hijos pequeños, familias que no tienen recursos pero que desean ser honradas el corazón del pastor le duele contemplando el hambre y la desnudez de sus hermanos en Cristo. Siente que no vale hablar de cosas espirituales o celestiales cuando la necesidad de cosas materiales y temporales habla en forma tan recta. Sabe que la iglesia no puede echar a cuestas la pobreza de todo el mundo, pero se convence allí mismo que debe y que puede hacer algo más de lo que hace.

Advertirá al diaconado de estos casos y les exhortará a hacer algo práctico para aliviar sus penas, pero aun más ha de afectar sus predicaciones hasta producir en los miembros un sentir de amor sincero y fraternal, de caridad cristiana espontánea.

No creemos que el "evangelio social" sea el cumplimiento de la "Gran Comisión de Cristo", pero tampoco es el cerrarse las "entrañas de misericordia" y el pasar por el otro lado del camino como lo hicieron el sacerdote y el levita en la parábola del buen samaritano. Tales visitas son espiritualmente saludables para el pastor si su espíritu es ejercitado por ellas.

En las conversaciones durante las visitas hay, no obstante, más libertad que en el sermón. Aunque el propósito de la visita es el mismo que en la predicación, ahora es más personal y menos formal. Un poco de hablar sobre la vida, el tiempo, la situación económica, o cosas de la comunidad, es buena manera de empezar la entrevista. Se puede hablar también que la iglesia, las diferentes reuniones, noticias misioneras, etc., teniendo siempre cuidado de que los comentarios no sean las críticas destructivas de nadie, ni en ninguna manera despreciativas del Espíritu Santo.

No debe temer un poco de buen humor, aun de uno o dos chistes sanos. Pero la conversación pronto debe mirar sobre el tema de Jesucristo y la Biblia. En vez de sentir pena o de pedir excusas por eso, el pastor ha de recordar que su misión es, en ese momento, relacionar la vida diaria con Dios. Es la de guardar vivo el sentimiento de la presencia constante de Dios con los Suyos, aun en medio de los quehaceres y ocupaciones ordinarios de la vida.

En los campos, al visitar a los agricultores, el pastor debe estar al corriente de la sazón y saber en qué estará ocupado el hermano a quien desea visitar. Si es el tiempo de la siembra o la siega, es mejor esperar que se termine los días tan atareados. Hay otras veces cuando puede acompañarle en sus faenas y conversar con él mientras trabaja. Mejor todavía seria el quitarse su saco y ayudarle mientras conversan.

Si se visita un profesional en la ciudad, hay también ciertas reglas que observar. Cuando es un abogado, médico, comerciante muy ocupado, conviene hablarle el domingo después del culto o llamarle por teléfono pidiendo una cita corta. Si es cristiano de veras, no ha de fastidiarle su visita, en tales casos el pastor entra y, si tiene que consultar acerca de algún particular en la iglesia, que tenga sus datos listos y arreglados. Se explica el caso, se consigue el consejo deseado sin pérdida de tiempo, se le agradece al hermano, pero antes de retirarse se debe tener con él un momento de oración.

Siempre debe ser la visita pastoral una especie de brisa suave, de refrigerio en la presencia del Señor Jesús por Su Espíritu. Y tales visitas ayudan mucho al pastor a apreciar a los miembros y le capacitan a predicar mejor a su congregación.

Los hermanos que son empleados, por otros tienen el deber de dar su tiempo al trabajo que les produce su sostén. No puede el pastor presentarse a cualquier hora y esperar que deje su labor para atenderle. Primero conviene averiguar qué responsabilidades tiene, sus horas de trabajo, y si es imposible verle fuera de esas horas es correcto que el pastor hable primero con el dueño o patrón pidiendo permiso para hablar personalmente con el hermano. Así no le hace que se vea en compromisos delante de sus jefes. No debe hacerse con demasiada frecuencia tales visitas. Pero es bueno que, por lo menos una vez, el pastor vea las condiciones en que viven y trabajan los miembros.

Si es dueño de la fábrica o institución donde trabaja el hermano le recibe con gusto a! pastor y ofrece enseñarle todo el plantel, debe aceptar con agradecimiento la oferta y darse cuenta de todo. También seria conveniente preguntar al dueño si lo puede servir de alguna manera, y, en ocasiones, presentarle el mensaje del Evangelio. Si él le dice algo acerca del negocio en confianza de su honradez como Pastor, tal información ha de ser sepultada en el corazón y nunca divulgada.

Si acaso confesara que está en dificultad el miembro de la iglesia que no hace bien su trabajo, el pastor debe pedir permiso para hablar con él a ver si puede rectificar lo malo y salvar la situación. "Bienaventurados los pacificadores". Que estas ocasiones, sin embargo, sean presentadas por el Señor, para que el pastor no sea acusado de ser un entrometido.

Otra equivocación de algunos pastores es el creer que sólo ellos deben hablar. No es así. En el púlpito el pastor tiene ese privilegio pero no en la visita. Una ayuda grande presta aquel que oye con simpatía las quejas sinceras de la vida, los problemas y experiencias duras que se han presentado. Muchas veces el relato del problema a una persona que sabe escuchar, alivia grandemente al afligido.

Al mismo tiempo el pastor debe saber que en la Biblia se puede hallar la solución de todo problema espiritual de la vida y cómo aplicarla al caso. Él mismo no puede resolver toda dificultad, pero Dios puede, y el pastor está allí para ayudar al agobiado a hacer contacto con Dios y a encontrar la paz para su alma por medio de la confianza en el Señor. El pastor que entra como médico del alma, tiene la responsabilidad de escuchar el relato de los síntomas, antes de leer en la Biblia la prescripción y orar.

Y sin embargo hay pastores que entran en la casa, aun donde ha habido una muerte, apenas saludan a los de la casa, se sientan y leen Romanos 8:31 a 39, dicen una oración que no se relaciona con la familia, se despiden y salen creyendo que han cumplido con su deber. Parece que dejan los corazones más fijos de lo que estaban antes. No. El pastor está allí para hacer contacto con los corazones en una conversación espiritual, no para obligarles a tragar una píldora amarga. La visita debe animar, iluminar, aliviar y bendecir.

Dichoso el pastor cuyos miembros leen la Biblia cada día, y al tocarles la visita pastoral le reciben con gozo porque han deseado preguntarle la explicación de ciertos pasajes. En la América Latina cierto pastor hacía arreglo con la familia y les visitaba a la hora que ellos escogían, sea a las seis de la mañana, por ejemplo, o a las siete de la noche—lo que les parecía más propio como tiempo para eso—y él les ayudaba a establecer el culto familiar en el hogar. Después ellos seguían a esa hora diariamente, el pastor acompañándoles sólo de vez en cuando.

Otros miembros solicitan la visita del pastor prometiendo tener en casa a un pariente o vecino para que le hable acerca de la salvación. ¡Qué preciosas son esas visitas!

D. Visitas a instituciones

1. A cárceles y penitenciarías. Generalmente las cárceles son del municipio, distrito o cantón, mientras que las penitenciarías son federales. Estas tienen a los criminales más empedernidos; aquellos a los culpables de infracciones menores. En ambas instituciones se encuentran muchos espíritus amargos y rebeldes, aunque también hay algunos sinceramente apenados o arrepentidos. El predicador del Evangelio debe estar preparado en su ánimo para cualquier clase de recepción.

Es su deber hacer el esfuerzo para conseguir permiso de las autoridades competentes para entrar y hablar con los presos. En algunas partes no le permiten entrar; en otros lugares llaman a todos los presos a congregarse y escuchar forzosamente al predicador; pero por regla general sólo le permiten entrar en "el patio general" donde puede hacer la obra personal o celebrar un culto con aquellos presos o guardianes que voluntariamente deseen acercarse.

A veces las autoridades les conceden un local tranquilo donde tener su reunión y otras veces hay que hacer competencia con los deportistas y varias otras distracciones.

La experiencia ha enseñado que es muy difícil combinar la predicación del Evangelio en una cárcel con una obra de caridad. No despreciamos esta última. Alguna obra así parece obligatoria a la conciencia, pero no debe engañarse creyendo que dará por resultado muchas conversiones fidedignas. Predique el puro Evangelio. Está hablando con almas perdidas. El Espíritu abrirá a algunas almas si persiste en predicar. Por lo regular es campo duro y encontrará a presos listos a engañar, aparentando una conversión, o aun ofreciendo "vender sus almas" (ignoramos el significado de esa frase) por conseguir dinero.

No es desconocido que aparenten ser convertidos con la mira de engañar a los guardianes, para que tengan confianza y se descuiden, proveyendo así oportunidad para fugarse.

Por el bien de los sinceros se debe aguantar, sin desanimarse, todas las tretas y malas acciones de los hipócritas. El galardón se recibe cuando algunos cumplen con su pena, salen de la cárcel o penitenciaria, asisten a la iglesia, se bautizan y llegan a ser buenos ciudadanos. No hay método infalible para distinguir entre los sinceros y los engañadores. Es otro caso de "sembrar mucho" si uno ha de cosechar algo.

En relación con lo que se debe decir en la predicación, hay que dar sermones evangelísticos, naturalmente. Entre los presos se encuentran hombres orgullosos, los que niegan que han pecado, y toda otra clase. No pierda tiempo preguntándoles por qué están encarcelados. Eso es invitarles a mentir. No importa.

Sin duda en todo país la justicia puede equivocarse, pero Ud. no está allí como juez ni para entrometerse en los asuntos entre los presos y el departamento de justicia. Rehúse ocuparse de esas cosas. Si el preso voluntariamente desea contarle su historia, preste sincere atención y evite comentarios. Dígale que a pesar de todo Dios le llama pecador y por lo tanto lo es y necesita a Cristo.

En sus sermones use sentido común. No sea tan inocente como para decirles que Ud. se alegra por verlos allí. Ilustraciones de presos que se han convertido son aceptables. Nunca debe llamarles criminales indistintamente. El canto en el culto es apreciado, como también la oración. Es muy bueno que los que creen en Cristo aprendan a orar. Sin la oración privada no pueden resistir las múltiples tentaciones de esa vida. En las cárceles y penitenciarías del mundo abundan los vicios más corruptos e inmorales. Ore mucho por los presos.

2. A hospitales y asilos. El Comité de Literatura Cristiana (156 Fifth Ave., N. Y.) ha publicado un folleto intitulado "El trabajo pastoral con los enfermos" por Russell L. Dicks, que dice en el primer párrafo:

"Lo primero que hemos de tener presente en nuestro trabajo pastoral con los enfermos es no perjudicarles. El médico sabe que si él pudiera evitar todo lo que pueda perjudicar a sus pacientes, ya sea por medio de la cirugía o por medio de la medicina, el noventa por ciento de ellos se curaría. El médico puede acortar sus dolencias o hacerles sentirse mejor pero el fin principal es que se curen. Así es con el ministro en su trabajo con los enfermos. Si podemos evitar hacer daño en el cuarto del enfermo, seremos de gran ayuda espiritual por medio de la fraternidad humana, al noventa por ciento de los enfermos que visitamos. Probablemente de cada diez ministros que visitan a los enfermos diariamente, nueve les hacen daño con sus visitas. No es extraño que muchos doctores prefieran que los ministros no visiten a sus pacientes". Puede ser que este cálculo del señor Dicks no sea tan exagerado.

(De paso se puede decir que la misma casa publica otro folleto escrito por Emma Gómez intitulado: "Puesto y función de la mujer en la iglesia". Es muy bueno, escrito para la América Latina).

Lo que puede hacer un pastor en un hospital depende de dos cosas: primero, si el paciente está en una sala general con varios otras enfermos, o en un cuarto solo, y si el hospital es evangélico o libre, o si es administrado por monjas, aunque pudiera ser del Estado. Es raro cuando las romanistas no obstaculizan todo esfuerzo del pastor evangélico, aun hasta prohibirle que lea una porción de la Biblia y ore con el paciente.

Sin embargo, es conveniente hacer la prueba. Si resulta ser causa de que persigan al creyente enfermo, haciéndole sufrir mucho por la desatención y reprensión, es mejor averiguar al paciente su deseo en cuanto a repetir la visita. El gran consuelo para el enfermo es saber que no es olvidado, y la paz divina que recibe de la Palabra y de la oración, bastan para que el pastor haga caso omiso del desprecio de las monjas hacia él.

Algunos pastores han optado por llevar consigo, cuando van a visitar a algún hospitalizado, un ejemplar de la Biblia o Testamento de una versión de la iglesia Romana como la Nácar-Colunga. Sólo el Espíritu Santo puede guiar con seguridad al obrero en tales lugares, si debe reservarse de mucha actividad o si debe tener un poco de coraje santo y seguir adelante.

Las ciudades grandes donde hay una organización o reunión regular de los pastores, es costumbre arreglar entre todos el trabajo de predicar o visitar a las instituciones como hospitales, cárceles, orfanatorios, asilos para ancianos, pobres, lázaros, etc. El nuevo pastor debe, con cortesía cristiana, ponerse a la orden y cumplir con lo que le asignan. Si le piden que predique en el manicomio, por ejemplo, no es un chiste aceptable que él haga una observación al efecto de que su iglesia no tiene miembro loco, pero tal vez las otras los tenga.

Si no hay en el lugar tal convenio formal, muchas veces hay, sin embargo, un entendimiento entre todos apoyado por la historia o costumbre de algunos años. En caso de no haber aparente interés en tales instituciones, tal vez porque creen que no habrá entrada, es bueno hacer la tentativa. Los administradores se reemplazan, las reglas se cambian, la opinión publica se pone a favor de la tolerancia, o por la oración se encontrará ahora permiso para entrar donde antes no había.

Si el mismo pastor no puede es posible que algunos de los hermanos podrán hacer esa obra, y el predicador debe animarles a ir con constancia. Y cuando van, él hará bien en mostrar un vivo interés en sus experiencias, aun pidiendo informes para toda la iglesia a fin de conseguir las oraciones y la cooperación de los demás miembros.

Con relación a los métodos para hacer visitas en los hospitales, las reglas son pocas pero prácticas y lógicas. En primer lugar conviene enterarse de las horas correctas para visitar a enfermos en las salas generales o cuartos donde se encuentran las personas que le interesa visitar. No pida licencia especial por ser pastor, sino en casos de emergencia.

Guarde el silencio debido en los corredores. No mueva la cama del paciente ni se siente en ella; son fáciles de moverse. Hable con el paciente en voz clara pero baja, sin estorbar a sus compañeros. No le cuente cuantas personas con esa misma enfermedad de que él sufre, han muerto de ella, porque no hay remedio. Tampoco critique a los médicos, enfermeras del hospital. Si el enfermo se queja de ellos, no añada Ud. leña a la candela.

Guarde un aspecto serio pero no fúnebre, esperanzado y confiado. Si el paciente está sufriendo mucho, procure que la visita sea corta. Si es posible, sin ostentación y sin ofender a otros, lea una porción de la Palabra y tenga oración en voz baja, después de preguntar al paciente si desea que lo haga.

Si la enfermedad es tal que no permite al paciente hablar o aun escuchar, el estar con él con simpatía, mostrando su amor cristiano, le ayudará mucho. Y él comprenderá cuando ore con él al despedirse. Una atmósfera de fe, esperanza, confianza y paz es lo que la visita debe producir. "La paz que sobrepuja todo entendimiento" es posible experimentarla sólo dentro del cristianismo.

Y en tiempo de prueba por una grave enfermedad es cuando el creyente puede experimentar un consuelo y una paz que no obedece a la razón sino al espíritu por cuanto es producida por el Espíritu. Y después se testifica de esa experiencia a fin de que otros sean a su vez consolados (2 Co. 1:3-.4).

El buen capellán del hospital evangélico en Quito, don Gustavo Molina, ha preparado los consejos siguientes para los pastores en sus visitas a los enfermos:

- Debe observar las reglas acerca de las horas de visitas.
- Evítense: preguntas o comentarios acerca de la casa o los problemas de familia del enfermo; nunca pregunte ¿qué pasará con los hijos si acaso...?; visitas largas porque el paciente puede tener necesidades físicas; que los ojos miren todo, porque en los hospitales pasan cosas no comunes en otros lugares y el pastor visitante no debe permitir que su mirada vague donde no debe, si acaso ve algo inesperadamente no debe mencionarlo a nadie ni quedar mirando.

- Proceder: no todo enfermo desea simple compasión o frases de costumbre, sino algo sólido que da fuerza y gozo espiritual. El objeto de la visita es el paciente, de manera que el pastor no debe hablar de sí mismo ni en broma. El paciente tiene derecho de esperar del pastor más de lo que la visita de otros amigos le dará. Que el pastor hable con firmeza y seguridad, según la Palabra, algo premeditado, de acuerdo con la capacidad del enfermo. Si lee la Biblia, que escoja un pasaje paralelo con el caso, no leyendo al cojo del sordo. Vea el pastor si puede ayudar en algo a la familia del enfermo. No es tiempo para la polémica. Si el paciente consiente en que ore, no pida siempre a Dios por un milagro que sane en seguida al enfermo, sino que impere la voluntad divina.
- La experiencia de años en la labor de capellán prueba que el tiempo de estar enfermo es cuando el paciente es muy sensible, impresionable y con corazón tierno. Es fácil ofender: es posible ganar almas al Señor. Por ejemplo: una mujer desconocida fue admitida, y en gravedad. Al visitarla el capellán, ella tenía sondas en las narices, boca y venas. Respiraba con dificultad. El buen hermano se sentía responsable de hablarle acerca de la salvación del alma antes de que muriera. Le preguntó si era salva, por cuanto su caso era serio. Ella dijo que no sabía lo que era eso, que por favor le explicara porque no estaba lista a morir. El entonces le explicó cómo Jesucristo había muerto por sus pecados y resucitado para su justificación delante de Dios si creyera en El. Ella dijo que recibía a Cristo por la fe en Su gracia. Él entonces oró y ella repetía las frases lo mejor que podía. Por la mañana vino la familia trayendo a un sacerdote preparado para oír su confesión, perdonarla y darle la extrema unción. La moribunda dijo que la noche anterior había venido el "cura protestante", y le explicó cómo arreglar su cuenta con Dios y ahora ella estaba preparada para morir porque era salvada, sin necesidad del perdón de parte de un hombre. Mientras todos quedaban estupefactos el alma de la enferma voló al Señor. Eso fue el fruto de menos de cinco minutos con la señora la noche antes de su muerte. ¿Qué si no hubiera hablado?

Cuando por acaso le toca al pastor visitar o predicar en un manicomio, es bueno recordar que casi siempre los pacientes son enajenados sólo en una parte de su personalidad. Por lo tanto no es imposible que el mensaje sencillo del Evangelio les alcance con poder al alma y sea salvada toda la personalidad. Predique con fe, pero que sea una declaración de las verdades básicas del Evangelio, no razonamientos enredados que fácilmente serán torcidos por mentes pervertidas. Hable con autoridad la Palabra.

Una ilustración típica de método es esta historia: en una ciudad en las Antillas el pastor llegó al manicomio para el culto acostumbrado. Al empezar los pacientes a caminar hacia el salón de reunión, una mujer cogió una silla del comedor, la puso en todo el medio del paso y se sentó diciendo: "Dios me dijo que me sentara aquí para estorbar que esa gente loca vaya al culto". El pastor, al darse cuenta de lo ocurrido, se puso delante de ella hasta tener su atención. Entonces le dijo: "Yo soy mensajero de Dios y Él me ha dado un mensaje para Ud. Él quiere que Ud. se levante, lleve su silla al auditorio y se siente allí tranquila hasta terminarse la reunión". Dócilmente se levantó la mujer y asistió al culto.

No es siempre que todo problema se soluciona tan felizmente, pero el predicador mismo puede aun aprender alguna cosa de los pacientes.

Una vez en Irlanda el evangelista Guillermo Nickelson visitaba un manicomio cuando uno de los pacientes corrió hacia él, le cogió por ambos brazos y, mirándole en los ojos, le gritó: "Hombre, ¿ha dado Ud. hoy gracias a Dios por su juicio?" "No. ¿Por qué?" "Porque he perdido el mío", contestó el hombre, y el Dr. Nickelson dijo que le parecía que él mismo era el loco y el otro el cuerdo.

En las visitas a las instituciones es bueno que el pastor lleve consigo algunos de los miembros de la iglesia, especialmente jóvenes que puedan cantar y testificar. Pueden hacer la obra personal, repartir tratados, traer a enfermos en sillas de ruedas al auditorio, ver que todos tengan himnarios, etc., cuidando que haya imparcialidad en su trato con ellos en esas visitas, no dando lugar al diablo por mal testimonio.

Al ir al leprosería, sin embargo, lleve pocos compañeros, uno o dos, no más, para no dar trabajo a los guardianes. Pida instrucciones de la dirección y observe las reglas acerca de lo que puede tocar, etc. En todas esas visitas, especialmente a las cárceles y penitenciarías, no lleve bultos ni otra cosa que no sea de lo más necesario. Lo que necesite llevar debe someterlo a la inspección de rigor.

Y tenga cuidado con llevar o traer cartas o recados. Evite toda apariencia de mal. Las cartas que salen del asilo de leprosos tienen que ser desinfectadas; las de lugares de detención son censuradas.

El uso de cursos sencillos por correspondencia es muy recomendable en las instituciones. Son los pacientes o presos personas que tienen tiempo desocupado de sobra y se aburren por fin. En las penitenciarías, donde el promedio de las sentencias es de más largo tiempo que en las cárceles, hay magnificas oportunidades para interesar a los presos en los cursos. A veces los capellanes mismos distribuyen y velan por ellos cuando se den cuenta de su valor.

En un leprosería en la América del Sur los pacientes creyentes se reúnen por la tarde para orar y estudiar cursos de la Academia. Luego terminan a tiempo para ir al salón donde se encuentra el receptor de radio y escuchan, con permiso de la dirección, el programa de la Academia de la HCJB.

Lo mismo ha pasado en la penitenciaría. Los asilos para tísicos es otro buen campo para colocar cursos de estudio bíblico. Estudian entre una visita y otra, el pastor pudiendo contestar preguntas o ayudar según la necesidad mientras le visita.

La cualidad humana que más se requiere en la obra institucional es la constancia. Es una obra en que la paciencia es necesaria, porque el fruto tarda en madurarse. Pero no se desanime. Trabaje con esperanza, como el agricultor. Algunos obreros llegan al punto de no pensar aun en ver fruto. No debe ser así.

Una vez un obrero predicó por años en una institución de detención sin jamás dar una invitación a los presos a recibir a Cristo como su Salvador personal. Pasó por allí otro obrero de más experiencia en ese trabajo y le preguntó cuántos convertidos había. El primero dijo que no se atrevía a hacer una invitación porque los presos nunca harían manifestación pública de su fe por temor a los otros, ni daría gusto a los guardianes.

El visitante expresó sus dudas acerca de eso, y el pastor le dijo que pudiera hacer ese día lo que quería, aunque él y sus compañeros no creían que daría resultado. Después de un corto mensaje el obrero hizo la invitación y más de veinte hombres se pusieron de pie, uno tras otro, y dieron testimonio público, aun delante de los guardianes. Hubo gran gozo. Establecieron grupos en las diferentes series, para celebrar cultos de oración y de estudio bíblico durante la semana, en la ausencia del pastor. Otra vez decimos: No se desanime.

Lección 13

El pastor y la controversia

El Señor Jesucristo sostuvo controversias a menudo, disputando con los que se hicieron enemigos de Él y de Su enseñanza. Sin embargo hay que recordar que Él era constituido Juez de la humanidad, y había venido para poner de manifiesto lo que había en los corazones (Jn. 5:22, 27, 30; Lc. 2:35; 9:47, etc).

Siendo perfecto en Su persona, atributos y enseñanzas, no pudo equivocarse al contradecir a los religiosos de Su día, llamándoles hipócritas (Mt. 23, etc.). Así como los profetas del Antiguo Testamento, usó el arma del sarcasmo contra ellos, pero "les citó capítulo y versículo", eso les aclaraba sin lugar a dudas sus pecados que eran la base para Sus acusaciones (Mt. 15:1-14; 7:15-23, etc.).

Hablando con Nicodemo le desafió que debía conocer mejor las verdades espirituales, pero no hizo cosa semejante cuando conversó con la mujer samaritana. Dijo a Sus discípulos que se cuidaren de la levadura de los fariseos y de Herodes (Mr. 8:15). Como Buen Pastor tuvo que advertir a Sus ovejas acerca de los peligros en el camino.

Pero Su deleite era la enseñanza positiva acerca del Padre y de la salvación (Jn. 13 a 17). Envió a Sus discípulos a predicar el arrepentimiento y el reino, pero no les dio instrucciones para entrar en disputas con todo el mundo. Más bien esperaba de ellos un ministerio positivo.

A. El lugar de la controversia

El Evangelio está compuesto de muchas grandes verdades complementarias. La doctrina de la salvación incluye muchas otras doctrinas como la redención, la justificación, la santificación, y la glorificación, para mencionar unas pocas.

Si empezamos con el arrepentimiento, es necesario aclarar lo que quiere decir, y de qué se debe arrepentir. Eso necesariamente lleva al predicador al borde de un mundo de posibilidades de entrar en controversias. Pero no debe tocar una sola cuerda en el arpa del Evangelio.

Hay que pasar un tiempo arrancando malezas, en verdad, pero que tenga cuidado que siembre en seguida buen grano o los árboles frutales. Para edificar el templo del Espíritu Santo sobre el fundamento que es Jesucristo, es preciso que la choza vieja del merecimiento humano sea quitada, pero no es necesario levantar una polvareda.

Un obrero expresó su modo de pensar acerca de la manera de presentar el Evangelio así: "Si Ud. viera a un hombre comiendo un pedazo de pan seco y mohoso, y Ud. quiere darle más bien un pan fresco y sabroso, ¿qué hace? ¿Esconde el nuevo pan detrás de sus espaldas mientras discute con el sujeto acerca de la malsano y desabrido del pan que está comiendo? ¿O simplemente le ofrece el pan fresco, y él, sin dudar un momento, de suyo y casi inconscientemente, bota lo viejo y coge lo nuevo?"

Es en las visitas pastorales donde, por regla general, el pastor encuentra la necesidad de enfrentarse con las enseñanzas de las sectas falsas y la necesidad de contrarrestar o neutralizar su influencia. El peligro está en que crea necesario llevar al púlpito todo lo que pasó en la casa, o que predique una nueva serie de sermones debatiendo la falsa enseñanza.

Tal proceder puede ser correcto en las raras ocasiones en que varias familias sean afectadas por la doctrina errónea, de manera que el tema sea de interés para toda, o casi toda la congregación. El pastor no debe preguntarse: ¿Cuántos errores puedo refutar? sino: ¿Cuántas verdades puedo enseñar? (2 Co. 2:17; 4:13). En las casas es conveniente enfrentarse con cualquier error que se presente, sin tocar retirada, pero no buscar algo que discutir.

Como los propagandistas de las sectas falsas son tan activos, yendo de casa en casa, no faltarán ocasiones para mostrar lo falso de sus enseñanzas, y por la práctica guardar afilada la espada del obrero (2 Ti. 2:25-26; Tito 2:10-11).

Los ancianos deben sentir su responsabilidad de proteger al rebaño de los lobos rapaces de que habló el apóstol Pablo en Hechos 20. También les incumbe preparar a los miembros para que sepan defenderse de los propagandistas de las sectas falsas. Pero en la América Latina y donde quiera que la mayoría de los convertidos son de otra religión que también se llama cristiana, hay el deber de enseñar la verdad bíblica acerca de Dios, la Biblia y toda doctrina de una manera que satisfaga las almas convenciéndoles de que el Evangelio que predicamos es la verdad de Dios.

Cuando un ex-sacerdote romanista se convierte en evangelista, celebrando campañas de evangelización, le parece tener derecho de anunciar temas de controversia, como por ejemplo: "por qué no creo en la misa", o "por qué dejé la Iglesia Romana", etc.

Pero el pastor de la iglesia, si no ha sido un sacerdote, haría mejor en cambiar el método de tratar los mismos asuntos, y en la noche de la clase Bíblica enseñar a los miembros, por lo menos una vez durante su pastoreo allí, lo que la Palabra de Dios dice en relación a los dogmas romanos. Puede pasar un par de meses en tal estudio, con muy buenos resultados. Pero si emplea casi todos los cultos en afear a los católico-romanos, ofendiendo sus sentimientos más profundos, en vez de educar, atraer y convertir, lo que hace es provocar la persecución y el desprecio.

Cuando en el curso de un sermón hay un punto que toca alguna práctica o dogma romano, no es incorrecto mencionarlo, pero no se debe dejar por un lado el sermón y pasar el resto del tiempo desviado, fulminando enfurecido contra todo lo que antes hacía como romano, etc.

Al aumentarse el numero de religiones falsas, las que pretenden basarse en la Biblia y las que no, es más necesario que nunca que el pastor tenga una convicción acerca del lugar de la controversia en el púlpito. Su proceder influirá mucho en el ánimo de los miembros.

Puede ser que en la misma congregación se levanten disputas, no sólo por cuestiones doctrinales sino por asuntos materiales, y entonces más que nunca es importante que el pastor sepa dirigirse correctamente. Si está acostumbrado a alarmarse y excitarse por cualquier cosa, y sin reflexionar, ponerse a pelear, poner apodos, acusar e inquietar a toda la congregación, natural mente robará la paz y el amor de la iglesia. Tal pastor probablemente no ama a la grey, por más que crea que sí. Es tiempo para que él examine sus verdaderos motivos: si es celo por ellos o celo por sí mismo, su autoridad y puesto, es decir, interés propio.

B. El mejor método para controvertir

1. En amor (1 Ti. 1:3-5). Es una verdad que Dios ama al pecador pero odia su pecado. Como el amor de Dios esta derramado en nuestros corazones por el Espíritu Santo que nos es dado, debe ser igualmente un hecho verídico que nosotros amemos a los errados y engañados por las religiones falsas, mientras aborrecemos las decepciones que les han desviado de la verdad. Al hablarles acerca de sus errores, ellos se den cuenta de la diferencia.

Algunos hermanos discuten con energía y entusiasmo, dando la impresión que su único afán es el demostrar su propio saber y ganar el debate, cosas de poca importancia. Lo que es de valor es el alma. Pero una equivocación demasiado común es el creer que no se puede ganar el alma sin ganar la controversia con argumentos más poderosos que los del contrario. No es así, colega.

Los debates calurosos y violentos, no ganan nada. Son fracasos, no importa quién parece salir victorioso. El uso del sarcasmo, desprecio, apodos despectivos, y acusaciones coléricas es práctica indigna del cristiano. Conviene recordar que, al hablar de las cosas espirituales, se toca al hombre en lo más vivo de su alma porque afecta toda esta vida y también la eterna.

Sin embargo el siervo del Señor no debe mostrarse cobarde delante de los adversarios de la sana doctrina. Eso no quiere decir que fue incorrecto lo que dijo un obrero a un propagandista que entró en la capilla y trató de interrumpir el culto para entrar allí mismo en una discusión con él: "Este lugar es dedicado sólo a la enseñanza de la verdad. Si desea Ud. propagar el error, arriende Ud. otro salón para ese propósito y no venga acá a donde los creyentes en Jesucristo han pagado el arriendo".

Es que el obrero debe saber contestar los argumentos de las sectas falsas más comunes, pero nadie lo sabe todo y el siervo que no cede la razón aun cuando no puede derribar todo punto, debe poder decir más o menos así: "Yo sé que Jesucristo salva las almas por medio de la predicación del Evangelio, sin esos errores que Ud. está proponiendo. Juan 3:16 no requiere la creencia errónea suya. Dios le ama y quiere salvar su alma, pero sin las sutilezas y sofismas que le tienen enredado".

Cambiando el argumento en testimonio y, si parece propia, una oración, es mucho más eficaz que seguir interminablemente un argumento con uno que no quiere saber la verdad.

Hablando con miembros de la iglesia que sinceramente desean conocer la doctrina bíblica pero que han sido inquietados por haber oído el error, se usa con ellos toda la paciencia necesaria y en amor se les instruye. Conociendo pues, el temor que al Señor se le debe, persuadimos a los hombres.... Porque el amor de Cristo nos apremia". (2 Co. 5:11, 14, V. M.)

2. En toda sabiduría. Conviene al pastor estar muy seguro de sus aseveraciones y acusaciones cuando habla de las enseñanzas de las otras religiones. Si afirma que ellos creen tal o cual cosa, y después se descubre que no es cierto, arroja duda sobre sus demás declaraciones.

No es necesario que pase años leyendo todos los libros religiosos del mundo. Los textos de "Religiones Comparadas" y de las distintas sectas que incluyen una refutación de sus doctrinas están de venta en las librerías evangélicas, y libros de esta clase son de precio módico. Es recomendable que el pastor advierta a los hermanos a leerlos.

Las iglesias o escuelas que tengan bibliotecas deben procurar que esos libros estén al servicio de los miembros. No hay razón para el predicador sienta que él sólo tiene que saber defender el Evangelio. Ni es bueno que los miembros creyentes queden siempre niños dependientes del pastor para que les proteja de los enemigos de Cristo, sino que todos deben aprender a manejar bien la espada del Espíritu, la Palabra de Dios.

Si los "disputadores de este siglo" no aceptan la Biblia como la autoridad final y el Nuevo Testamento como la perfección del Antiguo y vigente hoy para todo creyente, pues hay que tratarles como a un incrédulo.

Si alegan que el Antiguo Testamento debe guiar nuestra conducta más bien que el Nuevo (o algunas partes del Antiguo, según ellos tengan gusto de imponer sus ideas predilectas), el cristiano no hace bien en sujetarse al yugo de servidumbre.

El apóstol manda a todos a estar firmes en la libertad con que Cristo nos hizo libres (Gá. 5:1). El Señor Jesús enseñó respecto a Su doctrina que no se pone vino nuevo en odres viejos (Mt. 9:17). Tal proceder echa a perder tanto el vino como el odre. Si los falsos maestros sacan versículos bíblicos de su contexto, el cristiano debe darse cuenta de ello y manifestar el error.

Es costumbre entre los "expertos" propagandistas del error que, cuando uno les contesta bien un punto, en vez de confesarse vencidos saltan a otro asunto y otra referencia. Si uno sigue contestando hasta que ya no les queda más que decir, ellos ponen término a la conversación diciendo: "Así son ustedes. Saltan de una cosa a otra y no tienen base ninguna", o frases del estilo. El obrero debe llamarles la atención a que son ellos que han hecho los saltos, que no han podido probar ni una sola de sus enseñanzas, y que no tienen razón ahora para seguir en el error, mucho menos propagarlo. Si son honestos, se arrepentirán y buscarán la verdad en Cristo.

Cuando un cristiano oye por primera vez doctrinas nuevas y tiene razón para dudar que sean bíblicas y evangélicas, debe ponerlas a prueba. La Palabra nos amonesta a no creerlo todo, siendo que hay doctrinas de demonios e "hipocresía de mentirosos" (1 Ti. 4:1-2), y "muchos falsos profetas han salido por el mundo" (1 Jn. 4:1). Lo más importante es la prueba de sus enseñanzas acerca de Jesucristo, si confiesa que es Dios y hombre: verdadero Dios y realmente hombre en carne (1 Jn. 4:2-3; 1 Ti. 3:16, etc.). Correctamente entendida, esta misma doctrina incluye también la de la Santísima Trinidad.

Tal vez el punto más fácil en que se distingue muchas falsas religiones es su doctrina del pecado y de la redención del pecado. La Biblia habla tan claramente sobre esta verdad que el creyente no debe ser engañado (Ro. 3:23 y 5:8, por ejemplo).

El siervo del Señor que se asegura de estas cosas primero, en vez de discutir detalles acerca de las profecías cumplidas o por cumplirse, será sabio. Nadie es salvado por la profecía, sino por Jesucristo, el Hijo de Dios (Dios mismo manifestado en carne), quien murió y resucitó para nuestra salvación eterna.

3. En el Espíritu Santo. "No militamos según la carne, porque las armas de nuestra milicia no son carnales, sino poderosas en Dios para la destrucción de fortalezas, refutando argumentos, y toda altivez que se levanta contra el conocimiento de Dios, y llevando cautivo todo pensamiento a la obediencia a Cristo" (2 Co. 10:3-5). Véanse también: Romanos 16:17-18; 1 Corintios 3:11; 11:18-19; Efesios 4:14; 2 Juan 7-11.

La controversia es espiritual primero, e intelectual después. No sólo es necesario ser dirigido por el Espíritu Santo en discutir con los propagandistas del error, sino también recordar que la obra de convencer de la verdad es obra netamente del Espíritu de Dios (Jn. 16:8).

Por lo tanto el obrero cristiano tiene la responsabilidad de orar a Dios antes de entrar en la discusión, a fin de preparar su corazón para la lucha. Sólo así tendrá fe en la obra del Espíritu Santo para convencer, si no al falso maestro tal vez a algunos oyentes, pero es gran fortaleza creer que el Espíritu le acompaña y que sacará del encuentro gloria para Jesucristo.

También podrá así el cristiano guardar la calma, guardar la voz siempre baja no importa cuánto grite su adversario, y estará en condiciones de pensar mas claramente, con el espíritu siempre "sintonizando" a Dios para recibir Su iluminación acerca de los pasajes bíblicos que le conviene usar.

Si ora antes de salir a visitar, estará con confianza en Dios si por acaso tropieza de improviso con algún falso testigo o cualquier predicador de falsas doctrinas.

Si va a hablar en el púlpito sobre una religión falsa, de todos modos el sermón ha de tratar más de verdades que de falsedades, más acerca de Jesucristo que lo que podrá decir del fundador o jefe de la religión o secta cuyas enseñanzas está refutando.

Y es mejor predicar con la idea de que alguno de esa secta esté presente oyendo, y será impresionado por su trato justo de las creencias, atraído por sus razonamientos, y ganado por la obra del Espíritu de la Palabra.

El amor sincero debe caracterizar al que predica sermones de controversia. Ni es bueno que se use sermones de esta clase con mucha frecuencia. Sí puede predicar una serie controversial, pero no muy largo ni tampoco que sea de mañana y también por la noche, todos los domingos, sino por la mañana solamente, con otra cosa diferente por la noche, o al contrario, por las noches, y un estudio distinto por la mañana.

Cuando hay mucho interés de parte del público en cierta secta falsa, sea por alguna actividad especial de ellos o por otra causa, no es malo que el pastor arregle un culto y que avise en los periódicos, etc., que va a hablar sobre ese tema, pero cuidando que esté bien preparado, para no dejar chasqueados a los nuevos que vienen a oírle. En tal ocasión es una falta grave que el mensaje no contenga una explicación clara del Evangelio.

A veces es posible que tenga presente alguna persona digna de confianza que haya sido antes seguidor de las falsedades de que se trata, y, si no es orador para dar todo el mensaje, puede ser útil que dé un corto testimonio de cómo fue esclavizado y después librado del error. Pero si no es persona digna de confianza cuyo ejemplo y vida son conocidas en la comunidad, será mejor no darle lugar prominente en el culto.

Al hablar por radio es generalmente prohibido decir algo desfavorable acerca de otras religiones. Mucho se puede hacer enseñando verdades positivas que anulan las falsas doctrinas sin mencionar éstas por nombre. Pero una enseñanza consecutiva de la Biblia por fin incluirá todo lo necesario para refutar los errores y guardar los pies y el corazón en la verdad, la "sana doctrina" (He. 13:9).

Cuando hay controversia dentro de la iglesia es cosa seria y lamentable de muy mal testimonio y daña la influencia en la comunidad. Es obra del enemigo de las almas. Es problema espiritual y el remedio tiene que ser espiritual. La mucha oración ayudará al pastor a saber dónde está el foco de la infección y el tiempo y método para abrir la llaga y sacar la corrupción.

Generalmente requiere un sermón poderoso en el Espíritu sobre el tema del amor cristiano, con otro tal vez acerca de la necesidad de la crucifixión del yo propio. No debe descansar el pastor hasta ver el mal desarraigado de la iglesia. Y una vez sanada la herida, conviene presentar a la grey nuevos blancos, nuevas labores y metas, oportunidades para probar el amor de Dios por servirle y ofrendar de sus bienes para la obra misionera, etc.

También es un buen tiempo para fomentar el estudio bíblico entre los miembros, haciéndoles ver que, si hubieran sido más obedientes a la Palabra no hubiera sufrido la iglesia tal desacuerdo. Al haber discordia y peligro de dividirse la iglesia, apartándose algunos miembros que rehúsan la reconciliación con la idea de formar otra asamblea es tiempo para el pastor aprender el significado de las palabras: "Participantes de las aflicciones de Cristo" quien "estando en agonía, oraba más intensamente"; "pasó la noche en oración a Dios"; en "oración y ayuno".

Lección 14

El pastor como consejero

El Señor Jesucristo es el Consejero Divino que nunca estaba perplejo, sin saber qué decir. Vez tras vez le presentaron asuntos de difícil solución y hasta preguntas capciosas o con doble intención para hacerle caer, y todas recibieron la más perfecta solución, aunque no todos lo siguieron, como tampoco harán contigo, amado estudiante (Lc. 18:18-24).

El profeta Isaías dijo siete siglos antes de la encarnación de Jesucristo que Él sería llamado "Consejero" (Is. 9:6). No siempre daba el consejo que los individuos o grupos esperaban, sino lo que necesitaban para su eterno bien espiritual (Jn. 3; Lc. 7:18-23; 10:25-37, etc.). Sus consejos consistían en enseñar y aplicar las verdades espirituales a los problemas de la vida. Su propósito esta siempre encaminado a ayudar, a rectificar lo torcido y a dar vida.

A. La preparación para las consultas

Sin duda esta lección va a parecer extraña a muchos estudiantes que no han oído que pueden, por medio del estudio, mejorar su capacidad para aconsejar. Tal vez le suene como una forma evangélica del confesionario romano y no caerá en gracia. No es así, ni tampoco es manera del pastor dominar en la vida de nadie cuando hay el amor y la amistad debidos entre hermanos, se consultan unos a otros y participan mutuamente de sus goces, tristezas y problemas.

Pues es lo mismo al entrevistar al Pastor, solamente que él, por su ministerio, está en una posición ideal para ayudar a todos. Cada año en el pastoreo le da más conocimientos de la vida, de entrar en las experiencias de otros y de ver la obra del Espíritu Santo en más vidas. Por eso debe llegar a ser más experto en saber ayudar a los hermanos en sus problemas.

1. Horas de consulta. En los campos rurales, las aldeas y aun en las ciudades pequeñas los pastores harán bien en mantener las consultas sobre la misma base de siempre, una conversación amistosa entre amigos y vecinos.

Sus feligreses no están acostumbrados a horas especiales de consulta, ni son los problemas los mismos. En las ciudades capitales los ciudadanos están ya acostumbrados a "horas de oficina" para el médico, el dentista, el abogado, el banco, los departamentos del gobierno, etc., de manera que les parece muy natural que el pastor también fije horas especiales dedicadas a estar en su oficina a la disposición de todo aquel que desea consultarle sobre cualquier asunto. Pero en las regiones rurales los miembros lo encuentran difícil comprender cómo es que el pastor no puede atenderles a cualquier hora. Se aconseja a los pastores en esas iglesias que acepten tal condición y así no ofenderán a nadie.

Si encuentra que poco a poco pueden ir acostumbrando a los creyentes a limitarse a ciertos días y horas, muy bien, pero acuérdense que la iglesia no existe para la conveniencia del pastor, sino que el pastor pertenece a la iglesia, (2 Co. 4:5). En las ciudades grandes el pastor suele avisar a los hermanos sus horas de oficina, como cosa muy natural, sin presentar excusas, porque se comprende que él necesita tiempo para estudiar y visitar.

Otra consideración es el tiempo que debe durar cada entrevista. Ordinariamente el pastor no limita la visita a menos que otros le estén esperando. Pero si el consultante está muy emocionado, demasiado alborotado por remover el asunto, hay que decidir si es mejor permitir que se desahogue o hacer cita para continuar otro día.

2. El lugar. El pastor es doctor de almas y, semejante al médico que administra en lo físico, debe estar siempre dispuesto en caso de necesidad de ir donde quiera para prestar sus auxilios, no como sacerdote con el viático, sino como dispensador de los "misterios" de Dios: el consuelo, el apoyo espiritual y estímulo a la fe, la comunión cristiana en las tribulaciones, etc. Pero en cuanto a lugar donde pueda conversar con los hermanos que quieren consultarle acerca de sus problemas, es mejor, cuando sea factible, que sea donde no haya distracciones.

Generalmente eso quiere decir la oficina del pastor, sea que esté en el templo o en la rectoría o residencia del pastor. Desde un principio se puede entender que conviene al pastor escoger para su oficina un lugar adecuado para esto mismo, donde habrán ventanas o puerta con cristal, y no en un rincón apartado que dará base para sospechas.

Que haya cuidado de no dar lugar a crítica en esto, ni lugar al diablo a tentar al pastor. Si una mujer buena puede estar allí sin temor de sospecha y a la vez sabiendo que no será oída sino por el pastor, entonces es un buen lugar.

3. La ética cristiana. Es preciso que con resolución firme el pastor siempre mantenga un comportamiento irreprochable en las consultas. El contacto físico se limita a dar la mano al entrar y al salir la persona que le consulta. Es mejor que tenga silla cómoda para el consultante a fin de que no se distraiga. El pastor se sienta en su propia silla detrás de su escritorio.

La reserva del pastor también se manifiesta en que se priva de hacer preguntas demasiado íntimas acerca de cosas que no debe. Acepta revelaciones que espontáneamente hagan los consultantes, pero él no manifiesta curiosidad indebida.

Tampoco abuse el pastor de la confianza de aquellos que le consultan No discute los problemas con otros ni en el púlpito ni en privado, ni los use como ilustraciones a menos que sea un caso de tiempos atrás y que ocurrió en otra ciudad. Aun entonces debe disfrazar o suprimir los nombres de las personas referidas. Por cierto el pastor debe respetar siempre todo lo dicho en confianza, que es el deber del amigo tanto como del predicador.

La ética también demanda que el pastor no se crea capaz de aconsejar en asuntos más allá de su competencia. Si se le pide consejos acerca de una enfermedad física, que le diga que consulte a un médico; si es acerca de un litigio a un abogado, etc., a menos que haya un problema moral, que es el campo en que el pastor ha de ayudar al hermano en su decisión.

Puede y debe orar por los enfermos, pero no recetarles medicinas. Puede y debe enseñar Mateo 5: 21-26; 38-48; 1 Corintios 6:1, etc. Pero a menos que sea doctor en leyes, un abogado graduado, no le conviene dar consejos legales. Tampoco entre en polémicas políticas que no tienen que ver con la moralidad o la religión.

Igual cuidado le incumbe con relación a los problemas financieros y vocacionales. Si tiene que ver con asuntos de ética de honradez, de ofrendas al Señor, bien. O si un joven pregunta si le conviene o no prepararse para el ministerio evangélico, pues en estos asuntos el pastor puede y debe aconsejar según lo que se encuentra en la Palabra acerca del tema.

Constituye un problema el caso de una persona enajenada, o con tal dificultad mental que necesita la ayuda de un experto, sea psicólogo o psiquiatra. El pastor no está para hacer competencia con ellos. Si los profesionales son verdaderos cristianos no hay recelo en decir al interesado que les consulte, pero si no son en verdad personas renacidas, hay un riesgo grande, como se explicará en la próxima lección.

B. Cómo empezar la consulta

Cuando el pastor conoce muy bien a la persona que está entrevistando como sucede en la gran mayoría de los casos en las iglesias de habla española, no habrá problema en empezar la conversación. Sin embargo no hay necesidad de hablar de todo lo que pasa en el mundo antes de tratar del problema que hizo venir al hermano. Es muy importante usar tacto o tino en esto, porque es común que el consultante se espante y se retire sin haber tocado el asunto que le trajo a la oficina.

No es siempre fácil ganar la confianza hasta el punto de que le descubra voluntariamente los pensamientos secretos que le molestan. Siendo imposible demandar u obligar, el obrero tiene necesidad de paciencia. Y muy conocido es que muchas veces el consultante hable primero de algún asuntito, a fin de ver cómo el consejero se comporta y soluciona esa cosa; si le parece que acertó bien, después le dirá lo más serio. Tal vez aun se propone primero un caso supuesto y el pastor no sabe si es la verdad presentada en forma disfrazada pare evitar una revelación directa de culpa, o si es meramente una discusión preliminar hasta sentir más confianza o valor para atacar el verdadero problema.

Se recomienda que no empiece la entrevista con uno o más chistes. Tal proceder no produce confianza, siendo que aquí se está hablando de personas con problemas personales, y éstos raras veces parecen a los consultantes cosas de risa. Les es serio el contar a otros detalles de su vida y hacerle preguntas que tal vez no las ha hecho aun a sus familiares.

Ni debe el consejero decidir nada livianamente. Evite siempre el error de oír un solo lado de un argumento que tiene que ver con otra persona, y dar su consejo cual juez supremo basándose únicamente en lo divulgado por su consultante. Hágase todo lo posible para hablar también con la otra persona o personas. Esto es especialmente importante cuando se trata del cónyuge o algún miembro de la familia.

Si el consultor cree que esto manifiesta falta de confianza en su palabra, puede asegurarle que no dude Ud. de su veracidad o sinceridad, sino que es posible que haya otra circunstancia que se le haya olvidado, o que ignore, y que no es justo pensar que es capacitado para dar su consejo sin estar al tanto de todos los detalles.

Es preciso que el pastor o consejero tenga siempre presente que él no es juez todo sapiente, y que, al pronunciar su fallo, todo el mundo obedecerá porque sí. Su propósito es el de ayudar al atribulado a encontrar en Cristo y en Su Palabra la solución de su problema, pero el mismo consultante tendrá que convencerse de la verdadera causa de la dificultad y del remedio que él mismo tendrá que reconocer y poner por obra.

Nadie puede hacer esto sino él mismo. De manera que no es un argumento o debate lo que va a tener con aquel que se presenta en su oficina, sino una conversación en que el consultor trata de explicar lo que le molesta, le agobia, y el consejero trata de guiar los pensamientos y la conversación hacia la comprensión y la solución del problema.

No es muy bueno para el pastor prometer que él con tanta seguridad va a sacar al consultante de su apuro sin la menor dificultad. Aun Dios no obra así. Pero sí es bueno decir que Dios promete paz al alma que confía en

Él, y que Ud. está seguro de que en la Biblia hay algo que le ayudará en su necesidad.

El consejero que siempre habla de Dios y de Jesucristo como seres vivientes que están en comunicación con el hombre creyente por medio del Espíritu Santo, inspiren más confianza que aquel que no conoce a Dios o que tiene recelo en hablar de Él. Sólo con este concepto de Dios hay lógica en el acto de orar y esperar que el Señor conteste.

C. La consulta

1. Actitudes del consejero. En primer término la confianza en la presencia del Espíritu Santo y la creencia en la suficiencia de la Palabra de Dios son esenciales. No es poca responsabilidad convidar a los hermanos a venir a su oficina para consultarle acerca de sus problemas. Cada uno que se presenta es un nuevo compromiso, y sin una confianza firme en Dios puede llegar a ser una carga pesada el enfrentarse primero con el misterio, luego con el problema, y entonces con la obligación de presentar las enseñanzas bíblicas del caso. Jesucristo nos ha sido hecho por Dios sabiduría (1 Co. 1:30).

La necesidad de sabiduría nos demanda mucha oración a Dios con fe verdadera (Stg. 1:8). Una vez un hermano oyó de una señorita evangélica que rompió su compromiso con el novio porque él no dejó de ir al baile, de fumar, etc., como lo había prometido cuando hizo su profesión de fe en Cristo. Ella temía que su fe no era genuina sino más bien una apariencia para engañarla. Comentando su acción el hermano dijo así: “Eso era una manifestación de sentido común, ¿verdad? No. Era sentido no común. No, tampoco. Era sentido común no común”.

Pues lo que se necesita como consejero cristiano es el juicio común santificado. Necesariamente todo juicio basado en la interpretación correcta de la Palabra de Dios es el único en que podamos estar perfectamente seguros de tener razón. Y el pastor debe convencerse de la verdad que no hay casos excepcionales cuando será lógico aconsejar que se haga lo que el Nuevo Testamento claramente prohíbe, o que deje de cumplir lo que manda (Gá. 6:7-8).

Un peligro para el consejero es que haga al consultante dependiente de él en vez de conducirle a una relación tal con Dios que el atribulado puede pararse firme y recto sobre sus propios pies y mantenerse en la verdad por su propio contacto con el Señor (Ef. 4:13-16).

En vez de cojear o de apoyarse en otros, ha de correr en el camino de los mandamientos del Señor (Sal. 119:32). En lugar de estar buscando quien le lleve de la mano debe más bien poder enseñar y ayudar a otros.

Esto, no por confianza propia ni independencia, sino por estar en contacto constante con Dios, y por conocer ahora la Palabra.

El propósito del consejero no es amoldar al consultante a que sea semejante a él, sino que sea la persona completa y madura que Dios quiere que sea, asumiendo las responsabilidades que le tocan en toda esfera de su vida.

Para poder hacer todo esto es preciso que el consejero se acuerde de que no hay dos problemas personales exactamente iguales, por cuanto no hay dos personas idénticas en todo punto. Sus historias, circunstancias y modos de pensar se diferencian, de manera que los problemas, por más que aparenten ser iguales, afectan a sus personalidades de manera distinta. Por eso el pastor tiene la obligación de no aplicar con rigidez la misma solución que resolvió sus propios problemas o los de otros que eran semejantes. Es una tentación hacerlo por que es una salida fácil del apuro, pero puede ser el estribar en su propia prudencia en vez de orar a Dios para saber Su solución (Pr. 3:5-8).

La Biblia dice: "Gozaos con los que se gozan; llorad con los que lloran" (Ro. 12:15). En las consultas el pastor tiene obligación de gobernar bien sus sentimientos. En Mateo 9:36 leemos que nuestro Salvador, al ver las multitudes, tuvo compasión de ellos. El tener compasión significa el sufrir con, ponerse en el lugar de aquel que sufre, y sentir lo que él siente. Marcos dice que al mirar al joven rico le amó (10:21). Lloró con las hermanas de Lázaro (Jn. 11:35).

Sin embargo es claro que nunca permitió Él que los sentimientos le hicieran hablar u obrar en forma contraria a la justicia: a hacer el bien, sí, pero siempre conforme al carácter de Dios y a Su Palabra. También en ocasiones mostraba resistencia a lo que Le pedían hacer y regañaba y exhortaba en vez de ceder a la petición (Lc. 12:13-21). Cuidado entonces, caro colega, de no permitir que sus sentimientos obscurezcan su buen juicio. Como dice el Dr. Narramore, el hombre caído en una cisterna no necesita que otro brinque también adentro para acompañarle, sino que le tire una soga y le saque del pozo.

El consejero que no puede dominar sus sentimientos no merece la confianza del consultor quien necesita a una persona en tierra firme que le pueda socorrer hasta que él mismo esté con los pies bien plantados sobre la roca. Mostrará simpatía sincera, sí, por cierto, pero no se entregará sin reserva ni a la ira ni a la tristeza. No debe perder la calma si piensa ayudar al afligido.

Es también muy necesario que el consejero sepa que tendrá que luchar con varios enemigos. El pastor debe esforzarse siempre para guardar la consulta en el plano de lo espiritual, pero entre más que lo haga, mayor lucha tendrá con el enemigo de las almas, Satanás. Su actitud en esto no es que trate de evitar las luchas, sino de enfrentarse con el diablo y vencerle en el nombre de Jesucristo, el Hijo de Dios.

"Las armas de nuestra milicia no son carnales"; la oración, la fe y el valor son prendas de la armadura cristiana, la artillería y la munición. Que no sean pocos ni de calidad inferior, si quiere ganar la batalla. Si no desea pelear contra este enemigo, mejor es no ser pastor.

Otro enemigo es la voluntad del consultante cuando él no quiere obedecer la Palabra de Dios y pagar el precio de la victoria. Muchas veces el mismo consultante sabe lo que le conviene hacer pero no quiere, y viene a la consulta en la vana esperanza de encontrar una salida más fácil. Cada uno que se jacta de ser dueño de su propia voluntad, y con eso quiere decir que se opone a la voluntad de Dios, se coloca en tal posición que ningún consejero puede ayudarle hasta que se someta al Señor. El tiempo y la oración son necesarios en estos casos como en muchos otros.

2. El objetivo. Si el pastor no tiene bien claro en su mente el blanco a que se dirige no llegará al puerto. Si piensa solamente en cumplir con un deber, sea desagradable o no, él tal no será buen consejero. O si cree que por medio de las consultas él aprenderá más acerca de sus feligreses y también de la psicología, pues, aunque será así, eso no es el propósito de las consultas.

Una vaga idea de simplemente "ayudar" según su capacidad, no es suficiente, especialmente si encubre un deseo de hacer resaltar la sabiduría del consejero. Mejor es tener la resolución de ganar a Cristo a los consultantes que no son salvos y de instruir a los cristianos. El apóstol Pablo dio expresión a su propósito en Colosenses 1:20-28 así: "Cristo en vosotros, la esperanza de gloria, a quien anunciamos, amonestando a todo hombre, y enseñando a todo hombre en toda sabiduría, a fin de presentar perfecto en Cristo Jesús a todo hombre". Para este fin trabajaba según la potencia de Cristo que obraba en él con poder.

Que esto sea el blanco de cada pastor hoy también.

3. La conversación. Los textos sobre la psicoterapia dicen que el consejero debe clasificar al consultor muy temprano en su consulta diagnosticando si pertenece a la clase llamada cicloidal, o la de esquizofrenia, con la característica de la inarticulación afectiva, la falta de integración psíquica, falta de flexibilidad psíquica, o inhabilidad de desahogar de sus tensiones afectivas, etc., etc.

Alegan que una vez clasificado o "catalogado" ya se ha ganado la mitad de la batalla. Pero es raro el pastor evangélico que comprende aun el vocabulario de la psicología y la psiquiatría, mucho menos que se haya profundizado en la ciencia. A menos que sea un universitario bien preparado, dichos estudios no son para él.

Y, después de todo, el pastor no está para hacer competencia con los psicólogos profesionales, de manera que no es extraño que no use las mismas armas o equipo. Si acaso tiene el pastor algún conocimiento de tales cosas, tanto mejor, con tal que sea entregado al Espíritu como instrumento para Su uso.

El análisis que incumbe al pastor hacer es descubrir la posición o condición espiritual exacta del consultante, junto con su disposición hacia una mejoría o el crecimiento espiritual. Depende del consultante si se debe descubrir su estado espiritual por preguntas directas o por deducciones indirectas, pero no se debe dejar de asegurarse en esto, creyendo que todo está bien cuando es posible que no sea así.

El pastor de experiencia puede juzgar de la conversación sin necesidad de hacer preguntas directas, si es que se trata de cosas morales. A veces la evidencia indirecta declare más acerca de la condición espiritual del consultante que las contestaciones a preguntas directas.

Hay miles de personas que responden según creen que el interlocutor desea oír, o lo que creen que le ha de agradar, en vez de decir la pura verdad; no es que les parece cosa deshonesta sino una especie de caridad, de urbanidad, el dar placer aunque sea por engaño.

Por cierto la conversión a Cristo debe eliminar esa costumbre de la vida. El cristiano obedece al mandamiento: "No mintáis los unos a los otros, habiéndoos despojado del viejo hombre con sus hechos, y revestido del nuevo..." (Col. 3:9-10); "Sino que siguiendo la verdad en amor"... (Ef. 4:15). "Por lo cual, desechando la mentira, hablad verdad cada uno con su prójimo..." (Ef. 4:25).

Como se ha dicho, el primer paso en la conversación es que el consultante tenga oportunidad de hablar, mientras el consejero le presta toda atención. Se aconseja que no haga notas por lo menos no copiosas, mientras conversan. A veces eso causa desconfianza o distracción. Algunos aun son capaces de creer que se escribe otra cosa en vez de escuchar lo que se le explica.

Conviene que no haga mas interrupciones de lo indispensable para poder comprender lo que se ha dicho. Menos debe el pastor contradecir nada todavía, ni aun mostrar duda acerca del concepto que el consultante tenga de la causa y naturaleza de su dificultad. Permítale que exponga ampliamente su problema y es posible que aclare lo que cree ser la causa o los factores que contribuyen al caso.

A veces se pregunta el consejero: ¿Por qué me habla así este hermano? Entonces, cuando haya expuesto todo, o por lo menos la parte que quería mencionar, el pastor tiene que entrar en acción.

Si es un caso sencillo de la necesidad de escoger entre dos posibilidades, y el consultante en verdad está sinceramente en duda acerca de lo que conviene, el pastor debe, en primer término, estar seguro de que comprende todos los factores importantes que afectan la decisión. Entonces piensa en seguida de alguna luz que las Escrituras dan sobre el asunto, sea directa o indirectamente. Por ejemplo, si uno le está preguntando si debe o no entrar en sociedad comercial con un amigo, hay dos consideraciones: ¿Es un negocio que conviene a un cristiano? o ¿es el socio un creyente?

Si la contestación es afirmativa a ambas preguntas, el pastor no debe entrar en discusión acerca de si le parece que el negocio producirá buenas ganancias, etc., porque esa no es su responsabilidad. Antes le conviene no dar su opinión, por cuanto si fracasa el negocio no podrá defenderse después.

Lo que sí le pesa es la obligación de decir al hermano que debe orar hasta sentir la dirección de Dios en el asunto. Se le puede preguntar si en verdad está en comunión con Dios de tal manera que reconocerá Su voz dirigiéndole y si está dispuesto a obedecer. Si hay dudas, explíquele cómo el Espíritu usa las mismas cosas para dar dirección a sus hijos: la Biblia, las circunstancias y la voz del Espíritu en el alma. En el punto focal de estas tres cosas está la voluntad de Dios para el consultante. Es bueno orar con el hermano antes de despedirle.

En casos de quejas contra otras personas, cosa demasiado frecuente, se requiere mucha comprensión y tino al decir algo el pastor. A veces será bueno decir: "No sé nada acerca de esto. Mejor será darme tiempo para averiguar lo que pasa. Mientras tanto oremos".

Otras veces se puede decir simplemente: "Prometo hablar con la persona acusada". En ciertas ocasiones es bueno ver si es posible hablar con los dos, el que acusa y el que es acusado, juntos. Pero por lo regular es mejor que siga el curso que el mismo Señor marcó en Mateo 18:15-17.

Quiere decir que el consultante tiene la obligación primero de hablar con la otra persona a ver si entre los dos se puede arreglar el asunto. Si no resulta, que lleve consigo a dos o tres testigos y haga otro esfuerzo por solucionar el problema. Si no hay testigos, tal vez conviene que el pastor aconseje que el agraviado deje todo en las manos de Dios, quien, con el tiempo, hará resaltar la justicia.

Hay que comentar aquí que a veces una señorita se presenta al pastor con una queja exagerada contra un joven, con la esperanza de que habrá una averiguación y consulta entre los tres, y por fin resulta que no hubo nada sino un deseo de parte de ella de que el joven se fijara en ella. No es siempre así, pero cuando el pastor es conocido como uno que suele llamar a los acusados a una entrevista con el acusador, algunas muchachas aprovechan de esta práctica. Los problemas morales serán discutidos en la próxima lección.

Las personas desalentadas, desanimadas, temerosas, frustradas y sobremanera tristes son frecuentes visitas en la oficina del pastor. Cuando es tan anormal su condición que parecen estar enfermos o nerviosos en extremo, tal vez conviene que también vean a un médico cristiano. Pero precisamente para tales casos la Biblia contiene el remedio más eficaz. Si es un temor que causa el abatimiento o inseguridad, puede ser que el sujeto esté dudando de su salvación. Pasajes como Juan 5:24; 3:16; 1:12; 6:37, 47; 7:37-39; 20:31, etc., son útiles; en estos casos si es un cristiano de veras, pero que ha quitado la mirada del Señor para fijarse en las circunstancias o en los hombres, naturalmente se siente chasqueado y desilusionado (He. 12:2).

Es indispensable enseñarle que tiene que buscar sólo de Dios el amor, la lealtad, el socorro, la comprensión y la simpatía en todo tiempo. A veces se encuentran estas virtudes en los hermanos, aunque no en perfección. En el Señor hay refugio de la tempestad: "de la conspiración del hombre": "de contención de lenguas" (Sal. 31:20).

En cuanto a cosas materiales, hay mucho en la Biblia acerca de su inferioridad o falta de importancia. Lo espiritual es de suprema importancia (Lc. 12:15; Mt. 6:24-34, etc.).

La necesidad de negarse a sí mismo, de crucificarse, de hacer morir al yo propio, para permitir al Espíritu Santo dominar completamente en la vida es enseñada en muchos pasajes de las Escrituras (Lc. 9:23-24; Ro. 6:13; 12:1-2: Gá. 2:20; Stg. 4:5-10, etc.).

El amor perfecto echa fuera el temor, para amar a Dios hay que tener plena confianza en Él. "Tú guardarás en completa paz a aquel cuyo pensamiento en ti persevera; porque en ti ha confiado" (Is. 26:3).

Se recomienda al pastor que repase su estudio de la Doctrina de Dios para así ayudar a estos hermanos que están temerosos y dudosos. Véanse también muchos de los Salmos, como el 37, el 91, el 119:167, etc.

Terminamos esta lección confesando que apenas hemos tocado el borde del tema. Muchos libros se han escrito sobre la psicología en general, la psicología para el consejero, la psicoterapia, etc. Pero no hay texto como la Biblia para este ministerio. El pastor que desea ver la bendición del Señor sobre su obra en la oficina, ha de saber cómo orar, cómo emplear la Palabra de Dios para dirigir las almas, y cómo someter su sentido común santificado a la dirección del Espíritu Santo.

Lección 15

Los problemas de la inmoralidad

El Señor Jesucristo jamás hizo compromiso con la inmoralidad ni con el pecado en cualquier forma. Por lo que dijo en Mateo 5:27-30; 12:34-35; 15:18-20, etc., se ve que es verdad lo que dijo Juan el evangelista en su Evangelio (2:24, 25): "Pero Jesús mismo no se fiaba de ellos, porque conocía a todos, y no tenía necesidad de que nadie le diese testimonio del hombre, pues él sabía lo que había en el hombre".

El diablo no Le tentó con una inmoralidad, sino que sólo atacó el cuerpo por medio del hambre después de 40 días de ayuno, pero aun así nuestro Señor rehusó atender al cuerpo a expensas del espíritu y de la obediencia al Padre. Con razón Le criticaron por no seguir las tradiciones de los ancianos judíos, pero Él pudo encarar a todo el mundo y decir: "¿Quién de vosotros me redarguye de pecado?" (Jn. 8:46) y "Yo hago siempre lo que le agrada (al Padre)" (Jn. 8:29).

Aunque Jesucristo no Se casó, por cuanto sería incongruo con Su misión tanto como con Su naturaleza, sin embargo no despreció el matrimonio.

A. El concepto cristiano del matrimonio

Una ventaja que tiene el psicólogo o psiquiatra sobre el pastor evangélico, es que no tiene que buscar al culpable y razonar con él. Sólo espera en su oficina a aquellos que buscan su ayuda, y que quieren remedio para cambiar su condición.

Y si el consejero profesional no es creyente, ni siquiera tiene que condenar la conducta inmoral. Parece increíble a muchos cristianos que haya una escuela de psicología y psiquiatría que hasta aconseja a sus clientes que cometan actos de inmoralidad bajo ciertas circunstancias. Es conocida por el psicoanálisis en que las tendencias afectivas reprimidas son conceptuadas como siempre sexuales, eso es, que la urgencia o impulso sexual es el móvil principal (caso único) de la vida. El Dr. Sigmundo Freud, médico austríaco (1856-1939) es reconocido como el fundador de esta escuela, con C. G. Jung y Alfredo Adler como discípulos o socios prominentes. Sus ideas son contrarias al Evangelio.

Jesucristo nos presenta un móvil infinitamente más alto, puro y glorioso en Mateo 10:39. San Pablo expresa la misma cosa en 1 Corintios 10:31 y Colosenses 3:17, 23-24.

Siendo que muchos consejeros profesionales no son verdaderos cristianos, y que son partidarios de las enseñanzas que la Biblia llama inmorales, inicuas y diabólicas, el pastor no debe aconsejar a nadie a consultar a un psicólogo o psiquiatra, a menos que le conozca y sabe que es realmente creyente. Mucho mejor es llevarles a un médico cristiano que a un hombre que no cree el Evangelio, por más educado y experto que sea.

El pastor que siente que el consultor padece de una enfermedad nerviosa, o de cierto enajenamiento o debilidad cerebral, y no sabe de un médico o profesional a quien enviarle, hace mejor simplemente orando y leyéndole las Escrituras periódicamente. Hemos visto a "locos" vueltos a su juicio y a la vida normal sólo por ese medio.

Conviene al siervo del Señor tener temor y aun repugnancia a la mera idea de aconsejar a una persona a cometer fornicación deliberadamente con el fin de "aflojar las tensiones" que le afectan. Por ejemplo: hace poco una señora creyente consultó a un psicólogo profesional, quejándose de su marido que ni por nada quería cohabitar con ella. El psicólogo le dijo más o menos así: "Su problema es simplemente esto: su marido está buscando su placer en otra parte. El remedio también es sencillo. Haga Ud. lo mismo". Por cierto le cobró buen dinero por ese mal consejo. Ni el mismo Satanás pudo inventar un consejo más dañino.

Dios jamas puede convenir con tal acto ni bendecirlo. Es contra la ley civil tanto como contra la divina y es el sembrar a la carne lo cual trae corrupción (Gá. 6:7).

La razón porque Dios castiga la inmoralidad es que es contra Su carácter divino, contra Su ley pura, y contra el bien del hombre. Dios no nos hizo para estar pecando, y cuando una persona abuse de su libre albedrío y hace lo que es "contra naturaleza", o "contra los usos naturales del cuerpo" (Ro. 1:26-32, 1 Co. 6:13), el resultado es "la corrupción". Corrompe la conciencia, el sistema nervioso, la propia estimación, y al fin el ser entero.

Es así porque cada personalidad es un total de cuerpo, intelecto, sentimientos y espíritu. Lo que se hace en una esfera afecta toda la personalidad. Por lo tanto un acto de fornicación muchas veces arruina la vida. En vez de dar calma causa mil estragos. Cualquier satisfacción física es más que anulada por la pérdida de virginidad (del hombre o de la mujer) si es que les queda un poquito de delicadeza de conciencia cristiana, y el sentido de culpa, de normas más bajas ahora, de temor de posibles consecuencias, etc.

Estos pensamientos pueden causar tensiones psicológicas peores que las tensiones físicas que excusaron el pecado. Nunca debe el pastor olvidarse de que el ser humano es una personalidad compuesta de muchos sistemas, órganos, miembros, sentimientos capacidades, etc. Toda la personalidad está afectada por las decisiones y acciones, de manera que el cuerpo no puede actuar por separado.

No sólo es necesario que el pastor entienda el efecto de la inmoralidad en la personalidad, sino que tenga fe en las promesas de Dios en cuanto a perdonar al pecador, limpiarle y salvarle si cumple con las condiciones requeridas, y también que sepa que el Señor generalmente no remueve las consecuencias naturales del pecado; por lo menos, no enteramente (1 Jn. 1:9; 1 Co. 6:9-11; Gá. 6:7-8).

Viene a la memoria lo que dijo un hombre: "Voy a casarme el mes entrante y lo que más lamento es que no puedo presentarme a mi novia tan virgen como es ella. ¡Ojalá que hubiera manera de deshacer lo que he hecho!" Fue posible asegurarle que Jesucristo abrió el camino para que Dios le perdonara la culpa y condenación que merecía, pero ya era imposible devolverle su pureza e inocencia. Ese hombre tenía que vivir siempre con su propio desprecio de sí mismo.

Otra doctrina muy necesaria que el pastor debe recordar en estas consultas es la provisión que el Salvador ha hecho para que el pecador venza y abandone su pecado, vicio e inmoralidad. Aquel que tiene las marcas de los clavos y de la lanza en Su cuerpo está ahora vivo, sentado sobre el trono del universo con todo poder y autoridad. Y leemos en Su Palabra: "El pecado no se enseñoreará de vosotros ..." (Ro. 6:14).

Hay muchos preciosos pasajes acerca de este tema, como: 1 Corintios 10:13; 2 Corintios 2:14; Gálatas 5:16; 1 Pedro 1:3-9, etc., según fue estudiado en los cursos de doctrina. El poder de Cristo sobre el diablo y todas sus tentaciones es nuestro para usar a fin de vencer también, cual hijos de Dios.

La Biblia, siendo el Libro de la Vida, naturalmente habla mucho acerca del matrimonio y de la familia. Contiene preceptos y mandamientos claros, tanto como enseñanzas por medio de las historias ejemplares que muestran cosas que un matrimonio debe hacer y otras que debe evitar. Cual Isaac el marido debe amar a su esposa; como Rebeca la señora debe consolar al esposo; pero al contrario de ellos debemos como padres evitar el favoritismo, el padre amando a un hijo más que al otro, y la madre amando al otro no tanto como al primero.

Efesios 5:21-33 es el pasaje predilecto para enseñar el concepto cristiano del matrimonio. Empieza en santidad y continúa en pureza (Ef. 5:15-27; 2 Co. 11:2). El amor mutuo es la base para una comunión íntima, y el fruto del matrimonio santo no es solamente los buenos hijos sino un testimonio fructífero de un hogar cristiano.

El marido ama a la mujer, le considera como a persona sabia, le da honor como a vaso más frágil, como a coheredera con él de la vida, y compañera en la oración. La esposa ama, respeta y estima al marido, sometiéndose a sus decisiones, etc., dándole los hijos que Dios le dé (Ef. 5.33; 1 P. 3:1-7, etc.).

El capítulo 7 de 1 Corintios está llena de instrucciones para los casados. Como dice Pedro, hay necesidad de usar sabiduría en el trato del uno con la otra. Ni el hombre ni la mujer es bestia o animal. Algunos hombres tratan a la mujer como si fuera ella un animal de carga a quien, si se quiere que vaya a la izquierda, se la da palo al lado derecho de la cabeza o el pescuezo. No es así. Debe haber consultas, conferencias entre los dos para llegar a conclusiones y resolver los problemas (1 P. 3:7).

Es lo mismo en cuanto a las relaciones sexuales entre los esposos. Debe haber consentimiento mutuo, por lo menos. Mejor que haya deseo mutuo. Pero que siempre haya consideración cristiana entre los dos (1 Co. 7:3-5).

Aun Jesucristo no obliga al cristiano a andar en el Espíritu, por más que desea que lo haga. Sin embargo, una vez que el hombre haya hecho su firme resolución de seguir a Cristo y es renacido, es verdad que el Señor Se encarga de él de una manera especial.

El convertido puede caer en pecado, pero lo hará ahora sólo venciendo a viva fuerza los salvaguardias que el mismo Señor ha puesto para su protección. Como Dios habló al primer criminal antes de que matara (Gn. 4: 6-7), así hoy el Espíritu Santo es fiel en susurrar en nuestra conciencia para desviarnos del pecado que nos acecha (1 Co. 10:13; Stg. 1:2, 12-16, 20-22; 4:7, etc.).

De la misma manera el marido y la esposa se ayudan mutuamente, juntos venciendo tentaciones que por separado no podrían sin mayor lucha. También aprenden juntos el significado de las palabras y las virtudes a que se refieren: la consideración, la lealtad, la fidelidad, la comunión íntima, la cooperación, la responsabilidad, etc.

En el matrimonio cristiano debe haber un mínimo de mandamientos, de "mandar y contramandar", como se dice. Cuando es necesario exigir, la palabra del hombre debe regir, pero que sea en amor y consideración con las explicaciones que en justicia han de acompañar tal orden. Cuando se hace esto, nadie pensará en la obediencia obligatoria, con el resentimiento consecuente, sino en la cooperación en amor. Cuando lo opuesto a este proceder ha sido la costumbre, sólo Jesucristo puede efectuar un cambio. En miles de hogares el Señor ha tornado el pleito en paz, las contiendas en la cooperación, las querellas en la quietud, el aborrecimiento en amor.

En el año 1936 apareció un artículo en la revista evangélica "La Estrella de la Mañana" de Maracaibo, firmado por el Rvdo. Juan Christiansen. El artículo se encuentra al fin del curso en el Apéndice "D". Se ve en ello que la iglesia evangélica reconoce debidamente la validez y vigencia del matrimonio civil. A la vez practica el matrimonio religioso para los creyentes.

Es permitido al pastor celebrar el matrimonio de dos personas no creyentes, aunque los casos son raros en la mayoría de los países latinos. Lo que no puede hacer es casar a una persona creyente con una que no lo es. Eso es prohibido en 2 Corintios 6:14-18 y 1 Corintios 7:9.

En el curso A-12, La Exposición de 1 Corintios, estudiamos las instrucciones bíblicas acerca de las dificultades de las personas casadas que se convierten al Señor, pero que su cónyuge no quiere ser salvo: si conviene en seguir viviendo este con el cónyuge convertido, que no se separen.

B. Varios problemas y métodos de procedimientos

Hay muchos problemas con que el pastor tiene que luchar, pero los más indeseables son los casos la inmoralidad. Desde la niñez hasta la vejez el hombre es atacado por ese lado, y la mujer también. Con el tiempo uno llega a creer que las mujeres son tan malas como los hombres, pero dijo una poetisa que las mujeres son lo que son porque así quieren los hombres que sean, y si las hemos hecho así, ¿por qué nos quejamos?

1. La niñez. El pastor evangélico debe saber los detalles fisiológicos acerca del cuidado y función de los órganos sexuales. Si no los aprendió en la escuela, le conviene pedir a algún médico cristiano que le instruya, y que compre libros que traten del asunto cristianamente.

Hoy día cuando muchos niños nacen en hospitales o "maternidades" es común que las enfermeras enseñen a las madres a cuidar a sus hijos, lavándoles sus partes en el baño diario, y a no tocarles esos órganos para tranquilizarles como es la mala costumbre de los no educados.

También el médico del hospital debe decir a los padres cuando conviene que el niño sea circuncidado. Es casi rutinaria esa operación ahora en los hospitales grandes porque garantiza que puede descubrirse el bálano o cabeza del miembro viril para guardarlo limpio y así conduzca a reducir el deseo del niño a manosear su miembro, lo cual puede contribuir más tarde a la masturbación.

La circuncisión hecha por causas físicas no tiene significado religioso de ninguna especie. No sólo deben los padres reservarse de tocar innecesariamente los órganos de reproducción de los hijos e hijas, sino que deben vigilar bien que ni ellos ni las niñeras o cargaderas lo hagan.

Además el pastor debe saber que muchos niños a los cinco o seis años de edad manifiestan un interés en cosas sexuales. Hacen preguntas a sus padres como: "¿De dónde vine yo?" Cristianamente aconsejamos que se les conteste honestamente lo que sea necesario para satisfacer su curiosidad, pero nada más. Use palabras sencillas pero decentes, no vulgares.

Una madre, por ejemplo, al decir a la hija que había venido del cuerpo propio de la madre, la niña preguntó: "¿Pero, de dónde?", la buena señora contestó: "De debajo de mi corazón, hijita, donde podía amarte y protegerte hasta que estuvieses lo suficiente grande y fuerte para visitar el mundo".

Generalmente no es necesario decirles mucho para contestarles, pero si los padres no lo hacen, los hijos aprenderán "en la calle" de una manera vulgar y baja, que producirá resultados lamentables.

A veces niños de esta edad aun llegan a cohabitar, casi siempre a instigación de niños mayores depravados, pero es también natural que descubran sus acciones a sus padres por cuanto todavía no han aprendido a engañar con facilidad.

Al pasar a los siete u ocho años entran en la edad por el desarrollo natural cuando los varones quieren jugar aparte con sus amigos y se jactan de que son hombres, que odian o desprecian a las "mujeres", etc.

Después de esto, al llegar a la pubertad (de 11 a 13 años para las niñas, y de 9 a 14 años para los muchachos, por término medio, aunque hay excepciones para ambos lados), todo empieza a cambiar y más bien sienten tal atracción hacia el otro sexo que parece a los padres que realmente no piensan en otra cosa. Esa es una edad en que hay mucha necesidad de dirección sabia.

2. La juventud. No es fácil explicar la gran diferencia entre una muchacha y otra, entre un muchacho y otro. Al desarrollarse en la juventud la diferencia es aun más notable. Algunos parecen locos en su ocupación de lo sexual, mientras otros no se dejan llevar por tales cosas. Es el tiempo para los padres el tomar la iniciativa en asegurarse de que sus hijos e hijas tengan los conocimientos sanos fundamentales acerca del funcionamiento de sus órganos reproductivos y que sus actividades sean puras y correctas.

Preciso es reconocer la imposibilidad de dominar toda fase de la vida de nuestros hijos jóvenes, sus pensamientos, sus conversaciones, sus compañeros en la escuela, en la calle, en los deportes y diversiones, etc. Por lo tanto hay que convencerse de la imperiosa necesidad de ayudar a los jóvenes a edificar en su propio ser la pared o el muro de defensa de normas morales, de juicios cristianos, de ideales y de respeto propio delante de Dios. Sólo así pasarán los años de la adolescencia con su honor ileso y estarán preparados para entrar con pureza al "altar del matrimonio".

Y hasta que, entre los cristianos evangélicos, las señoritas demandan de los novios la misma virginidad que ellos exigen de las novias, no veremos los hogares cristianos que Cristo espera ver. A propósito de esto, que cada señorita sepa que cuando un joven le propone la unión sexual con ella antes del matrimonio, es seguro que no tiene la intención honrada de casarse con ella, debido a que todo joven hombre desea casarse con una virgen, no con una mujer "de segunda mano".

Muchos padres tienen demasiada pena, recelo, o desconfianza para hablar a sus hijos acerca de estos asuntos. Parece que prefieren que se entreguen a los vicios de la masturbación, a fornicación o la sodomía, más bien que ellos mismos molestarse en conversar con los hijos de estas cosas delicadas.

Bueno, si están determinados a amarse a sí mismos hasta el punto de rehusar cumplir con una responsabilidad penosa, entonces que paguen a un buen médico cristiano su tiempo para que él hable al hijo o a la hija. Es hoy día más y más la costumbre de algunos padres cristianos pedir a su pastor que él explique las cosas de la vida a sus hijos varones, o que la esposa del pastor instruya a las hijas. Cuando la madre es viuda, el pastor tiene cierta obligación de cumplir con tal petición, o la señora del pastor si un viudo está criando a una hija.

En otros casos, como cuando el padre ruega al pastor hacer las veces de él en esta responsabilidad porque dice que no sabe, o por otra razón, puede hablar al hijo en presencia del padre, si quiere, pero sería mejor instruir y animar al padre que él mismo lo haga para así estrechar más la unión del hijo con el padre. Por el resto de su vida el padre dará gracias al pastor si así lo hace.

Cuando el novio y la novia visitan al pastor para hacer los arreglos para su enlace matrimonial, es la oportunidad natural y lógica para darles los consejos debidos.

Por cierto es mejor que él les haya hablado antes, sea en las reuniones de jóvenes en la iglesia, o en privado, acerca de lo que el joven debe buscar en una novia antes de comprometerse, y qué debe esperar la joven en un hombre antes de darle su palabra: compatibilidad, responsabilidad, honradez probada, posibilidades económicas, falta de deudas o de responsabilidades financieras hacia otros familiares, planes lógicos de "casados a su casa", etc. Pero ya pensando en unirse pronto en matrimonio, el pastor debe primero asegurarse de que ambos sean verdaderos creyentes, o ambos no creyentes. Luego será sabio repasar con ellos cada parte de la ceremonia, haciendo énfasis en los detalles de los votos que han de proferir en el matrimonio. Entonces puede conducirles más adelante, hablándoles de los ideales cristianos mencionados arriba.

Se les puede decir claramente que hay mucho más en el matrimonio que simplemente dormir juntos. La procreación de la raza humana es un resultado de la unión del hombre con su esposa, pero si no hay más pensamiento que eso al casarse mejor es no hacerlo. No es poca responsabilidad tener hijos; es mucho trabajo, afán, molestia y gastos. Se pierde el sueño pero no la paciencia las fuerzas pero no el cuidado. Si creen que no van a permitir que los hijos les cambien su manera de vivir ni que les privan de algunas de sus diversiones y placeres, están o ignorantes o insensatos (1 S. 13:13-14).

A la vez es de Dios el tener hijos. Satisface un deseo innato en la madre y en el padre a menos que sean egoístas excesivos, sin amor natural. Es tanto el trabajo de criar hijos que si no fuera por las fuerzas naturales tan fuertes del sexo y del amor paternal, la raza pronto se acabaría.

3. Problemas por desvíos.

a. La fornicación. Cuando dos jóvenes han fornicado, naturalmente deben casarse. El hecho de ser evangélicos no les excusa. Generalmente no hay dificultad en eso, sino cuando los padres de uno de ellos rehúsa dar su consentimiento por ser menores de edad. Si los padres que así proceden son miembros de la iglesia, se exponen a la disciplina de la iglesia. Si no son miembros, sólo pueden el pastor y los ancianos tratar con ellos el asunto para ver si no logren su consentimiento. Son ocasiones delicadas, verdad, pero más y más prevalece hoy el sentir de que todos los hijos tienen el derecho de llegar al mundo teniendo padres casados, y llevando legítimamente el apellido de aquel que los engendró.

b. El divorcio. Primero quede entendido que no hay razón aceptable que disculpe el adulterio. No importa con quien pecó, siempre es pecado y lleva culpa. La excusa común de que "el cuerpo me lo pidió" no lleva peso alguno delante de Dios.

Ni es verdad que el cuerpo se enferma y sufre si un hombre se abstiene del ejercicio sexual porque Dios ha hecho provisión para el cuerpo de aliviarse sin que peque, como cualquier médico cristiano le puede explicar. Romanos 6:14 y 2 Corintios 2:14 y 1 Corintios 10:13 todavía "están en el libro".

En cuanto al divorcio, el Señor habló claramente en Marcos 10, admitiéndolo sólo en el caso de la fornicación. Por cierto algunos tratan de limitar la voz "fornicación" a excluir el adulterio, dando a entender que el Señor enseñaba que, si el hombre que acababa de casarse encontraba que su novia no era virgen, podía entonces divorciarla, pero que una vez que hubiesen vivido juntos, ni por la infidelidad de uno de los cónyuges podían divorciarse. Pero la Biblia no limita así el significado de la palabra fornicación.

Es costumbre para las iglesias dejar en las manos de la mujer la decisión de aceptar o no otra vez al marido que ha adulterado, y lo mismo en cuanto al hombre. El Evangelio no acepta "la norma doble": una moralidad para el hombre y otra para la mujer: esto es, que él puede pecar impunemente pero ella no. Es un acto escandaloso tanto para la una como para el otro.

Copiamos en seguida una resolución adoptada por las iglesias de cierta convención en Venezuela, para que estuvieran de acuerdo entre ellas. Reconoce la diferencia entre lo hecho antes de la conversión, y lo efectuado después.

"Sobre el divorcio

Los casos de personas divorciadas, o que desean divorciarse, se dividen entre tres categorías:

- Primera categoría: Aquellos que traen lazos de matrimonio desde el tiempo de su incredulidad pero que por tiempo han vivido separados de su cónyuge legal, y que en una unión concubinaria se han convertido: que rompan los lazos anteriores de matrimonio por medio del divorcio y se casen, legalizando su unión actual.
- Segunda categoría: Cristianos inocentes cuyo marido o esposa adulteró y vive aparte: la parte adúltera sea apartada por el divorcio; la parte inocente queda libre para volver a casarse con aprobación de la iglesia.
- Tercera categoría: Cristianos culpables de adulterio y divorciados por tal culpabilidad: que se casen con su compañero actual pero sin aprobación de la iglesia. Jamás pueden los tales desempeñar cargos en la iglesia. La congregación, al estar convencida de la sinceridad de su arrepentimiento y al estar satisfecha de su buen testimonio desde su matrimonio, les puede recibir otra vez en la comunión, pero quedan para siempre excluidos de tomar cargos en la Iglesia".

Esto es un ejemplo de lo que se ha hecho en un lugar, y da una solución a ciertos problemas. Algunas iglesias son muy estrictas y otras menos, pero es mejor seguir el Nuevo Testamento donde da instrucciones para todo caso que ocurre, porque sólo así puede haber conciencia limpia para orar y para esperar la bendición del Señor sobre la iglesia.

El pastor debe convencerse en cuanto a su propia actitud y práctica en lo referente a casar a personas de dudosos antecedentes. Ninguna iglesia puede demandar que su pastor celebre el matrimonio de personas cuyas historias o circunstancia no le permitan casarles con limpia conciencia. Ni puedé el pastor obligar a la iglesia a aprobar el enlace de nadie, ni de prestar la capilla para la ceremonia, cuando los miembros no quieren hacerlo.

También el pastor debe convencerse de que la Biblia condena todo acto de aborto criminal, eso es, no necesario para salvar la vida, y de sodomía, eso es, de homosexualidad, y de exhibicionismo y atisbadura inmoral. Muchas veces estas cosas son señales de una mentalidad deformada. La ciencia dice que es la mente mala que causa las acciones inmorales de esta clase, y no que las acciones debilitan la mente, pero las acciones son malas y culpables.

El remedio está en una conversión genuina y el ocuparse en cosas sanas y útiles hasta el extremo de desear servir y agradar al Señor más que querer el placer propio.

De mucho estímulo al pastor son las palabras de 1 Corintios 6:11, leídas en la luz de los vv. 9 y 10: "Y esto erais algunos; mas ya habéis sido lavados, ya habéis sido justificados en el nombre del Señor Jesús, y por el Espíritu de nuestro Dios".

Terminamos esta lección exhortando a los pastores a que tengan mucho cuidado acerca de su propio testimonio en cuanto a su comportamiento con todos, especialmente con las del "bello sexo". Que sus conversaciones y acciones en casa, en la iglesia y en la calle sean irreprochables.

Lección 16

Las ordenanzas

El Señor Jesucristo dio Su aprobación al bautismo en agua por el hecho notorio de ser Él mismo bautizado y también por mandar a Sus discípulos a bautizar (Mt. 3:13-17; 28:19). También fue Él que instituyó la ordenanza de la Santa Cena o comunión (Mt. 26:17-29). La comisión para Sus siervos desde Su ascensión hasta Su regreso es: hacer discípulos (aprendedores); bautizarles; enseñarles.

Para que sean discípulos hay que presentarles de tal manera al Señor Jesús que han de querer seguirle porque tienen fe y confianza en Él como maestro. Incluía el dejar la casa, la ambición, etc., para seguirle a Él solo (Mt. 10:37-39). No prometía riquezas ni glorias en este mundo, de manera que la fe en Él tenía que abarcar Su deidad y eternidad.

El bautismo es el paso definitivo y público del ingreso al discipulado; la comunión es el tiempo para el examen propio para ver el progreso espiritual y para disfrutar de intima comunión con el Maestro.

A. El bautismo

En otros cursos hemos estudiado acerca de la doctrina y significado de las dos ordenanzas de las iglesias evangélicas. Aquí sólo trataremos de unos detalles de su celebración y los deberes de los pastores en el acto. Son ordenados por Dios y sujetos a ciertas condiciones para su eficacia, pero todo hombre debe llenar dichas condiciones y cumplir con lo ordenado.

Todo aquel que no está en condición de participar en el bautismo y la comunión no debe hacerlo, pero su culpa queda sobre él por no haberse preparado para su participación. Es responsable por tener o no tener fe en la verdad y por su obediencia o desobediencia a ella. También le incumbe leer la Biblia y decidir la forma de la ordenanza que le parece más bíblica, y así celebrarla.

Para aquellos que creen en el bautismo por medio de la aspersión, y prefieren bautizar a niños de padres creyentes, el pastor tiene menos dificultades en cuanto a los arreglos materiales para bautizar a niños. Sin embargo el peligro de no cumplir con todo su deber es mayor. Muchos romanistas pueden creer que la ceremonia en sí es eficaz no importa que otra condición exista, o que es correcto por ser hecho por un sacerdote debidamente ordenado por el obispo, o que es ordenado por la iglesia y ellos no tienen más responsabilidad que el someterse, etc.

Pero en las iglesias evangélicas queremos cumplir con lo ordenado por Dios en Su Santa Palabra. Los detalles eclesiásticos son de secundaria importancia. En el rociamiento de un niño el pastor tiene buena oportunidad para hablar clara y seriamente con los padres acerca de su propia relación con Jesucristo. Los votos o promesas que han de proferir en el acto del bautismo deben ser explicados, asegurándose de que son entendidos.

Si los padres no conocen de veras al Señor, ¿cómo pueden criar a su hijo en el temor de Dios? Si no estudian de veras la Biblia, ¿cómo van a enseñar a su hijo los preceptos divinos? Si no son en realidad regenerados, ¿cómo guiarán al hijo a la fe salvadora en el Redentor? Si no conocen por experiencia la dirección del Espíritu Santo en sus propias vidas, nunca tendrán la sabiduría necesaria para criar a los hijos en la disciplina y amonestación del Señor (Ef. 6:4).

Sea el bautismo o la dedicación de los niños al Señor, el pastor tiene la responsabilidad de hacer a los padres comprender su propia obligación en cuanto a sus hijos.

Con relación a la ceremonia misma en el caso de aspersión, tales iglesias usan la pila o fuente semejante a la de una iglesia romana. Siempre hay peligro, especialmente en los primeros meses del ministerio, de que el pastor se olvide o que se equivoque del nombre correcto del niño. Mejor es leerlo que decirlo incorrectamente.

Cabe en el acto una corta explicación del significado de lo que hace, pero no es el lugar para un discurso teológico, ni debe el pastor entrar en discusión o defensa de su modo de bautizar. Algunos cuando saben que hay presente un número de creyentes acostumbrados a la inmersión, emplean largo rato pidiendo excusas por rociar a los niños. Pues, si no tiene más convicción acerca del pacto evangélico de gracia, ¿por qué rocían a los niños?

En la América Latina algunas iglesias usan sólo la inmersión de adultos, como contraste a la costumbre romana, aunque la misma denominación en otros países practica la aspersión o deja la elección del método al criterio del candidato o a sus padres. Otra razón para esto es el deseo de presentar una sola práctica a las iglesias a fin de no confundirles. Pero la mayor parte usan la inmersión por convicción, sin nada más que la interpretación del Nuevo Testamento para justificarles.

Antes de bautizar a los creyentes, como estudiamos en el curso sobre la doctrina de la iglesia, es bueno asegurarse de la verdadera fe y regeneración del candidato. "¿Quién os enseñó a huir de la ira?": "Haced, pues, frutos dignos de arrepentimiento". Si así habló Juan el Bautista a los que venían a él para bautizarse para el arrepentimiento, ¿cuánta más necesidad hay de estar seguros acerca de la preparación de aquellos que han de ser bautizados en el nombre del Dios Trino?

Por lo menos para el apóstol Pablo el bautismo cristiano es tanto más significativo que el del arrepentimiento sólo, que hizo a los doce efesios volver a bautizarse (Hch. 19:1-5). Nosotros no solamente simbolizamos un arrepentimiento, sino, ya que Cristo ha muerto y resucitado, el perdón efectuado (Hch. 2:38), y no mirando al Salvador que Juan el Bautista prometió que vendría, sino al Espíritu Santo que Jesucristo prometió y que ha venido a vivir en los que están en Cristo. Debe haber una comprensión de lo que el acto de bautismo simboliza y tener fe en Aquel en cuyo nombre se bautiza.

Es verdad que hay pastores que declaran que es su deber bautizar a todo aquel que pide el bautismo, sin preguntar ni averiguar nada. Generalmente esa es una teoría y no su práctica. Quieren decir que si una persona que por mucho tiempo ha asistido a las reuniones de la asamblea, ha dado pruebas de su fe por un cambio de vida, ha leído la Biblia y testifica a todos del evangelio, pues si un tal le pide el bautismo con algo de razón accede a su deseo.

El efecto de leer el Nuevo Testamento debe ser si cree en Jesucristo, y después querer testificar públicamente de esa fe por medio del bautismo. Pero bautizar a personas desconocidas, sin aun saber si creen o no en Jesucristo, es sumamente fuera de razón.

Hemos tenido la experiencia siguiente, que ilustra lo que queremos decir: dos hombres tocaron la puerta de la casa, al entrar y sentarse, sin preámbulo dijeron: "Queremos que nos bautice". Al preguntarles el porqué, ¿qué sabían ellos del Evangelio?, contestaron: "Nada. Absolutamente nada. Pero estamos en urgente necesidad de dinero, y nos han dicho que Uds. pagan 25 pesos a aquel que le permite a Ud. bautizarle".

Otra experiencia, lo contrario de esto, es la de un joven que vino diciendo que podríamos bautizarle. ¿Y por qué buscaba el bautismo? "Bueno", dijo: "el compañero suyo me hizo a mi un gran favor y tengo que agradecerle. Como me han dicho que le pagan a Uds. según el número de personas que bautizan, quiero que me bautice a mí para así pagar el favor que me hizo su socio".

Estos no son casos supuestos sino experiencias verídicas de nuestro propio ministerio. Sería una injusticia grande acceder a tal petición solo por cuanto está uno resuelto a bautizar a todo aquel que pide que lo haga. ¿De qué ventaja o beneficio a Dios o al mundo puede ser el tener paganos bautizados? Más bien es un estorbo a que crean el Evangelio, dándoles confianza donde no la merece.

En el Apéndice "E" hemos copiado unas lecciones preparadas hace años y utilizadas y perfeccionadas por el uso de un largo ministerio activo. No son incluidas aquí sino como un ejemplo de lo que otros hacen. En varias iglesias usan otras lecciones más o menos semejantes. Mucho depende del nivel de educación y cultura de la mayoría de los candidatos.

A veces los ancianos encargados de la preparación de los catecúmenos les hacen aprender de memoria declaraciones positivas, como por ejemplo: "Yo deseo bautizarme en el Evangelio porque he creído en Jesucristo conforme a Juan 1:12; 3:16; 5:24, etc." "El bautismo cristiano quiere decir que uno se viste de Cristo después de creer en Él , etc."

Otros usan libritos escritos para catecúmenos, como el del Rvdo. Roberto Savage: *Estudios elementales* (estudios acerca de la vida cristiana). Hay varios libros o folletos de este estilo que se consiguen en las librerías evangélicas por un precio económico, para que cada candidato tenga el suyo.

Por regla general se enseña primero, en términos claros y sencillos, cómo ser salvo por si acaso haya alguno que cree que es salvo sin comprender lo que quiere decir. Entonces es bueno tomar tiempo para que cada candidato explique por qué cree que es salvado, y los pasos que tomó para llegar a esa creencia. Cada miembro de la clase debe aprender de memoria unos versículos de la Biblia que explican cómo recibir la vida eterna.

Las "Lecciones para catecúmenos" dedican tres lecciones a este tema, con una docena de pasajes que hay que aprender de memoria, aun los analfabetos. Después debe incluirse un estudio sobre los resultados de la salvación, la vida cristiana espiritual, el vencer la tentación, etc., lecciones doctrinales pero sencillas.

Si los creyentes no aprenden la verdad de que el Espíritu Santo more en el cristiano, y qué quiere hacer en él, nunca será el cristiano que debe ser. Con estas lecciones se puede hablar de los vicios, males costumbres, pecados, y cómo vencer y abandonarlos. Luego siguen estudios acerca de la iglesia, las ordenanzas con sus significados, requisitos, y propósitos.

Generalmente se termina esta instrucción con una lección sobre los deberes de un miembro de la iglesia. Debe el maestro de la clase procurar sencillez en vez de profundidad, y que lo poco sea realmente grabado en las almas de los catecúmenos, y no lo mucho enseñado pero poco retenido.

Una vez que los candidatos hayan terminado esta preparación, sea que fue dada en una clase especial, o en las asambleas, o como sea es costumbre que la iglesia decide si quiere o no recibir a cada candidato como un miembro pleno, una vez que haya sido bautizado.

En muchas iglesias (de gobierno presbiteriano) la sesión, consistorio o junta examina, acepta o aplaza la recepción de los candidatos. También hay congregaciones que exigen que el candidato no sólo reciba clases de instrucción sino que también escriba una carta, dirigida a la iglesia, haciendo petición formal de ser recibido como miembro con un corto testimonio.

Si hay miembros que voten en contra de cierto candidato, es muy legítimo preguntar si saben alguna cosa acerca del mismo que impide su recepción y que los otros hermanos deben saber. Se entiende que la consideración de candidatos se lleva a cabo en sesión privada, aunque los mismos sujetos deben estar cerca donde pueden ser llamados a contestar preguntas o someterse a examen si es que hay dudas acerca de su testimonio o creencias.

No se busca en el candidato una madurez espiritual, pero sí las señales de un fruto que, aunque todavía verde, es perfecta en razón de que está pegada al árbol, está creciendo hacia la madurez, y no tiene mancha ni gusano que lo va a echar a perder. Por lo menos, hasta donde se puede averiguar.

No hay manera infalible para nosotros los hombres poder juzgar a otros, ni saber el futuro y quienes han de seguir fieles al Señor. "Por sus frutos los conoceréis", dijo Cristo.

Una vez decidido el caso se procede al bautismo. Es costumbre anunciar a la congregación el lugar y la hora del bautismo, esperando que todos acompañen a los que han de bautizarse. Es mejor cuando hay bautisterio o tanque donde pueden sumergir a los candidatos. En iglesias modernas es costumbre colocar el bautisterio detrás de la plataforma del púlpito y en un nivel más elevado, con la entrada y salida fuera de la vista del auditorio. Sólo se ve al pastor y al candidato en todo el centro, y el acto de la inmersión.

Pero los detalles no importan. Si hay que celebrar el acto en la playa, en un lago o río, eso no importa, pero deben tomarse las precauciones necesarias para que todos piensen en el significado espiritual y no en lo físico. Esto se hace organizando de antemano las personas necesarias y asignándoles sus responsabilidades. Deben haber uno o dos hombres para asistir a los candidatos varones, y mujeres para ayudar a las de su sexo. Con sábanas o algo semejante deben estar listos para cubrir los hombros y cuerpo de los bautizados tan pronto como se levantan de las aguas, haciendo que el acto sea siempre decente y sin merecer crítica.

Ya hemos estudiado en el curso de doctrina de la iglesia acerca de la fórmula que usa el pastor al sumergir al candidato. Es necesario que tome precauciones para pararse firme y con espacio para acostar a la persona que va a bautizar sin que toque el tanque con la cabeza por no estar lo suficiente arrimado al otro extremo al empezar. Parece ridículo tener que decir esto, pero es necesario.

Pastores jóvenes son capaces de ponerse tan nerviosos que se paran en la mitad del bautisterio sin dejar espacio suficiente para el acto. En tal caso conviene que un anciano de la iglesia haga seña al pastor indicándole que se ponga más hacia el extremo. En el mar hay que calcular las olas y estar seguro de tener siempre la profundidad necesaria para el acto. Por lo regular es más difícil poner la persona completamente debajo del agua que levantarle después, pero conviene que el pastor sepa bien que tiene buen fondo donde asentar el pie cuando tome un paso al sumergir al candidato y al levantarlo.

El pastor no debe ponerse entre el candidato y el auditorio porque estorba la vista. No importa si bautiza hacia la mano derecha o la izquierda; hágase lo que sea más cómodo al pastor. Es costumbre que el pastor ponga una mano detrás del cuello o los hombros, y con la otra mano toma una muñeca del candidato quien tendrá sus manos juntadas sobre su pecho, y así el pastor puede acostarle y levantarle mas fácilmente. Algunos suelen pedir al candidato que tenga consigo un pañuelo y, al momento que va a ponerse debajo de las aguas, el candidato pone una mano con el pañuelo, sobre sus narices, mientras con la otra mano tome la muñeca de la mano que contiene el pañuelo, y el pastor entonces puede coger con su propia mano de cualquier muñeca o antebrazo, no importa. Procúrese hacer todo con calma y decisión, como cumpliendo con una ordenanza divina que tiene sobrada razón de hacerse.

En el primer culto de la iglesia después de realizados los bautismos, es costumbre reconocer a los nuevos miembros formalmente por medio de una corta recepción o ceremonia. Nadie pretende que es ordenado en la Biblia que lo haga, ni que es absolutamente necesaria, pero es lógico y razonable hacer lo posible para hacerles sentir lo serio del paso que están dando, con sus responsabilidades. Se presenta lo siguiente como guía, nada más. Cuando los recién bautizados estén en pie delante de la congregación, junto con cualquiera que haya venido de otra iglesia con su carta de transferencia y desea unirse a esta iglesia, el pastor les hablará de esta manera:

Recepción de nuevos miembros

"¿Vosotros, aquí en la presencia de Dios y de esta congregación, afirmáis y sostenéis vuestra creencia en las Sagradas Escrituras, y las aceptáis como divinamente inspiradas, y la regla de vuestra fe?

"¿Vosotros aceptáis las reglas de la iglesia cristiana evangélica en (o nombre especial de la iglesia) para obedecerlas espontáneamente?

"¿Vosotros procuraréis con toda diligencia promover un espíritu de amor hermanable entre vuestros hermanos, y buscaréis en toda circunstancia de vuestras vidas, la manera de presentar a Cristo vuestro Salvador, delante de los incrédulos?

"¿Vosotros sostendréis a esta iglesia, con vuestra presencia en los cultos, vuestras oraciones a Dios por todos sus intereses, y la ayudaréis en lo que podéis con la capacidad que Dios os dará de bienes de este mundo?"

Cuando los nuevos miembros hayan contestado "Sí" a todas estas preguntas, se les dirá:

"Queridos hermanos: Esperamos que vuestra venida y permanencia entre nosotros será de bendición tanto para vosotros como para nosotros. Contamos con vuestra compañía en los cultos, y vuestro concurso en toda buena obra. Esperamos que la iglesia alentará vuestra fe y amor, aliviará vuestras aflicciones, y ayudará vuestra vida en Cristo. Vosotros también, poniendo toda diligencia por esto mismo, añadid a vuestra fe, virtud; a la virtud, conocimiento al conocimiento, dominio propio; al dominio propio, paciencia; a la paciencia, piedad; a la piedad, afecto fraternal; y al afecto fraternal, amor. Porque si estas cosas están en vosotros, y abundan, no os dejarán estar ociosos ni sin fruto en cuanto al conocimiento de nuestro Señor Jesucristo".

Después de una oración, el pastor suele dar la mano a cada uno de los nuevos miembros, llamándole por nombre y diciendo unas cortas palabras de bienvenida y de aliento. Esto se llama el "dar la diestra de la comunión". Entonces ellos toman sus asientos y se sigue adelante con el culto. Ahora pueden ellos comulgar con los demás miembros, tener voz y voto en los asuntos de la iglesia, etc. La Biblia manda, sin embargo, esperar un tiempo para que tengan más experiencia, antes de elegirles como diáconos o ancianos (1 Ti. 3:5; 5:20).

B. La comunión

Entre las distintas maneras en que las diferentes denominaciones celebran la Santa Cena no hay mayor problema ni cambio radical. Si es una vez al mes, o dos veces, o una vez al año o cada trimestre, o aun cada semana, la manera de celebrar el culto queda casi la misma.

Si se usa jugo de uvas o vino, si pan sin levadura (ázimos) o pan común, al fin la diferencia no se note sino en las conciencias de los participantes. Aun la distinción entre el uso de un cáliz o una sola copa grande, y las muchas copitas iguales, el resultado es indistinguible; sólo que cada uno ha hecho lo que cree es más conforme a su interpretación de las Escrituras.

Tal vez la diferencia más notable y que más afecta los resultados, es la solemnidad con que se celebra. En ciertas iglesias el domingo de comunión no es anunciado de antemano, como si no fuera nada especial, y al llegar el tiempo la comunión está añadida a un culto completo igual a los cultos de todos los domingos, y se apresura a celebrarla con la brevedad posible por cuanto ya es la hora avanzada. Hasta da la impresión de que se cumple con un deber desagradable pero obligatorio, en vez de ser un gozo sentarse a la mesa del Señor y tener comunión con Él.

En otras iglesias el pastor anuncia el culto la semana anterior y exhorta a los hermanos a examinarse a sí mismos y a venir preparados de corazón y espíritu para participar dignamente de la Cena.

Aun hay congregaciones donde el consistorio o junta llama delante de sí a cada miembro durante la semana y les examina acerca de su crecimiento en la fe, y de su conducta. Dan una tarjeta de aprobación a los que juzgan aptos para comulgar, y sin tal boleta nadie es admitido al culto de comunión. Al llegar el día, la celebración de la Cena del Señor es el centro y propósito principal del culto.

Ahora bien, sin criticar a nadie por sus costumbres, sólo sugerimos a los pastores que hagan un esfuerzo para asegurarse de que la Mesa del Señor significa lo que es efectivamente a los participantes. Si quiere darse una sorpresa, tal vez, puede preguntar a un buen número de los miembros de su congregación qué es lo que para cada uno de ellos quiere decir la comunión. ¿Qué provecho espiritual reciben de esos cultos? Diferenciando entre la superstición y lo espiritual podrá el pastor estimar correctamente el culto.

Con relación al orden en estos servicios, debe considerar que es el mismo Salvador que nos ha invitado a Su mesa, y comportarnos a la luz de esa consideración. Casi siempre la mayor parte de los niños y los no bautizados tienen la costumbre de salir del templo antes de la celebración de la Cena, pero no es obligatorio.

A veces se acostumbra, si el grupo es pequeño, arreglar los asientos en un circulo alrededor de la mesa de modo que sólo los que van a comulgar se sienten en la primera fila. Los no miembros y los disciplinados se sientan atrás.

En aquellas iglesias donde a menudo visitan miembros de otras iglesias evangélicas, conviene que el pastor explique en cortas palabras si sólo se permite que comulgue en esta iglesia los que son miembros en plena comunión de esta asamblea, o si son convidados a participar también los que son de otras congregaciones, pero que estén en plena comunión con el Señor y con la grey donde son miembros.

Además es correcto decir si aquí se acostumbra a guardar el pan en la mano hasta que todos se hayan servido, para que todos coman juntos después, o si se ha de servir del pan y comer en seguida y lo mismo de la copa, volviendo la copita a su lugar en la bandeja en el mismo acto. Unas pocas iglesias hacen así por ahorrar el tiempo, y una persona de tal asamblea que visita a otra donde esperan los unos para los otros, se siente incómoda si se ha adelantado a los demás al comer el pan, o beber el vino, etc. No es que el pastor tenga que defender o justificar su práctica, sino decir sencillamente lo que es su costumbre a fin de evitar el causar desazón.

Otra costumbre práctica de algunos pastores es inmediatamente antes de dar la señal para todos comer el pan, preguntar si acaso hay alguno que debe participar pero que haya sido pasado por alto en la distribución.

Tal vez será de interés lo que contestó un hermano que había sido creyente por dieciocho años, y cuando se le preguntó: "¿A qué culto de comunión ha asistido Ud. que le impresionó más y, por qué?" El interpelado contestó: "fue una Santa Cena en.... Cuatro hermanos dirigían el servicio: uno, los cantos, otro leía la Biblia, otro oraba, y el otro servía el pan. Entonces hubo otra oración, otro himno, otra oración antes de pasar el vino, luego tomamos la copa, y otro oraba y terminamos con un canto".

Puede ser que el cambiar de detalles haga la comunión más efectiva, pero conviene procurar no quitar la atención de lo principal: el recordar al Señor Jesús en comunión con Su sacrificio por nosotros.

Terminamos esta lección con una corta advertencia. Debe evitarse en la Cena una oración en que se pide que Dios bendiga "los elementos a nosotros", o "a nuestro uso", o cosa por el estilo. En una comida común se pide la bendición divina sobre los alimentos "para nuestro uso", etc., pero en la Cena del Señor el pan y el vino son símbolos que benefician en Espíritu por su representación de lo que Cristo hizo y lo que es. Pida más bien que Dios colme de bendiciones espirituales a Sus hijos que están participando de Su Cena, o algo semejante.

Por cierto si se tomara la voz "bendice" como significando gratitud o agradeciendo a Dios por el pan y el vino, estaría bien "bendecir" o pedir que el Padre los bendijera, pero en la América Latina la frase trae a la memoria el rito de la misa y conviene evitarla.

Una pregunta que se hace con relación a la Cena del Señor es: ¿Qué se debe hacer con las sobras del pan y del vino? Generalmente lo que ocasiona la pregunta es que se ha visto que, después de la Cena, los niños del conserje, si no acaso los del pastor o del anciano, se acercan a la mesa y se apresuran a ver quien puede coger lo más del pan y comérselo. Choca con los sentimientos ver que los elementos que hace unos momentos figuraban en un acto religioso ahora son tratados como deshechos botados.

Si en la celebración de la ordenanza se esfuerza para crear un espíritu de reverencia, haciendo distinción entre el acto y una comida común, no parece correcto hacer cosa común los elementos que sobraron. Sin embargo no es al fin más que pan y vino o jugo. La Biblia no dice nada sobre la disposición de las sobras. Tal vez es mejor considerar esto como semejante a lo que era el problema en Corinto acerca de comer carne: no era tanto un crimen como lo que no convenía por cuanto el cristiano debe ser sin ofensa ni a los judíos, ni a los gentiles, ni a la iglesia de Dios.

También es una oportunidad para enseñar a los niños a no jugar o estar demasiado familiarizados con las cosas de Dios. Muchas iglesias permiten a las personas que preparan los elementos para la Cena hacer uso de las sobras, con tal que lo hagan sin dar ofensa. Otras derraman el vino y queman el pan, pero no por considerar que son el sagrado cuerpo material del Señor, sino pare evitar el ofender a nadie. No se aconseja al pastor contender o aun discutir el asunto a menos que haya necesidad de hacerlo. Entonces que esto sea decidido con calma y comprensión.

Lección 17

El pastor y la administración de la iglesia

El Señor Jesucristo dio a Sus discípulos la comisión de evangelizar, bautizar y enseñar en Su nombre, de ser testigos de Él, y así llevar a cabo, por el Espíritu Santo, la obra que Él mismo había empezado (Mt. 28:18-20; Hch. 1:1-8). Prometió edificar Su iglesia, y esa iglesia tendría responsabilidades en conjunto que los miembros individuales no tendrían (Mt. 16:18 18:15-20).

La Iglesia de Dios es ahora el cuerpo que el Espíritu Santo ocupa para hacer la voluntad de Dios en el mundo hoy por hoy (1 Co. 3:16). Jesucristo es nuestro Ejemplo en el sentido de mostrarnos cómo el hombre debe ser lleno del Espíritu, obediente al Padre, y siervo de Dios, pero nosotros nunca podemos redimir a nadie. Siendo redimidos por el Señor podemos servir a Dios en el ministerio (2 Co. 4:5-6; 5:9-21).

A. El pastor y su actitud hacia la administración

Debe el pastor ser un dictador o un empleado, un siervo? No hay duda de que el obrero que trata de dirigir personalmente cada detalle de todas las distintas actividades de la obra será llamado un dictador. De igual manera aquel] que no tenga un interés sincero en cada departamento será criticado por perezoso.

En el comercio y en el gobierno el mejor administrador es aquel que consigue resultados constantes, que no sólo logra que los empleados bajo su dirección trabajen bien, sino que tengan gusto en llevar a cabo sus órdenes y continuar en su empleo. Eso requiere cierto tino y un carácter especial, pero lo básico en el asunto es el respeto y confianza que el director recibe de los trabajadores porque los merece.

Al efecto él ha de saber lo que hace, eso es, comprender a fondo el negocio, y también conocer al hombre, sus capacidades y maneras de pensar, cuándo necesita corrección, alabanza, o estímulo, etc. Su trato con los empleados tiene que abarcar la comprensión, flexibilidad, amabilidad, compañerismo y la severidad, rigor, estrictez y demanda de respeto. El ejecutivo o patrón en el comercio tiene una ventaja real porque puede controlar la recompensa del trabajador por medio de su sueldo.

El pastor evangélico, sin embargo tiene mayor ventaja porque puede presentar mucho más alto motivo para el servicio, según Mateo 6:33;

10:32-33, 37-40, etc. El apóstol Pablo expresó dos motivos en 2 Corintios 5:11 y 5:14.

El pastor, pues, tiene necesidad en estudiar bien el caso y decidir lo que debe hacer en la dirección de las actividades de la iglesia. Es inevitable que tenga mayor talento para ciertas cosas que para otras, pero debe confiar en que el Espíritu Santo le capacitará para que pueda cumplir correctamente con todo lo que debe hacer. No son sus gustos propios los que gobiernen en tal decisión, sino las necesidades de la obra. Por ejemplo, algún pastor es buen músico: sabe tocar como maestro, cantar solos, dirigir coros, etc. No permite a otro hacer nada con la música en los cultos sino que él mismo toca, dirige y canta, mientras la congregación le sigue lo mejor que pueda. Si no cantan bien, les corrige en pleno culto. Por fin los servicios parecen ser una clase de música en vez de alabanzas a Dios. Por cierto al fin predica un sermón pero parece más bien un apéndice a los cantos. Tal vez esto es exagerado un poco, pero hemos conocido y oído de tales obreros.

Otros pastores ni hacen un esfuerzo para cantar con la congregación, o, lo que es peor, rehúsan escoger o ayudar a escoger los himnos de acuerdo a su sermón. Lo mismo se puede decir acerca de la escuela dominical, las sociedades juveniles, etc.

El pastor, sea en el campo, la aldea o la ciudad, que cree que Hebreos 13:7 y 17 le den libertad para ser un dictador con facultad de dominar absolutamente en toda la obra, se olvida de otros pasajes como 1 Pedro 5:1-4; Santiago 3:1; 1 Tesalonicenses 2:7-12, etc. La iglesia no existe para el pastor, sino el pastor para la iglesia. El Señor Jesús dio autoridad a Sus discípulos y les envió delante de Él, para que aprendieran muchas cosas por medio de la experiencia (Lc. 10:1-20). A veces ellos hicieron cosas incorrectas, pero Él como Maestro les instruyó y les volvió a enviar, sin limitar Su ministerio a lo que Él mismo pudo hacer en Su cuerpo (Lc. 9:49-56).

El pastor que no tenga mayor visión para la iglesia que lo que él mismo puede efectuar, nunca cumplirá con su misión. Y aquel que no determine pagar el precio de conseguir la cooperación de muchos otros para la obra no la obtendrá. Tendrá que aprender a pagar y perder: pagar por cuanto es más difícil y requiere mas paciencia el enseñar y encargar a otros hacerlo, que hacerlo uno mismo; y perder porque otros recibirán la gloria y el gozo por lo que hacen. No es realmente perder ni aun pagar porque Cristo ve y sabe, y por cuanto cumplió con su deber el Señor verá que no haya pérdida.

B. El pastor y la escuela dominical

Generalmente la escuela bíblica dominical se forma aun antes de la iglesia, especialmente donde es empezada la obra por un grupo de miembros de alguna iglesia que van a un barrio o vecindario, primero enseñando una clase de niños del lugar, y luego llegar a ser una escuela dominical. Es simplemente la escuela de la iglesia, la organización de las actividades educacionales que toda iglesia tiene obligación de llevar a cabo pare asegurar que toda edad reciba las instrucciones bíblicas que necesita. Es costumbre tener un superintendente, un secretario y un tesorero, con maestros para cada clase.

En las librerías evangélicas se consiguen varios libros que den buenas instrucciones sobre la organización, conducta y progreso de una escuela dominical.

Al principio de una pequeña obra puede haber razón en que el mismo obrero dirija la escuela dominical, pero pronto debe preparar a otro para ocupar ese puesto. No consiste simplemente en ponerse delante de los discípulos los domingos y dirigir la apertura y la clausura. La mayor labor del superintendente se hace fuera de la plataforma. Pero algunos pastores creen que cumplen con su deber permitiendo a otros ser llamado el superintendente y presidir las reuniones, mientras ellos realmente hacen la obra de escoger los maestros, decidir cuáles clases habrá, dónde se reunirán, cómo se llamarán, qué cuadernos usarán, etc., etc.

Con un superintendente preparado, el pastor no tendrá que ocuparse en tantos detalles, sino que dejará que el superintendente, con su junta de funcionarios y maestros, hagan las decisiones.

Sin embargo hay ciertas responsabilidades con relación a la escuela dominical que el pastor no puede escapar. Aunque no decide cuales cuadernos, etc. se han de usar, sí debe asegurarse de que son buenos, y que su contenido sea fiel a las verdades bíblicas. Si no lo son, la sesión o junta debe saberlo y obligar a los de la escuela a cambiarlos.

También el pastor debe trabajar incansablemente para la mejor preparación de los maestros de las clases. Cada maestro debe ser convertido, un buen conocedor de la Biblia y un ganador de almas. En iglesias nuevas o las que no tienen maestros de la Biblia, es buena práctica que el pastor enseñe una clase de los mejores candidatos para el trabajo, preparándoles para que sean buenos maestros. Esta clase puede reunirse durante la semana o en la misma hora de la escuela dominical.

Si no lo hace, ¿cuándo tendrá la iglesia los maestros eficientes? Sólo en las iglesias más grandes donde hay suficientes personas muy preparadas para enseñar la Biblia y el superintendente mismo escoge con cuidado los maestros debidos, puede el pastor sentirse libre de esta responsabilidad.

Algunos obreros piensan que una reunión de los funcionarios y maestros al mes basta. Otros más conscientes, o más conscientes de la necesidad, se reúnen con los maestros cada semana. En la primera parte de la reunión hablan de la obra de la escuela dominical, o de cómo enseñar, usando tal vez un texto sobre la pedagogía (Un libro sencillo pare empezar es: *Las siete leyes de la enseñanza*, por Gregory); luego les da algunas ideas sobre la próxima lección, y termina orando por los alumnos.

Es preciso que el maestro de una clase en la escuela bíblica dominical estime esa labor como cosa importante, seria y digna de mucha preparación y tiempo. El maestro lego debe, por regla general, dedicar un promedio de una hora diaria al estudio de la lección para el próximo domingo. Sea el método lo que fuere, el pastor sí debe asegurarse de que lo que se enseña en la escuela dominical es bíblico, conforme a lo que la iglesia cree.

También ha de hacer lo posible para que cada maestro y funcionario de la escuela sea eficiente, sabiendo enseñar, a la vez que comprende también la materia que enseña. Por lo menos una o dos veces al año, conviene que el pastor dé un corto mensaje a todos los alumnos de la escuela dominical, tal vez convidando a cualquiera que no lo haya hecho antes, a recibir a Jesucristo en su corazón. Si la escuela no esta produciendo nuevos miembros para la iglesia. no está cumpliendo con su propósito principal.

C. El pastor y las sociedades juveniles

Después de tener la iglesia funcionando bien y la escuela de la iglesia también haciendo su parte, por regla general los jóvenes empiezan a querer tener una organización, sociedad o reuniones aparte. Hay organizaciones de jóvenes denominacionales, como la "Unión Bautista de Jóvenes", o la "Liga Epworth" de los Metodistas; y las "Sociedades de Esfuerzo Cristiano" que son interdenominacionales.

En iglesias grandes con un centenar o más de jóvenes, se acostumbran a tener más de una sociedad de jóvenes, divididos según su edad.

En algunas iglesias el pastor con la junta directiva suelen dominar la juventud con mucho rigor, hasta estrangular toda iniciativa y originalidad entre ellos. En otras asambleas la junta ni se preocupa de ellos. Cuando rige la primera actitud los jóvenes aprenden por la experiencia que no vale la pena proponer algo a la iglesia ni pedirles alguna cosa porque la contestación casi segura será una negativa.

En el segundo caso ni se molestan en pedir permiso sino que hacen lo que quieren. Cuando un pastor encuentra cualquiera de estos dos extremos en la iglesia, él debe servir de intermediario entre los jóvenes y la junta para lograr una relación más sana entre ellos.

Si los jóvenes son de menos de los 16 ó 17 años en su mayoría, es razonable que haya un consejero adulto, o acaso un matrimonio, quien sea nombrado o elegido para el puesto. Es mejor cuando los mismos jóvenes tienen voz en tal nombramiento ad-referéndum, puesto que debe ser aprobado posteriormente por la junta, la sesión, o los ancianos, según los estatutos de la iglesia. Tal consejero debe ser un cristiano espiritual y estable, pero a la vez uno que ama la juventud y la comprende. No ha de ser un policía sino consejero.

El pastor que sabe congeniarse con los jóvenes y sin embargo usa su simpatía con ellos para llevarles a Cristo tendrá éxito en su ministerio. Hay que recordar que los años de 12 a 17, más o menos, son los años de grandes dudas y de gran fe, de inestabilidad y de gran promesa, de ellos no comprenderse a sí mismos ni a otros pero es a la vez el tiempo del mayor progreso intelectual. En ese tiempo los jóvenes son más impresionables, y más aptos de reconocer su necesidad de un Salvador, Señor y Guía en sus vidas. Muchas más personas son ganadas para Cristo en esos años que en cualquier otra época de la vida.

Ciertamente es preciso tener mucha paciencia con ellos, pero si pudiéramos traer a la memoria los conflictos interiores que nosotros mismos sostuvimos durante esos años, conduciría al ejercicio de una larga paciencia con ellos. Hay que ganarles para Cristo y luego enseñarles a orar, a tener amor para el estudio de la Palabra de Dios, y cómo saber la voluntad de Dios para ellos individualmente. Si hacemos eso, el Espíritu Santo edificará en sus vidas un muro de protección contra los peligros que acosan a la juventud hoy día.

Se puede hablarles acerca de los vicios, narcóticos, inmoralidades, diversiones dañinas, los límites legítimos en su trato con el otro sexo los hombres sin escrúpulos que viven de los negocios que esclavizan a los jóvenes "inocentes", etc. Pero si no les enseñamos a amar a Jesucristo y les conducimos al reconocimiento de que Él es su Dueño, a Quien pertenecen sus vidas, no han de estimarse a sí mismos debidamente, ni guardarse puros para su Salvador.

En su relación con las sociedades juveniles el pastor debe hacerles sentir que él es su amigo, que está a sus órdenes siempre para sus consultas, y que con gusto les ha de acompañar en sus reuniones y platicas con ellos cuando ellos así lo desean. Sin embargo ha de manifestar su confianza en ellos y nunca permitir que tengan sospecha que les está espiando con el fin de poder criticarles a cada paso.

También debe defenderles cuando sea posible, en buena conciencia, aun deseando ver a los jóvenes representados en la junta administrativa de la iglesia. De vez en cuando la sociedad de jóvenes puede encargarse del culto del domingo por la noche, varios de ellos cantando, testificando, orando, leyendo la Palabra, etc. Si es necesario el pastor puede dar también un corto mensaje, pero con el tiempo ellos mismos podrán hacerse cargo de todo el culto.

D. El pastor y la sociedad de damas

Otro grupo en la iglesia que se forma al crecer la congregación es la sociedad de damas, a veces llamado el "auxilio", o "sociedad de Dorcas", etc. Se forma de todas las mujeres de la congregación que desean participar. Como en todo departamento de la iglesia la mesa directiva de la sociedad debe ser constituida sólo por miembros de la asamblea que están en plena comunión, eso es, que no estén bajo disciplina. Es costumbre que las hermanas se reúna alguna tarde de la semana, organizadas con su presidenta, vicepresidenta, secretaria y tesorera, las cuales funcionan como corresponde a esos oficios.

En algunas sociedades las hermanas sólo estudian la Biblia con una maestra. Muchas agregan a eso cierto cuidado de las personas enfermas y de las visitas a personas que recién se han ausentado de los cultos, etc. Otras también leen cartas de misioneros nacionales y extranjeros, y dedican fondos para la obra misionera.

También muchos "auxilios" se ocupan de coser ropa, edredones, etc., para los pobres o para los niños en las escuelas misioneras entre los indígenas, etc.

La sociedad de damas en una iglesia puede ser un constante dolor de cabeza para el pastor, o un verdadero auxilio en la obra. Si degenera a una reunión de chismografía, de denigrar la buena reputación de la esposa del pastor o algo por el estilo, naturalmente no hay bendición ni beneficio espiritual.

Según Filipenses 4:2-3 vemos que no es cosa nueva que hayan dificultades entre dos hermanas activas en la obra de la iglesia, y también que el pastor tiene, si la quiere o no una responsabilidad hacia ellas para ayudarles a estar en paz. No es bueno que el pastor esté presente en cada reunión de las damas; que deje eso para su señora. Sin embargo debe ir cuando le extienden una invitación, y tener una palabra de aprecio y estimulo para ellas.

Por el informe de la sociedad a la reunión trimestral de la congregación sabrá del progreso y actividades de ella, y en su oración pastoral los domingos puede recordarles delante del trono de gracia.

Debe ser patente que, en la hora de la reunión de la sociedad de damas, el pastor que tiene familia, con niños pequeños, sienta su responsabilidad de estar en casa y cuidar a los pequeños mientras su señora vaya a la reunión. Hacer esto no es una bajeza ni una nobleza, sino un deber humano y cristiano. En tiempo de una convención de damas será mayor esa responsabilidad.

E. El pastor y las reuniones sociales

Las costumbres acerca de tiempos de expansión social varían mucho entre una iglesia y otra. Algunas tienen la costumbre de celebrar un "picnic" o fiesta campestre una vez al año, en un día de fiesta nacional, cuando todos pueden participar. Si se hace en nombre de la escuela dominical o el de la iglesia, eso no importa.

Otros no sólo hacen eso sino que tienen una reunión social-devocional al despedir a un pastor y recibir a otro, o una vez. cada trimestre, etc. En ciertos campos, donde varias familias tienen que venir desde una distancia considerable, los miembros suelen llevar consigo la comida del medio día, la preparan al salir del culto y todos almuerzan juntos, celebrando otro culto o clase bíblica por la tarde y luego regresan a sus casas antes del oscurecer para ordeñar las vacas y atender a sus animales. Eso es práctico en los campos, pero no es fácil en las ciudades. Sin embargo ciertas iglesias urbanas si tienen una comida juntos, por la noche, una vez al mes, dedicando esa noche a las misiones, o algo semejante.

En estas reuniones el pastor ha de gozarse lo mismo que cualquier miembro de la congregación. Cuando es propio hacerlo, se termine la reunión social con un himno y luego un corto mensaje apropiado por el pastor y se despide con oración. La comunión hermanable es preciosa, y no se debe criticar a nadie por gozarse, sino regocijarse con los que se regocijan. Sólo que no se entregue con demasía a lo social a expensas de lo espiritual.

Las diferentes clases en la escuela dominical, la sociedad de jóvenes y la sociedad de damas también pueden tener sus reuniones sociales de diversiones limpias, de manera que todos pueden considerar la iglesia como su verdadero ambiente en toda fase de la vida.

F. El pastor y los funcionarios de la iglesia

1. Director del canto. En aquellas iglesias donde hay un director de canto, el pastor tiene mucha necesidad de una cooperación estrecha con él todas las semanas. Juntos deben planear cada culto con anticipación, dando al director tiempo para ensayar los himnos con el coro, preparar música especial de acuerdo con el tema del sermón, etc.

Los músicos tienen fama de ser muy emocionales y difíciles de congeniarse con otros, pero multitudes de músicos evangélicos desmienten ese juicio. Debe haber respeto mutuo y el uno consultar al otro. Una vez nombrado el director, el pastor debe respetar su puesto y no hacer él mismo lo que corresponde al director sin aun consultarle.

2. Los diáconos y diaconisas. Naturalmente estos funcionarios han de trabajar en estrecha unión con el pastor. Tendrán su organización interna, uno de los diáconos siendo responsable para el mantenimiento de la propiedad y del templo. El pastor convendrá con él acerca de los deberes del conserje, cuándo deben abrirse las ventanas para que el aire en el auditorio esté fresco para el culto, a fin de que los oyentes no duerman durante el sermón, etc.

Otro diácono será encargado de las visitas a los pobres y necesitados. Con él el pastor se entenderá acerca de lo observado en sus propias visitas. Y si alguno viene al pastor pidiendo una ayuda material, es justo que éste le envíe al diácono responsable. Otro se ocupará de las ofrendas, etc.

El pastor debe enseñarles a los diáconos sus funciones, si ellos no saben. Puede reunirse con ellos para discutir mejores métodos pare recoger las ofrendas, de hacer visitas, etc., etc.

3. Los ancianos. Aquí es donde más unidos deben trabajar con el pastor. Si se ha establecido una hora especial cuando se reúnen para orar y consultar juntos sobre las cosas espirituales en la iglesia, todos deben ser fieles a esa reunión. Cada culto de la semana ha de ser objeto de oración por los ancianos. Si es el pastor que ha de predicar, que ellos sostengan sus manos en oración; si es uno de ellos, que el pastor y los otros ancianos se unan con él rogando a Dios que presencie el culto. Todo descarriado, toda persona espiritualmente enferma, recibe la atención de ellos en su reunión. Cada departamento de la iglesia es recordado delante del trono de la gracia.

El pastor que no aprecia ese compañerismo con los ancianos está rechazando una bendición y estorbando en tanto la obra del Espíritu Santo en esa iglesia. Por cierto donde la congregación es todavía pequeña, y no hay más ancianos que el pastor, no es posible hacer todo esto oficialmente.

Pero sí puede convidar a los más espirituales a orar a favor de los detalles de la obra y de cooperar en la visitación, etc. Esto se debe hacer sin ostentación, ni aparentando acepción de personas, ni amistades de preferencia, sino con franqueza reconociendo a los "más espirituales" según Gálatas 6:1-2. A la vez que esté alerta el pastor para la crítica y que tenga cuidado de apartarse de toda apariencia de maldad.

Conviene aquí una exhortación que es también una repetición que tiene por propósito el enfatizar una verdad muy importante. En sus relaciones con las distintas organizaciones dentro de la iglesia, y con los diferentes funcionarios de ella, el pastor debe siempre cultivar un espíritu de compañerismo en la oración. No sólo que oren para él, no. Es que ha de inculcar en todos la importancia de la oración a favor de cada detalle de la obra, que es por la oración que se llevan a buen efecto los esfuerzos de cada departamento y cada obrero. Este siembra y aquel riega pero es Dios que da el crecimiento, más Dios obra por las oraciones de Su pueblo.

Dichoso el pastor que es llamado a una congregación donde los miembros ya saben lo que es el poder de la plegaria eficaz, y se ocupan en emplearla. Especialmente bendecido es aquel que pastorea donde la sociedad de damas es una "estación generadora" de potencia divina a favor de la iglesia local, de la evangelización y de las misiones foráneas.

Muchísimo más del éxito en la obra del Señor se debe a las oraciones de las hermanas en tales grupos que lo que es sabido o que jamás se sabrá en este mundo. También hay iglesias donde los hermanos se reúnen para orar con fervor para misiones y para la congregación y el que la dirige. El pastor que no sabe apreciar a tales miembros y su ministerio de intercesión, no tiene discernimiento espiritual.

Al mismo tiempo no quiere decir que es cosa de estar publicándolo, echándoles flores y elogiándoles por lo que hacen. Si son verdaderos intercesores, son espirituales y desinteresados, de manera que no desean esa clase de reconocimiento público. Pero sí conviene al pastor cultivar tal espíritu de oración hasta que tales grupos de intercesores crezcan constantemente por cuanto el Espíritu Santo está atrayendo a las almas sinceras a sus filas.

En la próxima lección continuaremos con el mismo tema con relación a las reuniones de la congregación para considerar los problemas y asuntos, como elecciones, etc. Aun con lo dicho arriba se ve que el pastor necesita ser un diplomático experto, que merece las oraciones constantes de cada miembro del rebaño.

Lección 18

Las reuniones de la junta y las de la iglesia

El Señor Jesucristo acostumbraba reunirse con Sus discípulos aparte de las gentes (Mr. 6:31-32). A solas quería hablarles de cosas especiales (Mr. 9:30-31). No teniendo propiedades ni aun donde reclinar Su cabeza, los problemas económicos eran limitados a lo de comer y de dar a los pobres, y el mismo Señor les enseñó a no afanarse por tales cosas, sino por las espirituales (Mt. 6). Sin embargo, parece que solía consultar con ellos acerca de la bolsa o tesorería común, y de la comida, y oía sus preguntas sin reproches (Mr. 9:28-29; 8:5, 14-21; Jn. 4:8, etc).

En esta lección en que estudiamos acerca del pastor y las sesiones o reuniones de la junta administrativa, mejor es reconocer que se habla muy poco acerca de este tema en el Nuevo Testamento. Vemos que dos veces habla en los Hechos acerca de toda la congregación de los hermanos en Jerusalén reuniéndose, en solemne asamblea, pero era para considerar asuntos doctrinales (caps. 11 y 15).

En el Capítulo 6 tuvieron elecciones para diáconos por causa de las murmuraciones contra los apóstoles que no tomaron el cuidado necesario para distribuir imparcialmente la ayuda para las viudas. No dice que fue una reunión oficial de todos los miembros pero se sobreentiende que fue así. El apóstol Pablo en Hechos 20 reunió a los ancianos de la Iglesia de Efeso en sesión extraordinaria y les habló de varios asuntos, haciéndoles ver sus responsabilidades para con la grey. De estos casos deducimos que es correcto y práctico tener reuniones de la junta y de la congregación periódicamente para resolver los asuntos de toda índole y repasar las condiciones o el estado de la congregación, espiritual y materialmente.

El reunirse para elegir funcionarios en la iglesia tiene base bíblica, y es una manera de resolver un problema y evitar cosas desagradables que dan origen al descontento y a la murmuración.

A. Las reuniones de la junta directiva

Es costumbre que este cuerpo esté constituido de los ancianos, diáconos, superintendente de la escuela dominical, un representante de los jóvenes (sea el presidente, el consejero o alguno elegido para ese puesto), y el pastor. A veces también incluye la presidenta de la sociedad de damas. Estos dos últimos, si no son diáconos o diaconisas elegidos, tendrá voz con o sin voto, en las reuniones, según el criterio de la iglesia. Sabiendo de esta manera los planes y propósitos de la iglesia, podrán cooperar con ella y coordinar todas las actividades hacia el mismo fin. Se reúnen cada mes, generalmente, y más a menudo cuando hay necesidad.

Cuando la iglesia es muy grande los ancianos se reúnen aparte, los diáconos aparte, los de la escuela dominical también, etc. En las congregaciones de dos o de tres mil miembros aun suelen elegir otro cuerpo que llaman regentes o administradores, que son los responsables delante del gobierno y la ley por las propiedades, sus títulos y su mantenimiento, etc.

La grande mayoría de las iglesias evangélicas no pasa de uno o dos ancianos además del pastor, y de dos a cuatro diáconos. Estos funcionarios deben ser elegidos cuando la iglesia haya crecido lo suficiente para necesitarlos, y que haya hermanos que llenen los requisitos bíblicos para los puestos.

La autoridad y responsabilidad de la junta varían mucho en las diferentes iglesias. Según la clase de gobierno en la iglesia, la junta decide todo menos la doctrina y el llamamiento del pastor; o no decide nada sino los negocios más rutinarios, recomendando a la iglesia las otras cosas. Algunas congregaciones votan a favor de lo recomendado por la junta, sin preguntar nada, mientras otras insisten en volver a discutir todo de tal manera que lo hecho por ellos no sirve sino para dar tiempo a los de la junta a orar y meditar más, así aclarando los puntos en disputa.

En todo caso el pastor ha de esperar de los miembros de la junta que tengan un interés sincero en todo lo concerniente a la obra, y que sean sus consejeros y colaboradores fieles. Tiene derecho de confiar en ellos en lo tocante a los problemas de la congregación, pero no debe revelarles lo que ciertos miembros le habrán dicho en confianza acerca de sí mismos.

Un gran peligro para algunos pastores es que se permiten llegar al extremo de no dar lugar a que otros en la junta tengan ideas contrarias a lo que él mismo piensa. Aquel que tenga tan alto concepto de su propia sabiduría, casi hasta la infalibilidad, que considera que cualquiera que no esté de completo acuerdo con sus ideas es un enemigo personal, y enseguida empieza a trabajar para su expulsión de la iglesia por cuanto no tiene paciencia, tolerancia ni admite que el otro pueda tener algo de razón, pues el tal pastor debe orar hasta vencer tal proceder o renunciar su pastoreo.

Está bien que el pastor tenga convicciones firmes acerca de lo que conviene a la obra, si es que ha orado y meditado debidamente, juzgando concienzudamente todo aspecto del problema. Pero eso no quiere decir que tiene derecho de imponer por fuerza sus ideas, obligando a la junta y a la iglesia a someterse si les parece bien a ellos o no la proposición. Conviene mejor plantear la idea en las mentes, y luego orar para regar la semilla sembrada, y esperar que de fruto. Si es de Dios, Él ha de poner el mismo peso sobre otros corazones y preparar las mentes para aceptar con entusiasmo lo propuesto.

Muchas veces, cuando el pastor sugiere alguna cosa nueva a la junta o a la congregación, pero no insiste en que le consideren en seguida, más tarde algún hermano se levanta y dice que le ha venido una idea y cree que la iglesia debe hacer esto y aquello: lo mismo que el pastor había sugerido. Los demás acogen la idea y con ánimo proponen y llevan a cabo la cosa, sin que nadie se acuerde que fue el pastor que primero lo pensó. El obrero que de veras ama al Señor y a Su iglesia se regocijará en que por fin se está cumpliendo, aunque otro recibe la gloria.

El pastor tiene un deber ineludible de amar a cada miembro de la junta y de la congregación, por más antipáticos que sean, y aunque tenga que orar mucho para poder amarles. El respetarles a los indignos y el hacerse íntimos amigos de ellos no son exigidos, pero el amarles en el Señor, sí.

No es siempre que el pastor preside todas las reuniones de la junta. A veces es otro anciano elegido por el grupo. Hay unas pocas iglesias en que los de la junta no quieren que el pastor intervenga en los asuntos del gobierno de la congregación, que ellos mismos harán todo lo necesario. Pocos son los pastores que aceptan esa condición de las cosas porque no les permite guiar al pueblo a nuevas actividades. Pero no es necesario que el pastor preside las reuniones donde son considerados "los negocios del Padre". Tal vez tendrá más libertad para hablar y proponer si no dirige la reunión. Por regla general, sin embargo, el pastor es elegido presidente.

Durante las sesiones de la junta conviene hacer uso escaso de las reglas de los procedimientos parlamentarios. Más bien se emplea la práctica de un comité o comisión, con informalidad y libertad, con tal que haya progreso en las discusiones y la consideración de problemas y temas.

Si de vez en cuando el que preside tiene que llamarles la atención al hecho de que se han desviado del asunto bajo consideración, eso es muy natural y no debe tomarse por cosa de trascendental importancia. Sin embargo conviene hacer una resolución definitiva acerca de cosas que requieren una decisión inmediata, con un voto que asegure el sentir de todos los miembros. Es muy correcto preguntar si hay objeción, o alguno que esté en contra, o palabras por el estilo.

Cuando el grupo es espiritual no debe haber muchas cosas decididas con una simple mayoría de votos, sino una búsqueda de la voluntad de Dios en la oración y meditación hasta que haya un mejor acuerdo.

Conviene que el secretario apunte las proposiciones en el libro de actas de la junta, libro dedicado a ese propósito. Por regla general tales actas son guardadas en ese libro para leerse en la próxima sesión, pero no leídas a la congregación a menos que haya una necesidad especial de leer una minuta particular. Sin embargo cualquier miembro debe tener derecho de leer las actas que le interesan. Por esa razón no se recomienda al secretario que anote el nombre del miembro que la secunda, sino solamente que fue propuesta y secundada, y si ganó por mayoría de votos o perdió por falta de mayoría. Así se evita sentimientos personales innecesarios. Es contrario a la práctica en el comercio, la política y la sociedad, pero ¿qué importa eso si conduce a la paz?

B. Las reuniones de la congregación para considerar "los negocios del Padre"

Mucho de lo dicho arriba se aplica a las reuniones de la congregación, pero hay otras consideraciones además. En primer lugar las reuniones de este estilo han de ser anunciadas desde el púlpito con bastante anticipación, aclarando que concierne reunirse sólo a los miembros de esa iglesia.

Al llegar la hora, primero se averigua el número de miembros que están en plena comunión según el registro de la iglesia, y luego el número de ellos que están presentes. Entonces se hace el cálculo a ver si hay un quórum, eso es, el número necesario según la constitución o reglamento de la iglesia para poder tomar acuerdos, o sea, celebrar la asamblea oficial.

La congregación se reúne así, por costumbre, una vez cada trimestre, o una vez en seis meses, o una vez al año, a menos que haya una necesidad urgente como el llamamiento de un nuevo pastor. Cuando el consistorio o junta administrativa hace las decisiones como en el gobierno presbiteriano, no hay necesidad de tantas reuniones de la iglesia entera. Pero aun en iglesias del orden episcopal suelen reunirse una vez al año para recibir los informes de los funcionarios y departamentos de la iglesia, y oír los planes para el nuevo año.

Muchas veces las iglesias celebran esta reunión anual con una cena y la hacen un tiempo de gran regocijo en comunión hermanable, gozándose todos en el progreso y en lo que el Señor ha hecho por la iglesia. Unos testimonios de nuevos miembros es una parte lógica en esta reunión, junto con los de algunos de los funcionarios, además de sus informes de la obra.

El pastor tiene que hacer mucha preparación para esta reunión. La agenda, orden de la reunión, o lista de actividades debe estar cuidadosamente preparada de antemano; cada uno de los que van a presentar un informe debe tenerlo escrito con anticipación con una copia para el secretario o el pastor; su propio mensaje requiere mucha meditación, si ha de decir que la obra va en progreso y todo está bien, o si va menguando y hay que despertarse, o arrepentirse, o hacer algo que no se ha cumplido porque es su deber.

Si el cuerpo de la iglesia está enfermo, el pastor es el médico espiritual para dar su diagnosis y prescribir el remedio. Ojalá que la enfermedad no sea seria ni fatal. Pero no es un tiempo de ser excesivamente optimista, pretendiendo que todo está bien cuando no lo está en verdad. Si el pastor quiere aparentar una condición robusta de la obra, creyendo que así él quedará más seguro en su puesto por otro año, tiene la vista muy corta y además manifiesta que ama más a su propia comodidad que a la Iglesia del Dios vivo. Debe ser sincero y franco, admitiendo las pérdidas y enumerando las ganancias y dejando los resultados al Señor.

Otra gran responsabilidad del pastor en la reunión anual es la de delinear un plan para que la iglesia siga durante el nuevo año, un conjunto de actividades espirituales y también prácticas, que conducirá a nuevos triunfos y crecimiento.

Es la práctica de algunas iglesias leer con cuidado la constitución o pacto de la iglesia en la reunión anual, y hacer que los miembros se pongan de pie en señal de que quieren renovar el pacto para otro año. Si no se suele hacer esto formalmente, el pastor puede decir algo por el estilo en su mensaje y pedir que todos se pongan de pie para una oración de consagración a la tarea que está por delante.

C. La ley parlamentaria

En las librerías evangélicas se venden diferentes libritos que dan un buen resumen de las leyes o reglas parlamentarias que se recomiendan para el uso de las iglesias. Un librito muy bueno, preparado por el Rdo. Harold F. Tuggy de Publicaciones Mensaje de Vida, Las Delicias, Caripe, Edo. Monagus, Venezuela, se llama: *Manual de ley parlamentaria.* Otro es: *Prontuario de procedimientos parlamentarios* por el Dr. H. Money, del Perú. Hay otros también, algunos más y otros menos prácticos para una iglesia.

Conviene al pastor no sólo saber las reglas parlamentarias, sino también enseñarlas a la congregación poco a poco en ocasiones oportunas. El peligro que se presenta, una vez que la mayoría comprendan cómo proceder, es el olvidarse de que las reglas parlamentarias son siervas y no dueñas; existen para facilitar el llevar a cabo más rápida y fielmente los propósitos de la asamblea, no para estorbar. Deben servir y no ser servidos. Se ha reunido, no para observar las leyes parlamentarias, sino para resolver problemas, considerar informes, hacer proposiciones, etc., y se observan las reglas por cuanto es la mejor manera ordenada de cumplir con lo deseado. Conduce a la justicia en el trato de todos los miembros, y a la mayor exactitud en contar los votos y decisiones.

Siendo una iglesia una asamblea de hermanos en Cristo que se aman los unos a los otros, no debe haber sospecha de los motivos de nadie. Solamente en casos raros de desorden o disputas serias debe el pastor demandar el uso de reglas parlamentarias en todo rigor. Generalmente cuando las cosas llegan a ese extremo la dificultad es espiritual y no se resuelve por medio de procederes parlamentarios, sino por el arrepentimiento y la confesión.

Por ejemplo, las reglas parlamentarias dicen que el miembro que desea proponer algo a la asamblea debe ponerse de pie y dirigirse a aquel que preside la reunión, diciendo: "Señor Presidente". Ahora bien, si en la reunión un hermano dice: "Señor Pastor" en vez de "Señor Presidente", es de ninguna importancia, ni debe causar el menor comentario o corrección por cuanto no es impropio.

Otro caso semejante es la regla que dice que en el voto sobre cada proposición el presidente ha de pedir el voto afirmativo, luego el voto negativo (o sea, a favor y en contra de la proposición) y entonces anunciar el resultado. Es buena la regla, pero cuando hay confianza entre todos, y a pedir el voto a favor casi toda la asamblea responde con entusiasmo, y la discusión puso de manifiesto que nadie tenía objeción seria a lo propuesto, pues ¿por qué obligar al presidente a seguir con la formalidad de pedir el voto contrario y anunciar lo que todos ya saben?

Pero es mejor que el presidente se acostumbre a seguir la regla, especialmente cuando es una cosa importante lo que está bajo consideración por cuanto puede haber un miembro cuya conciencia le obliga a manifestar su desacuerdo con la proposición. Da pena al presidente que un miembro le llama la atención a su omisión por razón de que todos no estaban a favor como daba a entender.

El Rdo. Tuggy sugiere el siguiente como el orden para la consideración de todos los asuntos:

Orden de las sesiones

El orden de las sesiones es el programa que reglamenta el orden en que se tratan los asuntos en las sesiones. Se divide en dos partes principales, el despacho, y el orden del día. Es como sigue:

1. Apertura de la sesión. (Constatado el quórum, el presidente declara abierta la sesión).

Despacho

2. Lectura del acta anterior y su aprobación.
3. Informe del tesorero.
4. Asuntos surgidos del acta. (Note: Algunos asuntos surgidos del acta no requieren mayor consideración y se puedan resolver rápidamente como parte del despacho. Otros asuntos que requieren mayor consideración deben pasarse al orden del día).
5. Informes de comisiones, su consideración y aprobación: (a) de comisiones permanentes. (b) de comisiones especiales.

6. Correspondencia. (Note: como en los asuntos surgidos del acta, algunos asuntos que surgen de la correspondencia son de carácter rutinario y se pueden disponer en el despacho; otros asuntos requieren más consideración y deben pasarse al orden del día).

El orden del día

7. La consideración de asuntos no terminados.
(Asuntos surgidos del contenido del acta, de informes de comisiones, y de la correspondencia que requieren detenida consideración y por tanto se pasaron al orden del día).
8. La consideración de proposiciones nuevas.
(También se llama "puntos varios").
9. Fijar el tiempo (y lugar) de la próxima sesión.
10. Levantar la sesión.

Lo citado arriba es la manera correcta de proceder, aunque se puede variar un poco sin dificultad. Tiene la ventaja de no dejar pasar por alto asuntos que han quedado pendientes, y abre la puerta para cosas nuevas. Cuando hay que celebrar elecciones, naturalmente caben en el número 8.

Sin tomar lugar aquí para enseñar más acerca de la ley parlamentaria, la cual pudiera ocupar varias lecciones enteras, sería bueno sólo comentar dos cosas. A veces estas no son mencionadas en los manuales de la ley parlamentaria, pero conducen a una justicia a veces ausente en la discusión de una proposición muy debatida.

Cuando la moción o proposición esta propuesta, secundada y planteada, y empieza la discusión con varios hermanos deseosos de hablar y pidiendo a una vez el derecho (o privilegio) de la palabra, el presidente debe reconocer primero uno a favor de la proposición y luego uno que desea hablar en contra de ella, y así alternativamente. Esta práctica es justa y equitativa, y evita que el presidente o pastor sea criticado de ser partidario y de dar la ventaja a los de su propio modo de pensar.

Otro proceder que priva a uno o a unos pocos de dominar una discusión como queriendo imponer su voluntad sobre toda la asamblea, es que se puede limitar el tiempo que un miembro puede hablar en la discusión. Si es cosa muy importante se puede permitir que un miembro hable dos veces, no más, y por diez minutos cada vez. Eso es bastante, bajo circunstancias ordinarias. Algunos optan por simplemente "limitar el debate" sobre la proposición a cierto tiempo, como, por ejemplo, media hora. Todas estas limitaciones deben ser aprobadas por la mayoría de la asamblea. Es permitido al presidente sugerir que se fijen límites cuando cree que así será mejor servida la asamblea. En raros casos es mejor no fijar límites.

Siempre hay la posibilidad de aplazar la consideración del asunto hasta la próxima sesión.

También se encuentra en ciertos lugares un sentir que el pastor ha de tomar en consideración: que cuando una proposición es discutida a la satisfacción de todos y es votada y aprobada, piensan que ya se ha hecho lo necesario y tienen el asunto por terminado, aunque la decisión fue a favor de que toda la iglesia hiciera algo. Pero si se deja "en el aire" o sin un voto definitivo la primera vez que es discutida, entonces los miembros van a casa con la decisión pendiente en sus mentes. Meditan sobre lo bueno, práctico y deseable que es, y conferencian con los otros hermanos. De esta manera se ponen de acuerdo no solo en aprobar sino en llevar a cabo lo propuesto. Esto no es extraño porque no todos reaccionan tan rápidamente como otros. Necesitan tiempo para la meditación y el juzgar los méritos de una proposición o idea nueva.

Con otro comentario podemos terminar este tema. La manera más común de proceder con la elección de un funcionario en la iglesia es por medio de primero un miembro nombrar (o proponer el nombramiento de) un candidato. Otro miembro puede pedir la palabra y sugerir el nombre de otra persona para el puesto. Puede haber tres, cuatro o más candidatos. Entonces alguien propone que se cierre la lista de candidatos.

Si es aprobada, se procede a distribuir papeles (boletas) y cada miembro escribe en el papel el nombre del candidato nombrado que él cree más digno y apto para el oficio. Aquel que recibe mayoría absoluta de votos queda electo. Si entre varios ninguno recibió tal mayoría, se suele volver a votar con nuevas boletas para uno de los dos candidatos que recibieron el mayor número de votos en la primera votación. Esta es la costumbre, pero no tiene que ser indispensablemente así.

En las iglesias pequeñas donde los miembros no están tan acostumbrados a tanto reglamento, es permitido usar el método sencillo de repartir una papeleta a cada miembro para que escriba el nombre de la persona que quiere ver en el oficio, sin haber nombramientos ni candidaturas. En las iglesias numerosas hay ventaja en haber nombramientos primero.

En iglesias rurales muy pequeñas algunos tienen la práctica de hablar personalmente con los miembros sobre la necesidad de que algún hermano haga cierto trabajo, y preguntar su parecer. Si ve que casi todos piensan en el mismo hombre, se le nombra al puesto sin más preámbulo. Pero al crecer la obra hay que ser más democrático, si se quiere que todos los miembros participen en las actividades y responsabilidades de la iglesia.

Lección 19

La secretaría

El Señor Jesucristo sabía leer y escribir, pero no nos dejó un libro de Su propio puño y letra (Jn. 8:6, 8; Lc. 4:16). Inspiró a los evangelistas a escribir los nombres de los doce apóstoles, pero no los de los setenta mensajeros (Lc. 6:12-16; 9:1-6; 10:1-12). Varias mujeres fueron nombradas (Lc. 8:1-3). Aunque el Señor Jesús no usaba secretario, como lo hizo el apóstol Pablo, inspiró a los escritores de la Biblia y mandó expresamente al apóstol Juan a escribir lo que había visto, las cosas que son, y las que han de ser (Ap. 1:19; Ro. 16:22).

Es claro también que las iglesias cristianas del primer siglo usaban cartas para recomendar a los miembros que se trasladaban de una ciudad a otra (Ro. 16:1-2; 2 Co. 3:1). También llevaban listas o registros (1 Ti. 5:9).

La secretaría es requisito para poder cumplir con el mandato de hacer todo decentemente y con orden en la iglesia (1 Co. 14:40).

A. Los libros de la secretaría

Cuando una iglesia es pequeña es común que el secretario tenga un solo libro en que se anota todo, pero es más práctico tener tres o cuatro libros, o tres o cuatro divisiones en un solo libro. Este libro (o estos libros) ha de ser encuadernado, no de hojas sueltas. Tal vez en ciudades modernas sea costumbre ahora usar hojas sueltas para escribir todo en máquina. pero es más legal usar libro empastado y escribir a mano.

1. Registro documental. Algunas iglesias lo creen conveniente copiar todo documento perteneciente a la asamblea en un libro. Puede, como se dijo, ocupar una porción del libro de actas, o libro de la secretaría, o ser libro aparte. Ha de contener primero una copia del acta constitutiva de la iglesia, la constitución y reglamento de la iglesia; copia del documento de la propiedad que pertenece a la iglesia; cualquier contrato celebrado por escrito que hace la iglesia: con los pastores, para arrendar propiedades, etc.

Por cierto los documentos originales deben ser bien guardados en un archivo con llave y protegidos contra incendio. Son copiados en el libro para referencia y para sacar otros oficiales en caso de pérdida.

2. Registro de miembros. Este también puede ser libro aparte o ser una sección del libro de la secretaría. Cada miembro de la iglesia debe ser registrado, con los datos pertinentes: fecha en que fue recibido como miembro; si fue por profesión de fe, por bautismo o por transferencia de otra iglesia; fecha de nacimiento y su estado civil; cualquier puesto que ocupa en la iglesia como maestro en la escuela dominical, diácono, anciano etc. Si se traslada a otra iglesia o es disciplinado, o si muere, esto debe ser anotado. Así el secretario sabrá inmediatamente quiénes son miembros en plena comunión, si acaso piden carta de traslado o credencial de miembro.

3. Libro de crónicas. Lo mismo aquí que con los otros dos, puede ser libro aparte o escribir las crónicas entre las actas de las asambleas. Muchos lo prefieren así porque de esta manera tal libro forma una historia completa de la vida de la iglesia. Las crónicas de anotarse son: nacimientos, dedicación de niños; matrimonios, bautismos; recepción de nuevos miembros por carta, o por profesión de fe, por bautismo (o por confirmación); cultos y reuniones especiales; cambios de pastores; funerales, etc.

No hay que apuntar los datos secos, no más, si hay comentario instructivo e interesante que añadir, pero no debe incluirse opiniones personales que no tienen que ver con la iglesia. La verbosidad es de evitarse escrupulosamente.

4. El libro de actas. Aquí el secretario escribe las actas de las asambleas o reuniones para los asuntos o negocios de la iglesia. Siempre debe anotarse el lugar, la fecha y hora y quien preside la reunión, con el número de miembros presente. El secretario ha de sentarse cerca del presidente con una mesita, papel y lápiz. Apunta toda proposición exactamente como la dicte el miembro proponente. Si es un poco largo o si habla demasiado rápido, el secretario tiene derecho de interrumpir el proceso y pedirle que repita la moción, o que la escriba.

Generalmente el secretario hace sus anotaciones con lápiz y a la carrera, pero siempre con exactitud para poder sacarlo todo "en limpio" con fidelidad y copiarlo en el libro de actas. Ha de constar que la proposición tal fue propuesta, secundada y aprobada (o votada, o palabras del estilo) o rechazada (o que perdió la proposición por falta de mayoría de votos).

El presidente, una vez que una cosa haya sido propuesta y secundada, ha de plantear la proposición repitiéndola exactamente como fue dicha. Si no se acuerda de las expresiones correctamente, tiene derecho de pedir al secretario que la lea, y deben todos convenir en que está escrita como el proponente la quería.

En la discusión que sigue el planteamiento del tema el secretario no escribe nada a menos que haya alguna razón especial. Por cierto si hay una enmienda propuesta y secundada, eso hay que anotar con mucho cuidado, y es el secretario quien ayuda al presidente a estar al tanto de qué cuestión está bajo consideración y que ha de ser votada primero antes de seguir con otra consideración.

Por ejemplo, si hay una moción delante de la asamblea, y algún miembro propone una enmienda a ella, y la enmienda es secundada, y luego en la discusión se ve que la enmienda no es del agrado de la mayoría no se puede olvidarse de ella y votar sobre la proposición original, sino que es necesario votar sobre la enmienda primero. Si pierde ésta, entonces se procede al voto sobre la moción original. Si gana la enmienda, se vota sobre la proposición enmendada.

Si el secretario no tiene cuidado de estas cosas, el acta quedará incompleta, la falla será notada al leer el acta a la asamblea, y habrá necesidad de corregir la falta. El pastor y el secretario han de trabajar en completo acuerdo durante las sesiones, con mutuo respeto y consideración.

El pastor tiene la obligación de ver que los proponentes den tiempo al secretario de cumplir bien con su tarea. Y el secretario ha de cuidarse de no usurpar los derechos del presidente. Muchas veces en lugar de interrumpir la sesión o de susurrar al oído del presidente, el secretario debe escribirle una notita en un papel y entregárselo inadvertidamente.

Es un testimonio muy lamentable cuando aparenta una discordia o celos entre el secretario y el pastor. Que ambos estudien las reglas parlamentarias para que estén de acuerdo sobre los procedimientos correctos.

Es recomendable que el secretario escriba en el acta un corto resumen de los informes presentados por las comisiones (o comités) y los funcionarios. Si el informe es muy importante en todas sus partes, o si constituye una recomendación o proposición que requiere la consideración de la asamblea, el presidente o la iglesia ha de instruir al secretario a que incluya todo el informe en el acta.

Todo lo concerniente a una resolución o tema se suele incluir en un solo párrafo y cada párrafo es llamado una minuta. Todas las minutas de una sesión constituyen el acta de esa asamblea y el libro donde están escritas es el libro de las actas. Debe ser el orgullo del secretario tener tal libro siempre limpio al día y preparado para la inspección del pastor o de cualquier miembro de la iglesia.

Puede haber casos en que el libro de actas sirva como testimonio delante de las autoridades o en juicios dentro de la iglesia, de manera que no ha de descuidarlo ni dejarlo extraviar.

Recordamos lo dicho arriba, que si la iglesia se organiza bajo el convenio de que no usará más constitución, credo, ni documento semejante, fuera del Nuevo Testamento, entonces es muy importante que la primera acta en el libro aclare bien las condiciones y reglamentos de la organización, las resoluciones acerca del uso del Nuevo Testamento como regla y práctica, la interpretación de la Biblia en relación a la conducta de los miembros de esta iglesia, etc.

También la primera acta ha de incluir los nombres de cada miembro que forma la iglesia en su origen los "socios fundadores", pues, con alguna declaración de sus propósitos para constituirse en una iglesia. Sólo la primera acta ha de contener estos datos.

B. La correspondencia

En algunas asambleas eligen un secretario de correspondencia además del secretario de actas, pero en la práctica es de temerse que el trabajo es hecho por el pastor. No debe ser así. Es verdad que en muchos casos es más fácil y rápido para el pastor que él mismo conteste las cartas recibidas y que escriba las necesarias. Aunque sea más inconveniente para el pastor es mejor que el secretario cuide la correspondencia, asegurando de esta manera que haya por lo menos un miembro de la congregación que pueda hacerlo en caso de que el pastor no pueda.

Dos deberes del pastor son: el de enseñar a otros a responsabilizarse en la obra del Señor y el de compartir con ellos la responsabilidad.

Como hay hoy tantas organizaciones nacionales e internacionales, convenciones y asociaciones de iglesias, y varios grupos con un ministerio especial, es rara la iglesia urbana que no recibe constantemente peticiones para informes de varias clases. Muchas veces adjuntan hojas llenas de preguntas que desean que sean contestadas y devueltas a la organización que envió la carta. Es el secretario quien tiene los datos requeridos y él debe contestar dichas cartas, así ahorrando el tiempo del pastor.

Las iglesias que pertenecen a una convención o asociación deben rendir los informes anuales de costumbre, y el secretario es el que hace esto, juntamente con las cartas o credenciales que hay que entregar a los delegados a la convención o asamblea. En estos documentos es costumbre para el pastor refrendarlos además de la firma del secretario.

Otra responsabilidad que el secretario debe cumplir en unión con el pastor es la correspondencia con los miembros que se ausentan de la ciudad por largos días. Si son jóvenes que han ingresado en las fuerzas armadas de su patria, necesitan recordatorios, cartas que les haga recordar que pertenecen al cuerpo de Cristo. y que le interesa a la iglesia su condición y progreso espirituales. Tales comunicaciones deben incluir informes acerca de los cultos y reuniones especiales junto con un pequeño mensaje bíblico alentador, y que sean firmados por el pastor, el secretario, y aun, si quiere, todos o varios de los funcionarios de la iglesia. Y si el secretario puede entusiasmar a la sociedad de jóvenes también a escribir a los tales miembros ausentes, tanto mejor.

Si hay miembros que han ido a otras ciudades para ver si les conviene o no quedarse allá, el secretario debe haberles dado, al salir, su carta de "credencial de miembro", pero no olvidarles. Si no se sabe de ellos después de un tiempo, se les ha de escribir una carta amistosa, y seguir en comunicación con ellos hasta saber su decisión. Si decide permanecer en la nueva ciudad, conviene aconsejarles que pidan su "carta de transferencia" y se unan con la iglesia evangélica donde ahora tienen su residencia .

Es bueno pero no necesario que la iglesia tenga membretes y sobres impresos con el nombre de la iglesia, su dirección y teléfono (si lo tuviere), y tal vez las horas de los cultos principales. No es tan recomendable imprimir los nombres del pastor, secretario y demás funcionarios, porque entonces habrá que cambiar de membretes cada año. Pero si es iglesia grande y pudiente, no hay nada mal en tener por lo menos los nombres del pastor y, si desea, del secretario.

Algunas iglesias compran más bien un sello de caucho (goma) con el nombre y dirección de la iglesia, y pueden usarlo en las hojas de papel para la correspondencia y en los sobres. Es menos costoso y dura por varios años hasta que la iglesia crezca y pueda emplear membretes impresos.

En las iglesias evangélicas nunca ha sido la costumbre que el pastor cobre por oficiar en el bautismo, matrimonio o servicio fúnebre. De vez en cuando una pareja voluntariamente le dará al pastor alguna gratificación por haberles casado, y lo puede aceptar en buena conciencia pero no debe recibir ni debe aceptar nada en casos de bautismos. Sería contraproducente, dando la impresión de que cumplía con la ordenanza como haciendo un favor, por interés, en vez de hacerlo con gozo en obediencia a Cristo.

La iglesia debe comprar en las librerías evangélicas los certificados de bautismo en blanco, y el secretario los prepara pare la firma del pastor y los testigos. En cuanto a estos últimos, en algunas partes todavía los llaman padrinos, pero solo en el sentido de testigos. En relación a los certificados de matrimonio, a veces los compra la iglesia y a veces el pastor personalmente.

Unas librerías también venden en blanco la "credencial de miembro" y la "carta de transferencia", pero es también muy acostumbrado hacerlas el secretario al necesitarlas. Se considera que la carta credencial puede pedir cualquier miembro en plena comunión, siempre que se proponga viajar, y el secretario la puede expedir sin necesidad de un voto de la junta o de la iglesia. Pero para una carta de transferencia se requiere el voto del mismo cuerpo que le aceptó como miembro.

He aquí un ejemplo o modelo de cada una de estas cartas:

Iglesia Evangélica __________
Credencial de Miembro

Certifico que ____________________________ es miembro en plena comunión de la Iglesia Evangélica en ______________ . Como él se propone viajar por algún tiempo, se le da la presente para recomendarle al pueblo de Dios en cualquiera iglesia de Nuestro Señor y Salvador entre la que pueda estar durante su viaje.

Firma del Secretario
Fecha __________________________
Lugar __________________________

Sello de la iglesia

La credencial de miembro generalmente se renueva cada año cuando el miembro es vendedor ambulante o persona que suele estar de viaje. Si llega una persona a la iglesia presentando una carta credencial con fecha que data de más de un año, y pide participación en la Cena y consideraciones como hermano, no hay regla fija pero algunas iglesias se comunican con la iglesia que expidió la carta pidiendo informes más recientes.

También hay iglesias que no entregan una carta credencial a nadie sin voto del consistorio o junta, y en tal caso, inmediatamente antes de la firma, se escribe un renglón así: "por orden del consistorio". Entonces puede ser firmado por el presidente del consistorio, o por el secretario, como ordenan. El hermano continúa como miembro de la iglesia aunque tenga esta carta.

Iglesia Evangélica _____________
Carta de Transferencia

Certifico que ________________________ es miembro en plena comunión de la Iglesia Evangélica en ________________ , y a petición suya, se le concede la presente, recomendándole cariñosamente al amor fraternal de la Iglesia Evangélica en ____________________ o a cualquiera otra, y suplicando acuse de recibo.

Por orden de la iglesia (o consistorio).

Firma del secretario

Sello de la iglesia

Fecha __________________________
Lugar __________________________

Por cierto esta clase de carta se da sólo al miembro que se traslade a otra parte y desea cumplir con su deber uniéndose con una iglesia evangélica en la nueva ciudad. Sin embargo, se le considera miembro todavía de la iglesia de donde salió hasta recibir noticias de que ya ha ingresado como miembro en otro lugar.

Y cuando la iglesia recibe a un nuevo miembro por medio de una carta tal, el secretario debe avisar sin demora a la iglesia expedidora.

Cuando la iglesia envía uno o más de sus miembros como delegado a una asamblea, convención o presbiterio, se le entrega una carta de credencial de delegado en que consta que el hermano (o hermana) es nombrado o elegido por la junta (o por la iglesia) para representarla en la convención (o asamblea, etc.) que se reúne en los días del presente año; que tiene los derechos de delegado oficial para discutir, votar y en general representar a esta iglesia en los asuntos que trate esa entidad u organismo, etc. Debe ser firmado por el secretario y el pastor u otro anciano.

Al fin del curso, en el Apéndice "F" hay un acta supuesta, como ejemplo o indicación de como el secretario puede escribir el acta de una unión de los asuntos de la iglesia.

Lección 20

La tesorería

El Señor Jesucristo, durante la última semana de Su vida terrenal, Se interesó en lo que los judíos ofrendaban al Señor en el Templo. Elogió a la viuda que de su pobreza echó dos blancas en el arca (un poco menos de medio centavo), pero que en los santos ojos del Salvador valía más que las fuertes sumas que daban los ricos (Lc. 21:1-4).

Todavía ve cuanto da a Su obra cada cristiano (Hch. 5:1-11). Habló mucho en contra de la avaricia y la codicia, y decía que aquel que no dejaba de amar a sus posesiones no podía ser Su discípulo (Lc. 12:13-21; 16:14; Mr. 7:20-23; Mt. 5:28; 16:24-25; 19:29, etc.).

Al decir: "Dad a César lo que es de Cesar", nuestro Señor reconoció la responsabilidad del cristiano como ciudadano guardador de la ley. "Dad lo que es de Dios, a Dios", da a entender que el creyente tiene la responsabilidad ineludible de reconocer su obligación de dar a la obra de Dios una porción de sus entradas, semejante en principio al pago de los impuestos del gobierno.

El hecho de que el Señor escogió a Judas Iscariote y le tuvo entre Sus discípulos durante Su ministerio, aun sabiendo qué clase de hombre era, y que sustraía dinero defraudando las cuentas de la tesorería, hasta el extremo de poder comprarse una propiedad en Jerusalén con lo robado, no quiere decir que Jesucristo aprueba la deshonestidad, el engaño y el hurto (Jn. 12:6; Hch. 1:18 en donde la voz "campo" es el diminutivo en el original, significando "un lote de terreno", con o sin casa, una heredad). El engaño, la hipocresía era condenada por el Señor en términos enérgicos y claros (Mt 23:14, 23-28).

A. El pastor y el dinero

Al hacer la pregunta a un matrimonio veterano en la obra del Señor acerca de qué consejo se debe dar a los pastores por medio de este curso, la contestación fue: "diles que se cuiden de las mujeres y del dinero".

Lo propio y lo ajeno, en ambos casos, por cierto. Pueden llamarse ambos, la mujer y el dinero, cuando son propios, grande bendición cuando son dedicados al Señor; cuando son ajenos, son peligros que pueden arruinar o ser oportunidad para servir.

La manera en que un pastor administra sus propios fondos conducirá a que todos tengan en él mayor o menor confianza. Como dice San Pablo que el anciano debe gobernar bien su propia casa para así recibir la responsabilidad de administrar las cosas de la casa de Dios, esto incluye el dinero. Si no sabe el pastor vivir dentro de los límites económicos de sus entradas, sin contraer deudas y sumergirse en compromisos, no tendrá derecho de quejarse si es criticado y hasta mirado con sospecha.

Todos saben que es una tentación a un endeudado tener en las manos fondos ajenos que tiene que administrar, y por lo tanto el pastor necesita tener especial cuidado. Por más que sea el tesorero y los diáconos los responsables para manejar los fondos, el público considera al pastor la persona garantizadora. No puede el pastor excusarse ni evitar los resultados de su testimonio por el uso de su dinero diciendo que es asunto propio lo que él hace con lo suyo. Tal vez tenga algo de razón al creer que así debe ser, pero no toda la razón, ni tampoco es en realidad así. Mejor es aceptar el hecho y considerarlo una oportunidad de dar ejemplo, de enseñar y de glorificar al Señor (1 Ti. 4:12).

Uno de los testimonios peores, y que hace más daño a la causa de Cristo, es que un pastor evangélico en una aldea o en una ciudad, se valga de su posición para comprar fiado hasta contraer tantas deudas, que por fin la iglesia ya no puede tolerar más su mala fama y le pica su renuncia. Entonces sale del lugar sin pagar a sus acreedores, obligando a la iglesia a sufrir por su mala conducta.

Si lamentablemente se apropió para sí del dinero de la iglesia, no es suficiente decir que no tuvo intención de robar sino sólo de tomar prestado, cuando metió la mano a los fondos que le fueron confiados. Ni vale decir que esperaba pagar pronto cuando contrajo deudas en el comercio. Debía saber si podría pagar o no, o mejor pagar primero. Los juegos de azar son contrarios a la ley de Dios de que el hombre ha de vivir por el sudor de su frente. No cabe al pastor, entonces, esperar que la suerte le ha de sacar de los compromisos en que por descuido, o acaso por falta de honradez, ha contraído.

Tampoco es correcto que diga que confiaba en que Dios le iba a sacar de su apuro, cuando no era la voluntad del Señor que desobedeciera a Su palabra (Ro. 13:8). También afectará su predicación, si tiene por delante un número de acreedores a quienes no querrá ofender con exhortaciones animadas. Aun es posible que la misma congregación tendrá más gusto en sostener al pastor con un sueldo fijo y pagado prontamente cuando ve que es hombre fiel en los negocios personales no contrayendo deudas. Es difícil exagerar el efecto de un buen testimonio de parte del pastor en este respecto, o la mala influencia si no se somete con rigor a no gastar más de lo que recibe .

Tal vez será útil decir algo acerca de lo que quiere decir la frase: "vivir de acuerdo con los medios". Nadie tiene que saber mucha aritmética para comprender que si las salidas son más que las entradas, uno va a parar en la bancarrota. Pero hay más que eso envuelto en la frase. Quiere decir también para el pastor que ha de cuidar a su familia, hacer provisión para los suyos en cuanto a comida, ropa, casa, educación de los niños, y alguna prevención para casos de enfermedad, accidente y el futuro (1 Co. 9:14; 2 Co. 12:14; 1 Ti. 5:8).

También se requiere del pastor que sea hospitalario (lo que cuesta dinero naturalmente), ejemplo en caridad, etc.; por lo tanto en el manejo de su dinero el pastor debe tomar todo esto con consideración. Si ha decidido limitar tales donativos al diezmo o décima parte de sus entradas, o si han de ser ofrendas sobre el diezmo, es cosa que él y su señora deben convenir hacer, de manera que lo pueden hacer con gusto alegremente, agradando a Dios. Algunos se comprometen a ayudar en el sostén de misioneros nacionales, o a estudiantes, o a cosa por el estilo, para el empleo de su diezmo, y su caridad, hospitalidad, etc., como ofrendas extras, si acaso sea correcto usar la voz "extra" en relación a lo que demos al Señor.

Otro problema es cómo hacer para adquirir una casa, un carro, u otra cosa de mucho valor, no teniendo el precio en efectivo a la mano. No es prohibido al comerciante comprar mercancías con plazo fijo o a consignación o depósito. ¿No puede entonces el pastor comprar a plazos cosa mayor o menor? ¿Hace diferencia la suma? Pues, aunque cada uno tendrá que decidir estas cosas para sí mismo, y aplicar sus principios a la compra de una bicicleta o de un automóvil, hay ciertas prácticas que son legales, morales y de buen testimonio. No hay cuestión de que el comprar todo al contado no importa que sea, es la solución con menos pruebas. Pero a veces la obra del Señor parece demandar una cosa como equipo o bienes raíces, y el pastor ve que puede muy bien extenderse a tanto. Es pastor de una congregación donde muchos miembros tienen carros. Le parece que debe comprar un carro porque es necesario para cumplir mejor con su ministerio. Ora y medita el caso. También le conviene consultar con la junta o consistorio de la iglesia, como un hombre pide consejo a un amigo. Si hace la compra sin hacer tal consulta, abre la puerta a la crítica no importan las otras circunstancias.

La regla en el comercio es que uno no debe pagar más de lo que vale la cosa, un precio que pueda pedir y recibir si en seguida lo tuviera que vender. Entonces no debe usar y desgastar el vehículo tanto que rebaje su valor más de lo que todavía debe al vendedor. En otras palabras, no debe mirar la cantidad de capital que tiene invertido en el auto sino estar seguro de que puede siempre, en caso de necesidad, vender y pagar lo que todavía debe, o volver a entregarlo si no puede cancelar las cuotas en el tiempo convenido, sin que el vendedor pierda.

La misma ley debe regir en cuanto a casa o propiedad. Pero no es cristiano comprar a plazos un mueble, usarlo y devolverlo, habiendo hecho contrato para adquirirlo. El no cumplir con su palabra dada nunca es buen testimonio. El cristiano debe ser franco, honesto y cumplido en sus negocios.

En la vida es raro que un pastor no puede llegar a un acuerdo con la congregación acerca de su recompensa monetaria. Ellos saben cuanto cuestan vivir en ese lugar, y si no pueden pagar tal suma, debe haber un convenio acerca de la manera en que va a ganar el resto. Puede el pastor comprar y vender Biblias y libros buenos, pero esto no le da grandes ganancias cuando vive en el campo o en aldea, ni en ciudad grande si no sale a las calles gastando así el tiempo que debe emplear en la obra.

Algunas iglesias rurales tienen un terreno que el pastor puede cultivar. En algunas ciudades el pastor aumenta sus entradas vendiendo pólizas de seguros de vida, contra incendios, accidentes, etc. Pero siempre hay presente la tentación de buscar primeramente la ganancia, y no el reino de Dios. En las pruebas Dios no abandona a Su siervo; Él tiene muchos recursos y maneras de socorrer a los Suyos. "El pan nuestro de cada día, dánoslo hoy" es una oración que el Señor enseñó a Sus discípulos y todavía rige. Dios suplirá nuestras necesidades, no todo lo que se nos antoje comprar.

Hay pastores y esposas de pastores que son tan humanos como multitudes de personas, a quienes parece que les falta fuerza de voluntad para resistir la palabrería persuasiva de vendedores. Compran lo que no necesitan, ni que les sea útil, ni bonito, sólo porque es barato, una "ocasión única", etc., etc. Tales personas siempre se arrepienten después pero raras veces aprenden a no ser persuadidos la próxima vez. ¿Será por eso que muchas veces el Señor les permite estar con el bolsillo vacío al llegar el vendedor?

Un consejo más para terminar esta parte de la lección. Si acaso algún obrero se encuentra endeudado, sin saber qué hacer, y reconoce que no es persona apta para negocios, ni él ni su señora, aconsejamos que busque en la congregación un hombre que no sólo es espiritual sino que tiene sabiduría en las cosas prácticas. No será necesariamente el hermano más rico en la iglesia, especialmente si heredó sus riquezas, pero ha de ser una persona que ha probado su sentido común en manejar el dinero con éxito y honestidad. Habiendo orado y meditado bien el asunto y elegido el consejero, aconsejamos que el pastor, y su esposa si la tiene, vayan a tal hermano y con plena confianza, sin reservar ningún detalle, por más pena que le dé le explique su triste situación. Debe tener una lista completa de sus deudas y acreedores, con sus entradas y haberes. Luego debe darle tiempo para analizar la situación. Juntos, entonces, resolverán lo que se debe hacer. Si hay cosas que se puede vender sin causar daño a su vida diaria, esto se hará para pagar alguna deuda.

Entonces se convienen en el régimen de austeridad necesario para gastar lo mínimo en la vida diaria, sin perjudicar la salud: nada de ropa nueva hasta salir solvente otra vez; nada de cosas lujosas, entretenimientos, etc. Luego se ve cuanto habrá para pagar mensualmente a los acreedores, a cuáles se debe pagar primero, un poco a cada uno de aquellos a quienes se ha debido por más tiempo, etc.

Tal vez le ha de doler el régimen, pero hay que hacerlo si uno es honrado en su deseo de dar buen testimonio. Y aun si se cree tan falta de fuerza de voluntad de cumplir con este proceder drástico, debe pedir a su consejero que permita que, cada día de pago cuando recibe el obrero su sueldo, le traiga la suma convenida y que él pague las cuotas a los acreedores con las explicaciones necesarias. Entonces habrá buena conciencia para predicar con entusiasmo y pureza.

B. Vigilancia de los fondos de la iglesia

Dichoso el pastor de una iglesia cuyo tesorero no sólo es honesto sino que también comprende la teneduría de libros, y cuyos diáconos se encargan de veras de toda responsabilidad financiera en la obra. Si hay necesidad de avisar a los miembros de la escasez de fondos, son los diáconos que lo hacen y los exhortan a ser más generosos en sus ofrendas.

Sin embargo el pastor no puede escapar de su responsabilidad de predicar y enseñar las verdades bíblicas acerca de "la gracia de dar". Si el apóstol Pablo pudo escribir tanto acerca de las ofrendas como encontramos en sus epístolas, empleando tiempo y pensamientos en estimular a los hermanos a dar con gozo y liberalidad, ciertamente el predicador hoy no debe considerarlo un tema indigno de sus mejores talentos. Para evitar la mala fama del predicador pedigüeño o mendigón, no se debe ir al otro extremo y nunca decir nada acerca del hecho de que cada cristiano es un mayordomo, no dueño, de los bienes que maneja.

Todo pastor debe estudiar bien el asunto del diezmo y la relación del cristiano a dicha práctica de dar la décima parte de sus entradas netas a la obra del Señor. Si cree que era sencillamente una de las leyes del Mosaísmo nada más, su conocimiento es superficial e inadecuado.

Además del diezmo, otra decisión importante es la de si va a enseñar o no a su pueblo que ellos están obligados a entregar a la iglesia todo el diezmo, que la iglesia es el alfolí de Malaquías 3:10, o si ellos mismos pueden determinar ofrendar una parte directamente a otras causas dignas fuera de la obra de la iglesia a la cual pertenecen. Estas cosas son serias. Un esfuerzo celoso de importar el diezmo, y que sea enteramente para la iglesia, puede resultar en la pérdida de algunos buenos miembros que suelen participar en la obra de organizaciones como los Gedeones, las Sociedades Bíblicas, seminarios y escuelas, y colegios cristianos, etc.

Si les dice que su propia iglesia da una contribución anual a la Sociedad Bíblica, al seminario de la denominación, etc., de manera que no hay necesidad de que un miembro dé nada sino por vía de su propia iglesia, cuidado que no le conteste más o menos así: "¿Entonces somos todos como el siervo de una sola mina, que no sabemos negociar por nuestra cuenta, y por lo tanto debemos entregar al banco, la iglesia, que sabe mejor como invertirlo?" (Lc. 19:11-27; Dt. 14:27-29). Hay que reconocer que ninguna iglesia es infalible, y que en el Evangelio cada cristiano es primeramente responsable a Dios; que la iglesia no es Dios ni puede hacer las veces de Dios en las vidas de los individuos. La iglesia que demanda demasiado terminará por perder todo.

Hay varios libritos escritos sobre el tema de cómo sostener a una iglesia. A la mano tenemos seis, que son: *El plan de Dios*, por C. C. Campbell; *La mayordomía de la vida*, por Agar-Domínguez; *El dador alegre*, por Juan C. Varetto; *Manual de finanzas para iglesias*, por F. W. Patterson, *Manual de finanzas para iglesias evangélicas*, por Orestes Marotta; y *Las finanzas de las iglesias, cómo debe sostenerse la iglesia*, por H. Money y J. Ritchie. Ninguno de estos libritos cuesta gran cosa. Hablan del diezmo, algunos como ley de rigor, otros con mucha libertad; de la mayordomía, primero de la vida, después del tiempo y del dinero, o, como el último, del sistema metódico de presupuesto, promesas y cobros. Según el número de comerciantes acostumbrados a tales prácticas que haya en la congregación será acepto este último. Pero al fin y al cabo lo más depende de la espiritualidad de los miembros y su amor para el Señor, lo cual se manifiesta por medio de la ofrenda (2 Co. 8:8, etc.) .

Aquí no pretendemos ofrecer o recomendar ningún plan fácil, nuevo, acertado e inofensivo pare sostener a una iglesia, por cuanto no hay tal. Pero si declaramos que el pastor tiene la responsabilidad de enseñar a los miembros de la congregación a ser dadores alegres a la obra del Señor. No debe temer retar a los miembros a hacer prueba con el diezmar.

Puede proponerles que por espacio de unos meses o un año que den fielmente su diezmo al Señor, a ver si Él no les da gozo y deseo de continuar. Aunque no crean que la promesa de Malaquías 3:10 sea aplicable a cristianos por encontrarse en el Antiguo Testamento, que hagan, sin embargo, la prueba, como el Señor invite que lo hagan.

Nótese que el diezmo era costumbre antes de Moisés, y que la ley sólo lo confirmó que así sea. El diezmo ya pertenecía al Señor, pero regulaba su uso y demandaba ofrendas sobre la décima parte (Gn. 14:20; 28:22; Lv. 27:30; Nm. 18:21; Mt. 23:23; Lc. 11:42; 18:12; He. 7:4-9). Las reglas para las ofrendas y el modo correcto de pensar acerca de los bienes, según el Nuevo Testamento, se encuentran en el Sermón del Monte, los capítulos 8 y 9 de 2 Corintios, Filipenses 4, y muchos otros pasajes que sirven para textos de sermones; por ejemplo: 1 Corintios 4:7; 3:9; 4:2; 16:1-4; las parábolas de los talentos, las mines, los mayordomos, etc.

Se ve que el cristiano debe dar periódica, proporcional, y personalmente (1 Co. 16:1-2). Se da alegremente, según el Señor le ha prosperado, mucho o poco, y el diezmo es justamente eso mismo. En los capítulos 8 y 9 de 2 Corintios hay muchas instrucciones, como la necesidad de darse a sí mismo al Señor primero dar aun de su pobreza; tener pronta voluntad de dar; y que Dios calcula la ofrenda, no según lo dado, sino según cuánto ha guardado el dador para sí, etc.

El pastor también debe asegurarse de que las prácticas de los diáconos y el tesorero son tales que previenen toda acusación y sospecha de irregularidades. Haciendo las cosas honestas delante de los hombres tanto como delante de Dios, se requiere que por lo menos dos diáconos cuenten juntos cada ofrenda, y que anoten la suma antes de entregarla al tesorero.

Cuando los diáconos se reúnen antes de la reunión de la iglesia para recibir los informes, las entradas del tesorero deben ser comparadas con lo que apuntaron los diáconos, para constatar que nunca fueron menores que lo que ellos dijeron, aunque pudo ser más porque otros acaso añadieron su ofrenda después.

Antes de que el tesorero pague una cantidad debe tener la autorización de los diáconos u otras personas que la iglesia reconoce como autorizadas para ordenarlo. Entonces los diáconos deben confrontar las entradas con las salidas, los ingresos con los egresos, o el debe y el haber, como quieren llamarlo (las frases quieren decir lo mismo—lo recibido y lo gastado), y, tomando en cuenta el balance del mes anterior, calcular exactamente lo que debe estar en caja y averiguar que el efectivo en ella es justamente lo que los libros declaran.

Debe haber un recibo firmado por cada gasto como comprobante aun para los sueldos del pastor y del conserje. Cuando es factible, es mejor depositar las ofrendas en un banco, con ciertas personas nombradas por la junta o consistorio como firmantes: generalmente dos firmas en cada cheque, la del tesorero y la de un diácono, anciano o pastor ayudante.

Si la iglesia usa el sistema de presupuesto, promesas y cobros, envuelve mucho más trabajo para el tesorero, de manera que a veces la iglesia también nombra un "secretario de la tesorería" quien actúa como el contabilista o tenedor de libros. Cada miembro recibe un paquete de sobrecitos, usualmente sobres dobles una parte para el fondo general, eso es, los gastos de la iglesia local, y la otra mitad del sobre para misiones, o misiones y beneficencia.

Entonces llevan una cuenta para cada miembro en el libro mayor, poniendo en el "debe" lo que él prometió dar, y acreditándole (por el lado del "haber") lo que da cada semana en su sobrecito. Al fin del mes o del trimestre el tesorero le manda un estado de cuenta donde consta lo que prometió, lo que pagó, y la diferencia (o déficit).

Pero muchas iglesias no quieren usar tales métodos, y apuntan solamente el total de cada ofrenda, no por ser menos trabajo para el tesorero, sino para evitar toda apariencia de obligar o de dominar, permitiendo a cada miembro dar sin permitir que su mano izquierda sepa lo que hace la derecha, dando como al Señor y no a los hombres (Mt. 6:1-4).

Ambos métodos han dado resultados en el sostén de las iglesias, y hay aun congregaciones donde nunca pasan un platillo ni otra cosa para recolectar las ofrendas, sino que tienen una cajita o alcancía cerca de la puerta donde el que quiere echa su ofrenda para la obra del Señor.

El informe del tesorero a la iglesia debe incluir primero el total de las ofrendas durante el mes, juntamente con el promedio, si es que todos están interesados en ello. Es la mejor manera de comparar las ofrendas con otros años para saber como crecen. Se averigua el promedio por dividir el total entre el número de domingos que hubo en el mes, por ejemplo: siendo el total por un mes de cuatro domingos mil pesos, el promedio por el mes sería 250, eso es, 1.000, entre 4, ó 1.000 ÷ 4.

Al final del trimestre se resta del total de ofrendas el total de los gastos. La diferencia entre uno y otro es agregado, si las entradas son mayores, o restados si los gastos son más que las ofrendas, al balance en caja al principiar el mes. Este le da el efectivo en caja al fin del mes.

O, si el tesorero es tenedor de libros, tal vez dará primero el balance en caja el primero del mes; las entradas el total de efectivos; los gastos, y luego el balance al fin del mes. Debe tener a la mano o el libro de caja o algún comprobante para el detalle de los gastos y justificación por haber tenido autorización de pagarlos. Es buena costumbre para el tesorero pedir a aquel de los diáconos que fiscalizó las cuentas, que ponga su visto bueno al informe.

En el apéndice "G" se presenta un método sencillo para que el tesorero de una iglesia pequeña apunte las ofrendas y los gastos, con el balance en caja que puede calcularse cada mes o cada trimestre o cada año, según su deseo. Generalmente es gobernado por las reuniones de asuntos de la asamblea. En el borrador se hace cada trimestre. Al crecer la iglesia se debe tener además del libro de caja, un libro diario, un libro mayor, y un jornal. Pero en las congregaciones pequeñas suelen usar un solo libro con dos columnas tiradas a la margen derecha. En casos comerciales usan libros de caja con varias columnas, 12, 24, ó 50, etc., con uno para ingresos y otro para egresos.

No debe el tesorero de una iglesia pequeña utilizar un sistema complicado de contabilidad, sólo porque él sabe hacerlo. Con tal que sea un método adecuado baste. Entonces aquel que le reemplace en el puesto no tendrá mayor dificultad. Para aquel que no ha estudiado, el ser tenedor de libros no es difícil, pero para el neófito le parece muy enredado. Sin embargo debe haber suficiente contabilidad para probar la honradez en la obra. Los comprobantes rutinarios se archivan por un par de años y después se queman; los importantes por cinco años o para siempre si son contratos, títulos y documentos legales vigentes.

Otro problema serio en muchos países es saber a nombre de quién debe hacerse el documento legal del título de la propiedad de la iglesia, el lote y el edificio del templo. Una vez que es propio de la iglesia ella debe tener personería jurídica, la cual le da posesión de la propiedad, pero no es siempre fácil conseguir tal estado. Si se hace el título en nombre de algunos hermanos, no debe ser de menos de tres, mejor cinco, y con algún convenio por escrito que hace provisión para que, en caso de muerte o alejamiento de uno de ellos, pase legalmente sus derechos a otro hermano elegido por la asamblea o junta. Se sobrentiende que no debe permitir que un solo hombre aparezca como dueño legal de la propiedad de la iglesia. Si la denominación tiene en su nombre la propiedad, ha de ser porque tiene personería jurídica. En el Apéndice "H" se presenta un documento propuesto como método legal para una iglesia independiente procurarse personería jurídica, así capacitándose para actuar como entidad ante la ley como dueño, con derechos de perpetuarse, sin que los hijos herederos tengan derecho de apropiarse las propiedades de la iglesia sólo por cuanto el nombre del padre apareció en el título de propiedad.

El documento en el Apéndice "H" ha sido aprobado por abogados titulados de experiencia, pero necesitará adaptaciones a las leyes de las distintas repúblicas, o será completamente inadecuado en algunos países. La experiencia ha probado la necesidad de que las iglesias tengan sumo cuidado de ver que el título de propiedad para su capilla o templo esté correctamente expedido y registrado, aunque cueste dinero. Aun recibiendo la propiedad como donación, ha de insistir en registrar el título legalmente. El pastor no debe aceptar que él mismo salga como dueño, por razones que deben ser obvias.

Lección 21

El pastor, las misiones y las asociaciones

El Señor Jesucristo oró para que Sus discípulos fuesen uno, y les mandó ir a todas las naciones con el Evangelio (Jn. 17:11; Mt. 28:18-19: Hch. 1:8). Enseñó que Dios amó al mundo tanto que envió a Su Hijo para obrar la salvación de todo aquel que creyere, sin importar su raza, color o lengua (Jn. 3:16). Dijo que el Evangelio había de ser predicado, en todo el mundo (Mt. 26:13; 24:14: Lc. 24:47).

No dijo que el mundo les invitaba, ni que sabían de su necesidad del Evangelio, sino que les indicaba que serían perseguidos, aun a veces hasta la muerte, y sin embargo les envió a todas partes con el mensaje (Mr. 16:15). Habían de empezar en Jerusalén, después de Pentecostés, e ir a lo último de la tierra (Hch. 1:8). El mismo espíritu de sacrificio que cobró en Cristo había de ser la actitud de cada mensajero (Jn. 20:21). La llamada y la comisión son personales (Jn. 21:22), pero se requiere el amor y la cooperación para que el mundo se de cuenta de que es obra de Dios (Jn. 17:20-21).

A. El pastor, la iglesia y las misiones

No hablamos aquí de las misiones o misioneros del extranjero, sino de la obra de la iglesia local en llevar el evangelio a todo el mundo empezando en la misma ciudad donde está ubicada, entonces a los campos, los estados o provincias de todo el país, y luego a lugares remotos. Su visión e interés debe incluir a todo el mundo.

Muchos dirán que la iglesia es todavía pequeña, que apenas puede medio sostener a su pastor, que ni hay tiempo para evangelizar porque la obra local necesita todo su cuidado etc., etc. Algunos sinceramente preguntarán: ¿Y cuándo debe una iglesia estar primero satisfecha de lo que hace en sostenerse a sí misma en el pago del pastor, conserje, su propia capilla. etc., para poder empezar a pensar en otras obras, misiones, etc.?

Es responsabilidad del pastor convencerse acerca de la parte de las misiones en la iglesia donde sirve. En primer lugar no hay escape de las palabras de Cristo y de Sus apóstoles acerca del mandamiento de hacer llegar las Buenas Nuevas a cada criatura. En segundo lugar es una ley espiritual que rige para una iglesia tanto como para el cristiano individual, que aquel que piensa siempre de sí mismo, que mire solamente para adentro y quiere todo para sí, va rápido hacia la muerte espiritual (Pr.

11:24; Mt. 6:33; Lc. 14:25-33, etc.). Antes de formarse la iglesia debe ser entendido que su razón de ser es la evangelización del vecindario y del mundo, que se hace iglesia con el fin de promover la vida espiritual y el amor fraternal entre los miembros, etc., pero con el propósito de que sea una buena base y campo de entrenamiento de donde saldrán los "soldados de la cruz" a otras partes para formar allá grupos, asambleas de creyentes en Cristo. Sin esa meta no es iglesia de Cristo en todo el sentido de la palabra.

Dios el Padre amó de tal manera al mundo que envió a Su Hijo unigénito para salvar al mundo. El Hijo amó tanto al mundo que vino desde el cielo con el propósito de morir por nuestros pecados y redimirnos y reconciliarnos con Dios. En Romanos 5:5 leemos que el amor de Dios ha sido derramado en nuestros corazones por el Espíritu Santo. Si ese atributo de amor hace que Dios ame tanto al mundo perdido y Le mueva a pagar el precio más grande imaginable para salvarlo, ¿no debe tener el mismo efecto en nosotros, siendo que es el mismo Amor?

No cabe entonces la pregunta de cuándo debemos pensar en misiones. Si somos realmente redimidos nosotros, ya estaremos pensando en otros. En verdad se obra tal cambio en nosotros que ahora pensamos aun de nuestros seres más queridos, no en cuanto a su relación o parentesco con nosotros, sino en si son o no salvos (2 Co. 5:16-21). Tal modo de pensar no manifiesta una falta o disminución del amor, sino que es prueba de un amor mucho más alto y vital. La persona que pretende haber creído en Cristo como Señor y Salvador suyo, pero que no muestra un interés en participar con otros el conocimiento de Cristo, dará lugar a que se dude de su regeneración. Dios no acepta la fe secreta como suficiente (Mr. 8:38; Ro. 10:9-10).

Una vez convencido el pastor de la verdad de Proverbios 11:24, verá que es práctico participar en la causa misionera y así enseñará a su grey. En vez de tener temor de permitir a los miembros oír de las necesidades de la obra en otras partes y de ayudar con sus ofrendas, más bien temerá que si no lo hagan, la iglesia misma perderá su vigor y vida. "Hay quienes reparten, y les es añadido más; y hay quienes retienen más de lo que es justo, pero vienen a pobreza". El repartir es añadir, y el retener es perder, cuando se trata de la obra del Señor. En esto hay justicia, juicio divino, un pensar espiritual que cuenta con Dios que ha de cumplir con Sus promesas.

A la vez hay responsabilidad en ver que lo ofrendado va a ser usado para la gloria del Señor. Lo mismo como cuando los diáconos ayudan a los pobres, tratando de asegurarse de que el dinero del Señor no se desperdicie, así han de cuidar lo dado a las misiones. Si acaso ayudan a una familia pobre, y después, por ejemplo, lleguen a saber que usaron el dinero para comprar números de lotería, deben aprender de esa experiencia en relación a tal familia, pero no dejarse desanimar de tal manera que no querrán ayudar a nadie.

Generalmente es más fácil saber quienes son los obreros cuyo ministerio glorifica al Señor de la mies. No es la obra que "hace más bulla" ni que aparenta más resultados en los informes. Es el labrador fiel quien es apremiado, y es raro el campo misionero hoy que no es visitado por cristianos con discernimiento espiritual para juzgar el calibre o valor de la labor hecha. Es muy conocido que muchos obreros que hacen la mejor labor en sus campos de actividad, son un poco pésimos en dar sus informes y en hablar a las iglesias urbanas establecidas para interesarles en sus empresas.

Al contrario es también conocido: que aquel que sabe hablar bien y ganar la simpatía de las congregaciones, haciéndoles creer que está efectuando una grande obra, cuando en realidad de verdad lo que hace no es comparable a lo que está llevando a cabo el otro que no es tan elocuente orador. No es siempre así pero demasiado a menudo lo es.

Sin embargo el pastor ganará experiencia para distinguir, y ayudará a la iglesia a sostener las obras dignas de sus ofrendas. Entonces, al llegar los informes del progreso en el campo misionero, serán verídicos y dignos de toda confianza, inspirando a la congregación a orar, a ayudar, y a sentir que tienen parte en una labor que es del agrado del Señor. Al visitar el campo se encontrará que es aun mayor lo hecho que lo dicho.

Hay varias maneras en que el pastor y la iglesia pueden cooperar con los obreros para adelantar la obra. En muchos países hay tribus de indígenas que nunca han oído el Evangelio. El problema es orar y trabajar hasta que haya jóvenes preparados que se presentan al Señor para ir a esos campos con las Buenas Nuevas. Habrá necesidad de parte de los jóvenes de reconocer el llamamiento del Espíritu Santo a que se dediquen a esa clase de evangelización; a que se preparen para hacerlo, aunque incluye el aprender un nuevo idioma y tal vez a vivir en la selva bajo condiciones primitivas. Y habrá necesidad de parte de las iglesias a reconocer su obligación de sostener en oración y en efectivo a los tales obreros, sabiendo que pasarán años antes de ver grandes resultados de su labor.

Un método para empezar esta gran empresa es el que corresponde a los directores de los colegios evangélicos llevando a sus instituciones oradores que presenten a los alumnos más avanzados las necesidades de los campos, con el reto cristiano a los jóvenes a que sigan estudiando, ingresando en los seminarios o institutos bíblicos que les darán la preparación necesaria. Entonces es una obligación de parte de los directores de los seminarios e institutos, si es que desean cumplir con toda su responsabilidad, ver que los estudiantes graduados sepan de los campos difíciles tanto como de las oportunidades más atractivas, de la necesidad de los lugares lejanos tanto como de los cercanos, etc.

Algunos alumnos saben que nunca serán grandes oradores, pero tienen grandes deseos de servir al Señor, aun en puestos bajos y lugares obscuros, y se ofrecen para ir a dondequiera. Otras veces, para la sorpresa de muchos, los jóvenes que dan mayor promesa, que tienen más talentos, que son buenos predicadores, etc., son los primeros en dar las espaldas a los "grandes púlpitos" y a los "puestos de honor", gustosos de poder "perderse" en las selvas con tal que puedan llevar el conocimiento de Cristo a aquellos que nunca han oído de Él.

Y no debe la iglesia tratar de disuadir a los tales, diciéndoles que sus talentos merecen mejor campo de acción, etc., porque no es así. La obra misionera requiere y merece los mejores talentos de los mejores obreros, para entrar en una tribu y llevarles el Evangelio en toda su plenitud, enseñando todo el consejo de Dios, y preparando a los convertidos a evangelizar a sus vecinos y establecer iglesias en toda la tribu; eso sí es una obra magna.

Otro método para empezar es el que se ha empleado en la ciudad de Quito durante los últimos años. Las diferentes iglesias evangélicas, no importa su afiliación, cooperan en este esfuerzo. Un comité o comisión, con representante de todas las iglesias, hacen todos los preparativos y llevan a cabo las reuniones. Se llama la Convención Misionera Ecuatoriana. Generalmente es el pastor u otro miembro de cada congregación que forma el comité o directiva; ellos eligen el presidente y demás funcionarios.

En las primeras convenciones eran casi siempre misioneros extranjeros los que informaron a la concurrencia acerca de lo que se hacía para el Señor entre los indígenas. Pero cada año algunos se ofrecieron al Señor, durante la convención, para ir a los campos desocupados en Su servicio. Cada convención dura ahora cinco noches seguidas, a veces terminando con una magna reunión el domingo por la tarde. Después hay conferencias especiales para los que voluntariamente se ofrecieron al Señor, para aconsejarles acerca de su preparación para la obra.

Hoy hay dos matrimonios jóvenes en el Oriente ocupando estaciones misioneras, una entre los jívaros y otra entre los quechuas. Hay otros jóvenes en el instituto bíblico o el seminario preparándose para ir. Y cada año hay más entusiasmo en Quito a favor de la convención. Las iglesias también están ayudando más, interesándose en los misioneros nacionales y sus necesidades.

En cuanto a lo que puede hacer una iglesia local para las misiones en los campos necesitados, algunas se acostumbran a dedicar las ofrendas de un domingo entero cada trimestre a ese fin. Otras señalan la ofrenda del domingo por la mañana una vez al mes. Otras apartan las ofrendas del quinto domingo del mes en que así ocurre. Iglesias no acostumbradas a algo del estilo generalmente reciben la ofrenda de costumbre para la iglesia y después dan la oportunidad de dar algo extra por medio de una colecta especial para misiones. O dedican el diezmo, por ejemplo, de todas las ofrendas. Al par que el interés va "aumentándose, se da mayor proporción a las misiones, algunas iglesias alcanzando la de cincuenta por ciento, eso es, tanto para misiones como para todos los gastos en la iglesia.

Terminamos con la definición de misiones cristianas por J. H. Bavinck en su libro: *An Introduction to the Science of Missions:* "Misiones son aquellas actividades de la Iglesia—en esencia nada menos que una actividad de Cristo y efectuada por Su Iglesia—por medio de las cuales la iglesia, en este periodo entre la ascensión de Cristo y Su venida otra vez, llama a los pueblos del mundo al arrepentimiento y a la fe en Cristo, a fin de que sean hechos discípulos Suyos y por medio del bautismo sean incorporados en la comunión de aquellos que esperan la venida del reino.... La empresa misionera no puede tener otro fundamento sino este: la buena voluntad de Dios por gracia, en Cristo Jesús".

B. La relación a otras organizaciones cristianas

Otro problema para el pastor y la iglesia es la decisión acerca de cuál será su actitud hacia varias organizaciones cristianas fuera de la iglesia organizada. De ellas hay muchas, entre las recomendables y las no recomendables, y se presentan unas nuevas con los años. Algunas de estas organizaciones hacen una buena obra que es, en un sentido, el cumplimiento de la gran comisión de la iglesia, pero obra que no sería efectuada, por lo menos no tan eficazmente, si no fuera por tal grupo, como las Sociedades Bíblicas, los "Gedeones", etc.

Otras agrupaciones ofrecen obreros que son expertos, especialmente preparados para ayudar a las iglesias en cierto departamento de su ministerio, como la Child Evangelism Fellowship, International para el evangelismo entre los niños, o los Navigators, que enseñan la obra personal, etc. Estas no son organizaciones que se constituyen competidoras de la iglesia, sino como ayudadoras.

Las Sociedades de Esfuerzo Cristiano ofrecen un programa para la obra entre los jóvenes. Celebran convenciones de las sociedades en cierto estado o país, pero su énfasis es en la relación de cada miembro con la iglesia local donde asiste.

Entonces hay grupos que pretenden ayudar a la iglesia local pero que son en realidad “ladrones de ovejas”, y generalmente se descubren como sectarios de doctrinas falsas, que pretenden ser bíblicos pero que enseñan errores: ponen demasiado énfasis en ciertas interpretaciones dudosas y cierra sus ojos a toda verdad que contradice su propia peculiaridad. Estos falsos sectarios son los lobos rapaces que entran encubiertamente en el rebaño para llevar ovejas tras sí (Hch. 20:29-30).

Las iglesias denominacionales tendrán ya costumbres que les inclinan hacia las organizaciones que son aprobadas por todas, pero aun así es necesario saber cómo juzgar a los casos nuevos e inesperados que se presentan. Lo de primera importancia es su doctrina, la mínima de la cual debe ser: La Biblia como la Palabra de Dios, la deidad de Jesús de Nazaret, y la salvación eterna por medio de la muerte y resurrección de Jesucristo.

Por cierto hay pastores, iglesias y denominaciones que demandan mucho más que estas tres cosas, diciendo que aun Roma esta de acuerdo con ellas, pero en nuestro concepto no es así, por cuanto su interpretación de la tercera doctrina es muy lejos de la nuestra. La salvación es por Jesucristo, no por la iglesia ni por ritos como el bautismo, como Roma dice.

En cuanto a rehusar la cooperación con otras iglesias o agrupaciones porque no practican las ordenanzas cristianas, o que no las observan del mismo modo como nosotros cada uno tendrá que decidir si la diferencia es más importante que el beneficio en colaborar. También depende en la clase de unión o asociación que se requiere, aunque hay responsabilidad aun en dar una ofrenda, no más, siendo que no debemos participar con las obras infructuosas de las tinieblas.

Tal vez la cuestión más seria para muchas iglesias hoy es si debe o no unirse como miembros de una asociación o federación de iglesias evangélicas en el país donde están. En su excelente obra: *Eclesiología* el autor Pablo Burgess tiene un capítulo muy útil sobre el tema de esta lección, el cual recomendamos a todos a leer. Se consigue en la Librería Evangélica, Apartado 5, Quezaltenango, Guatemala, C. A. o en otras librerías evangélicas.

Pero este problema de si debe ser miembro o no de la convención, asociación o federación de iglesias en la nación es importante solucionar concienzudamente. La voz “federación” pone énfasis en un pacto o convenio, de manera que denomina aquellos que están unidos por un pacto. Generalmente no es correcto usar tal palabra para designar la unión de iglesias evangélicas a menos que sean de una sola denominación, y que la federación tenga autoridad sobre las iglesias. Esto lleva consigo la idea de que las congregaciones locales no son en sí mismas iglesias, sino que forman parte de la iglesia, que es la federación o conjunto de congregaciones.

La voz "asociación" no excluye la idea de muchas iglesias unidas por un pacto, sino que pone énfasis más bien en que son varios miembros que voluntariamente han decidido asociarse, unirse en colaboración, pero sin perder su autonomía. Las asociadas son iglesias como antes de asociarse, pero ahora, en el campo de acción de la asociación, cooperan conforme a lo convenido con las demás iglesias asociadas.

La voz "convención" no enfatiza el convenio entre los miembros, sino la asamblea, la reunión que celebran pueden suscribirse a una constitución o reglamento, pero será de lo más sencillo y no dará a la organización ninguna autoridad eclesiástica.

El fin de la convención es reunir a los hermanos para la comunión espiritual hermanable, el estudio de la Biblia, el aumento de la fe por medio de oír la lectura de los informes y testimonio de los hermano de todas partes, y también se acostumbra a celebrar una campaña evangelística en la ciudad donde se reúnen, cada noche durante la convención.

Algunos preguntarán: ¿Por qué no será mejor quedarnos en casa atendiendo a nuestro ministerio local? ¿Qué ventajas habrá para nuestra iglesia el particular en o pertenecer a, una asociación o convención de iglesias en el país? No se pretende que es de necesidad imprescindible. Pero no debe una iglesia pensar sólo en sí misma, sino en el testimonio entero en el país.

En estos días de tanta incertidumbre, de grandes cambios políticos y culturales en pocos años, se va encontrando mucho beneficio en que las iglesias evangélicas tengan una organización que les puede representar delante del gobierno de la nación, que tenga los datos completos de la obra entera en la república para casos de persecuciones u otras dificultades, y que pueda ayudar a las distintas iglesias delante de los ministerios del estado. Esta clase de organización ayudó en gran manera a la obra en Colombia durante los años de las persecuciones allá. Otros beneficios laterales son obvios: el roce cristiano y social durante las asambleas es de gran estímulo espiritual; no es de despreciarse la oportunidad que ofrece para jóvenes cristianos encontrarse con otros jóvenes igualmente devotos, cosa que causa problemas en una iglesia local pequeña donde las señoritas no tienen muchas oportunidades para conocer a jóvenes evangélicos y por lo tanto o quedan solteras o desobedecen las Escrituras casándose con incrédulos.

Da también oportunidades para los obreros conocerse, saber de las necesidades en otras provincias, y también la presentación de los mensajes y la administración de la asamblea, casi obliga a los hermanos a desarrollar sus talentos de "líder" o caudillo entre el pueblo. Cuando hay problemas comunes estos pueden ser discutidos entre todos, tal vez descubriendo que en cierta iglesia encontraron una solución que puede aplicarse en otras partes. Pero no puede una convención obligar a ninguna iglesia a aceptar sus recomendaciones. Cada miembro es libre en eso. Sin embargo mucho bien se hace en tales discusiones si el que preside no permite que degenere la reunión en vanos argumentos personales.

En algunos países, en la primera sesión de la asamblea o convención, se resuelve enviar un telegrama de saludos y respeto al primer mandatario de la nación y al ministro que tiene que ver con organizaciones sociales y culturales. Rara vez dejan estos señores de contestar en seguida con un telegrama congratulatorio y agradeciendo la atención. Entonces es aconsejable que tales telegramas sean publicados en los diarios de la ciudad donde se reúne la convención.

Por cierto las autoridades locales también debían ser notificadas del local y las horas de las reuniones, con todo respeto. Depende de las condiciones locales si se debe o no pedir o esperar que unos agentes policiales estén presentes para guardar el orden a causa de los curiosos o enemigos que desearán causar dificultades. En la mayoría de los casos debe ser innecesaria tal precaución y es preferible que los mismos hermanos aprendan a mantener el orden sin molestar a las autoridades. Sin embargo es necesario guardar el orden, cosa no siempre fácil cuando, por causa del número de asistentes, hay que reunirse en algún auditorio público arrendado para la ocasión.

Aunque la asamblea no se congrega sino una vez al año, la mesa directiva tiene bastante que hacer todos los meses. También el secretario estadístico debe estar siempre alerta para tener sus datos al día. En Venezuela se reúne la Convención del Occidente un año, la del Oriente el otro año, alternativamente, y una vez en cinco años una gran Convención Unida. Antes las iglesias del centro se reunían con las del oriente, pero ya ha crecido tanto el numero de iglesias que tienen su propia Convención del Centro.

Cada convención tiene su propia constitución sencilla. Las reuniones de la Convención Unida son grandes e impresionantes. En algunas terminan con un desfile o procesión por las calles con banderas o letreros que informan al pueblo de los lugares de donde vienen los delegados. Es un testimonio raro y poderoso, que causa sorpresa a la mayoría de los espectadores.

En vez de solamente preguntarse una iglesia: ¿Por qué debemos unirnos con las demás iglesias en una asociación? debe también pensar: ¿Por qué no queremos asociarnos? ¿Cuál es el verdadero motivo en hacerlo o en no hacerlo? Cuidado que no sea el espíritu de: "Soy más santo que tú". O creer, cual Roma, que es la única iglesia verdadera y las otras son apóstatas, u otra excusa vana.

Antes de cerrar esta discusión vamos a tratar de un asunto que quisiéramos callar, pero es demasiado importante y urgente. Los obreros evangélicos deben saber que hay dos organizaciones mundiales de iglesias. La primera y más grande es la "World Council of Churches" (concilio o consejo mundial de iglesias). Tienen como miembros a muchas de las grandes denominaciones, liberales o conservadoras. Esta organización usa una declaración de fe muy sencilla: "Creemos en Jesucristo como Dios y Salvador". Rehúsan definir esta declaración y admiten que los miembros pueden dar a las palabras el significado que quieren: la del unitario que cree que Jesucristo es Dios como cada hombre es dios; o como los evangélicos creemos que es el Unigénito del Padre, etc. Lo mismo con la voz "Salvador". Confiesan que todo católico romano puede libremente suscribirse a tal declaración y anhelan que la Iglesia Romana se una con ellos.

Proponen incluir a toda organización que aun remotamente se relaciona con el cristianismo, para luego representarlas y presionar sobre los cuerpos legislativos del mundo a fin de obligarles a establecer leyes de acuerdo con el "Sermón del Monte", hasta que el mundo entero sea "cristiano". Como lo expresó un hermano: "Ellos han de trabajar hasta transformar esta tierra en un paraíso por sus propios esfuerzos; vendrá el reino de Dios porque tendrán este mundo tan puro y santo que Jesucristo vendrá otra vez debido a que querrá mejor vivir entre los hombres antes que entre los ángeles".

No hay que dudar el hecho de que millones de cristianos verdaderos pertenecen a este Concilio Mundial por el hecho de ser miembros de iglesias que son miembros de él. Aun tiene el Concilio unos líderes que son renacidos, pero que se comprometen "sacrificando" (como dicen ellos) sus creencias evangélicas para conseguir la unión. La mayoría de los altos funcionarios del Concilio son bastante liberales en sus creencias, pero pretenden hablar en nombre de todos los millones de miembros de las denominaciones miembros.

Como ilustración de la situación actual, he aquí la traducción de una conversación que un evangélico sostuvo con un secretario del Concilio Mundial después de que esa organización presentó al Departamento de Estado en Washington una demanda "en nombre de los millones de cristianos de nuestro Concilio", que los Estados Unidos dé reconocimiento diplomático a la China Roja.

Preguntó el evangélico: "¿Cómo saben Uds. que hablan por todos los miembros?"

"Porque casi todos los altos funcionarios votaron por la demanda".
"¿Pero saben si los pastores piensan así?"
"Deseábamos saber eso mismo y preguntamos a unos centenares".
"¿Y qué dijeron?"
"El 87% estaban opuestos a tal reconocimiento".
"Entonces, ¿van a retirar su demanda".
"No, por cierto. Vamos a aleccionar a esos contrarios".

Hermanos, sepan que así hay muchísimos que pertenecen al Concilio como por accidente, no por convicción, y no saben lo que está envuelto en eso. No debemos criticarles sino enseñarles y amarles. Aun los funcionarios parecen ser sinceros y celosos en querer formar el reino de Dios al plano de lo natural.

La otra organización mundial de iglesias es la "World Evangelical Fellowship", (Comunión evangélica mundial). La voz "Fellowship" quiere decir "Compañerismo" con la idea de cierta organización entre los miembros, sin unión orgánica. La hemos traducido "Comunión". Resalta en seguida el contraste con el Concilio Mundial al leer su declaración de fe, que reza así:

"1. Creemos en la Sagrada Escritura como dada originalmente por Dios, inspirada divinamente, infalible, digna de entera confianza, y la autoridad suprema en toda materia de fe y conducta.

2. Creemos en un Dios, eternamente existente en tres personas, Padre, Hijo, y Espíritu Santo.

3. Creemos en nuestro Señor Jesucristo Dios manifiesto en carne. Su nacimiento virginal, Su vida humana sin pecado, Sus milagros divinos, Su muerte vicaria y redentora, Su resurrección corporal, Su ascensión, Su obra mediadora, y Su regreso personal en gloria y poder.

4. Creemos en la salvación del hombre perdido y pecaminoso por medio de la derramada sangre del Señor Jesucristo por la fe aparte de las obras, y la regeneración por el Espíritu Santo.

5. Creemos en el Espíritu Santo, por cuya morada en el creyente este es habilitado para poder vivir una vida santa, a testificar y obrar para el Señor Jesucristo.

6. Creemos en la unidad en el Espíritu de todos los verdaderos creyentes, la Iglesia, Cuerpo de Cristo.

7. Creemos en la resurrección de los salvados y de los perdidos: aquellos que son salvos a la resurrección de vida, y aquellos que son perdidos a la resurrección de condenación".

Luego dicen que para ser miembro de la comunión hay que aceptar sin reserve mental de ninguna clase, esta declaración de fe.

Como propósito tienen esta declaración:

"Aquellos que son asociados a la comunión (fellowship) declaran ser su propósito:

a. El progreso (adelantamiento) del Evangelio (Fil. 1:12).
b. La defensa y confirmación del Evangelio (Fil. 1:7).
c. Comunión en el Evangelio (Fil. 1:5).

"Este propósito, en su aspecto triple, es esencialmente positivo porque la comunión cree que el mejor método de vencer el error es la proclamación positiva de la Verdad.

"La comunión no es un concilio de iglesias ni está fundada en oposición a ninguna otra organización internacional e interdenominacional. Procura trabajar y testificar en una manera constructiva siempre "siguiendo la verdad en amor" (Ef. 4:15). Los miembros de la comunión son, por lo tanto, unidos en un programa que incluye la propagación del Evangelio, la defensa de las libertades cristianas y las minorías protestantes, en la renovación o revivificaron espiritual de la Iglesia, y la afectación de los otros objetos que son de interés común".

Como se ve, la Comunión Evangélica Mundial no es liberal en su doctrina ni predica un "evangelio social". Está interesada en extender el Evangelio por medio de la predicación de las verdades bíblicas, y está orando para que Dios dé a la Iglesia un avivamiento espiritual. Espera esto de Dios, por Su gracia, no por la legislación ni por esfuerzos humanos.

Estas dos organizaciones mundiales pretenden ocuparse mucho a favor de las iglesias en todo el mundo, y ambas desean ver organizaciones nacionales en cada país que han de cooperar con ellas. El Concilio Mundial de Iglesias es representado en Hispanoamérica por el "Comité de Cooperación en la América Latina", pero también hay concilios nacionales en algunas cuatro o cinco repúblicas de las Américas.

Hasta el año 1961 estos concilios nacionales han sido relacionados con el Concilio Misionero Internacional, cuerpo formado en 1910 en Edimburgo, pero que está uniéndose ahora con el Concilio Mundial de Iglesias.

La Comunión Mundial de Iglesias es la N.A.E. o Asociación Nacional de Evangélicos en los Estados Unidos, y ha organizado la E. F. M. A. o Asociación de Misiones Foráneas Evangélicas para los asuntos de las iglesias miembros en los demás países.

También hay en los Estados Unidos el Concilio Americano de Iglesias que es muy evangélico: "fundamentalista" en absoluto, que fue formado con el propósito expreso de combatir al Concilio Mundial. o lo que era en esa época, la Federal Church Council (Concilio Federal de Iglesias). Su ministerio es casi negativo, ocupándose en refutar lo que dicen y hacen los liberales del Concilio Mundial. Este grupo de iglesias es representado por su organización I.F.M.A. o sea, Asociación Interdenominacional de Misiones Foráneas, conocida también en la América Latina. Es de entenderse que las dos organizaciones: "E.F.M.A." y la "I.F.M.A.", cooperan más que aquellas que les auspician, y son más interesadas en ayudar a todos, aun a los que no son miembros actuales de su grupo, y desean contribuir a la evangelización del mundo en esta generación. Juntos apoyan a L.E.A.L., (Literatura Evangélica pare la América Latina), D.I.A. (Difusiones Interamericanas), etc.

Es verdad que a veces alguno de los altos funcionarios de una de las organizaciones madres ha venido a la América Latina con el fin de combatir a la obra del Concilio, pero lamentamos tal acción negativa y esperamos que no sea repetida.

Ahora, pues, volvemos al problema de una convención o asamblea nacional, eso es, de todas las iglesias evangélicas en el país. Debe ser tal que no ha de afectar la afiliación de ninguna iglesia a una de las organizaciones internacionales. Naturalmente, si la convención nacional desease afiliarse a una de tales organizaciones, ha de hacerlo de alguna manera libre que no causará que las varias iglesias de la república se sientan obligadas a rehusar unirse a la convención por esa afiliación. Dejará en libertad a toda congregación.

A la vez es de reconocerse que algunas iglesias tienen como dogma el no unirse a ninguna organización, por ningún motivo. No les defendemos sino en cuanto a su derecho a creer y actuar según su propia conciencia. Pero es cierto que en las condiciones prevalecientes en estos días las antiguas ventajas de quedarse aislado han casi desaparecido. Sin embargo nadie debe culpar a aquellas asambleas que lo creen antibíblico el unirse a cualquier organización.

Los cambios sociales y políticos, con los peligros de la expulsión de los obreros extranjeros imponen la necesidad de que las fuerzas evangélicas se agrupen y tengan alguna manera de defenderse con una voz representativa de las minorías religiosas en cada país.

También la tarea de evangelizar a las tribus y a la nueva generación en estos días de la "explosión demográfica", junto con los problemas envueltos en la responsabilidad de usar los medios de la literatura, la radio, la televisión, los campamentos, las grandes campañas de evangelización, etc., requiere la cooperación y no la separación. El testimonio de la unión espiritual y cooperación real con el respeto mutuo por las diferencias en las enseñanzas no fundamentales, dejando libertad para las diferentes prácticas, es de gran valor.

Sólo queda decir una palabra más en cuanto a lo exclusivo o inclusive de la Convención Nacional. No debe haber necesidad de mencionar aun, mucho menos hacer distinción entre obreros o miembros extranjeros o naturales del país. No es nacional en ese sentido. Pero sí debe haber una base de fe. Si creemos que la Iglesia de Jesucristo (o de Dios) está compuesta de todas las personas que son renacidas, regeneradas por el Espíritu Santo por cuanto han creído en Jesucristo como su Señor y Salvador personal, y que las iglesias locales en este mundo deben hacer el esfuerzo de aceptar como miembros solamente aquellas personas así regeneradas, entonces, creyendo eso, es difícil afiliarse con grupos que no creen cosa igual.

Si se considera la iglesia como organización humana, no más, entonces es más bien un club o sociedad, y no una Iglesia de Dios. Esta distinción es importante. Se note la diferencia a cada paso al tratar de ministrar juntos. Los primeros dependen de Dios y confían en la dirección y convicción del Espíritu Santo; van mucho. Estos otros se esfuerzan en la carne; dependen de su propio esfuerzo, celo y sabiduría; sus oraciones son pocas, cortas y formales. Estiman a la Biblia como conceptos muy diversos, también. Pues, estas consideraciones han de influir en la organización de una asociación, asamblea o convención nacional.

Hay muchos folletos escritos acerca de estos temas. Uno muy informativo es: "La Estrategia ecuménica en las misiones extranjeras" por el Dr. Clyde W. Taylor, Publicaciones de la Fuente, Apartado 1475, México, D. F.

Lección 22

"Nosotros persistiremos en la oración y en el ministerio de la Palabra"

El Señor Jesucristo felicitó la acción de María al preparar Su cuerpo para la sepultura, diciendo: "Buena obra me ha hecho" (Mr. 14:6). En Su estimación una obra buena es entrar en los consejos de Dios en cuanto a dar a Su Hijo unigénito para que el mundo no se pierda, y, en vez de oponerse a la voluntad divina cual Pedro (Mt. 16:21-22), debe creer y cooperar con Él llenando la casa con el perfume, el sacrificio de olor grato a Dios (Jn. 12:3).

Los discípulos del Señor Jesús deben llenar el mundo con el perfume del conocimiento del Salvador, haciéndoles ver la necesidad de Su muerte, de manera que la contemplación de ese sacrificio sea grato en vez de repulsivo, una manifestación de amor y justicia en vez de una derrota ignominiosa (Lc. 24:44-49; 2 Co. 2:14-16). También elogió a Pedro por su confesión de Su deidad (Mt. 16:16-17), pero le regañó con una mirada por su cobardía al negarle (Lc. 92:61).

En varias parábolas enseñó que los siervos que sirvieron bien a su señor son recompensados, y declaró que ninguno que haya dejado todo por causa de Él y del Evangelio dejará de recibir cien veces tanto (Mr. 10:29-30; Lc. 12:35-40, etc.).

A. ¿Quién es suficiente?

Habiendo considerado algunos problemas, prácticas, privilegios y peligros del pastor u obrero evangélico, decimos con el apóstol Pablo: "Y para estas cosas, ¿quién es suficiente?" (2 Co. 2:16). Esto lo dijo al declarar que el obrero es un siervo o esclavo de Cristo quien le lleva en procesión a fin de que vaya esparciendo perfume delante de Él, de buen olor de vida para los que tienen vida eterna, pero olor de muerte para los que se constituyen enemigos de Cristo.

Al contemplar las responsabilidades que alcanzan hasta la eternidad, es natural que un ser humano clame: ¿Quién es suficiente para estas cosas?

En la primera lección de este curso, se hizo la pregunta: Siendo que la labor del pastor es lo que es: "¿quién debe ser pastor? Pues, parece que sólo un tonto escogería por su cuenta tal carrera". Vistas las exigencias del pastoreo delineadas en las lecciones anteriores, ¿que será el parecer del candidato al ministerio ahora? ¿Será mas convencido que nunca que Dios ha llamado a dedicar su vida al ministerio del Evangelio? ¿O está ya desanimado por completo diciendo: "Para estas cosas ¿quién es suficiente?"

El apóstol contesta su propia pregunta en el próximo capítulo: "Tal confianza tenemos mediante Cristo para con Dios; no que seamos competentes por nosotros mismos para pensar algo como de nosotros mismos, sino que nuestra competencia proviene de Dios, el cual así mismo nos hizo ministros competentes de un nuevo pacto, no de la letra, sino del espíritu, porque la letra mata, mas el espíritu vivifica".

Si es tonto aquel que por su propia cuenta decide ser ministro del Evangelio, es más tonto aquel que, siendo llamado por Dios al pastoreo, resiste la voluntad divina y se ocupa en otra labor. El éxito en el ministerio cuesta mucho. El pastor es como un actor en el escenario del teatro: todo el mundo le queda viendo con mirada critica (1 Co. 4:9). Pero no somos actores en el sentido de pretender ser otra persona, de imitar o de "hacer un papel". No. El apóstol lo expresa así: "Pues no somos como muchos, que medran falsificando la palabra de Dios, sino que con sinceridad, como de parte de Dios, y delante de Dios, hablamos en Cristo" (2 Co. 2:17).

El apóstol era contrariado, estorbado en sus propósitos, a veces por Satanás (1 Ts. 2:18), o por los hombres o circunstancias (Ro. 1:13; 15:22), o aun por el Espíritu de Dios (Hch. 16:6-7). Parece que a veces la misma naturaleza luchaba contra él (Hch. 27; 2 Co. 11:25). Además tuvo una aflicción incurable en la carne, un mensajero de Satanás, (2 Co. 12:7). Pero nunca dudó de su apostolado y no pudo sino seguir adelante venciendo todo obstáculo (1 Co. 9:16). Tuvo en su amplitud el mismo espíritu de los otros apóstoles cuando dijeron, en contestación a los que les criticaron: "Nosotros persistiremos en la oración y en el ministerio de la palabra" (Hch. 6:4). Hoy es lo mismo: el persistir en la oración es la manera de persistir en el ministerio.

B. Un mensaje de aliento

En esta última subdivisión citamos largamente de un mensaje dado por el Dr. Dale G. Foster a los "obreros fraternales" en el Camerún, en Guinea, África. Primero confiesa que el espíritu del desaliento, de desánimo, de pesimismo ha dominado su propio espíritu y el de sus colaboradores por mucho tiempo. Analiza la condición actual de la iglesia evangélica en el Camerún (o Montes Camarones) como la causa del decaimiento de ánimo.

Las iglesias se habían independizado de la misión, y sin embargo necesitaban ayuda del extranjero, ayuda de dinero y de misioneros. Eran iglesias moral y espiritualmente débiles, divididas por conflictos antiguos entre tribus, con odios y celos. Los líderes o directores nacionales contendían para los puestos de poder a tal punto que el mundo se daba cuenta de su política desgraciada.

Las iglesias no tenían el coraje moral necesario para juzgar los casos de inmoralidad entre sus miembros y limpiarse de esas manchas. Los hogares de los miembros no parecían ser hogares cristianos, y los hermanos practicaban costumbres paganas todavía.

Decíase ser gobernada, propagada y sostenida de por sí, pero en realidad de verdad no aceptaba las responsabilidades que acompañaban al gobierno propio. No se interesaban en la educación de los niños formando escuelas bíblicas dominicales o algo semejante, ni en la debida preparación de los jóvenes. No tenían una visión misionera: no hacían nada para la evangelización de los que nunca habían oído el Evangelio. En cuanto al sostén, no daba sino una parte, esperando recibir de Nueva York la ayuda necesaria.

Otro aspecto lamentable de la condición de las iglesias era el desprecio que manifestaban hacia los mismos extranjeros, que con su sangre y sudor habían traído el Evangelio a su territorio a riesgo de sus vidas. Fundaron las iglesias y les prepararon para su independencia, pero ya no deseaban más que su dinero, y que les dejasen dormirse en paz.

Luego pregunta qué explicación se puede dar para saber la causa de tan triste condición. ¿Será culpable la misión? ¿el obrero?, ¿o acaso el Evangelio no tendrá allí el poder que tiene en otras partes? ¿o será un caso único, diferente de otros países y otros tiempos? Entonces compara los problemas que el apóstol Pablo tuvo que solucionar, con aquellos del Camerún hoy, y prueba que la condición no es única. Copiamos lo siguiente:

"Mientras examinamos cuidadosamente las experiencia de Pablo, nos maravillamos al ver la semejanza entre sus problemas en las iglesias del primer siglo, y los nuestros en este país hoy.... Pablo estableció iglesias y las dejó organizadas e independientes. Más tarde las visitó, les escribió cartas, les aconsejó contestando sus preguntas cuando le consultaban. Veamos, entonces, cuáles eran sus problemas:

"**1. La inmoralidad sexual.** En nuestras iglesias es espantosa la frecuencia con que las sesiones de las iglesias tienen que tratar de casos de adulterio. Pero Pablo se enfrentó con el mismo problema. Tuvo que dedicar íntegramente el capítulo cinco de su Primera Epístola a los Corintios a un caso de incesto ocurrido en esa iglesia, e insistir que el culpable sea juzgado. 'Quitad, pues, a ese perverso de entre vosotros' (1 Co. 5:13). En otro capítulo tuvo que amonestarles acerca del adulterio, la fornicación y el contacto con prostitutas (1 Co. 7). Más tarde escribe de casos de inmoralidad en la iglesia (2 Co. 12:21).

"**2. El rigorismo u obediencia a leyes.** Entonces llegamos al problema de obras legales. Notamos que las iglesias hacen más énfasis en el negativo 'no harás' de la ley que en los aspectos positivos de la vida cristiana. Las donaciones u ofrendas, en vez de ser el responder espontáneo y amante de corazones agradecidos de los hijos de Dios por todos Sus beneficios, han degenerado en el pago involuntario y de mala gana de un impuesto eclesiástico por ser miembro de la iglesia.

"Pero este problema de obras legales en las iglesias de Galacia era un dolor de cabeza para Pablo al extremo que escribió todo el libro de Gálatas sobre el tema. Y estaba en verdad apenado y afligido por su actitud, porque escribió: 'Me temo de vosotros que haya trabajado en vano con vosotros' (Gá. 4:11). ¿Cuántas veces no han dicho los pastores lo mismo acerca de las iglesias en la actualidad?

"**3. Divisiones.** Con frecuencia vemos en nuestras iglesias divisiones, contenciones y facciones, a menudo basadas en los antiguos celos y odios entre las distintas tribus.

"Pero Pablo tuvo este problema también en la iglesia en Corintio. Les dijo: 'Os ruego, pues, hermanos, ... porque he sido informado ... que hay entre vosotros contiendas' (1 Co. 1:10-11). 'Pues me temo que cuando llegue, ... halle ... en vosotros contiendas, envidias, iras, divisiones, maledicencias, murmuraciones, soberbias, desórdenes' (la traducción Phillips dice: 'argumentos, celos, malos sentimientos, lealtades divididas, calumnias, susurrones, orgullo y desarmonía. Que cuando llegue, ¿me hará Dios sentir vergüenza al encontrarme entre vosotros?') (2 Co. 12:20-21).

"**4. Distinción de razas.** La distinción de razas nunca debe ser problema en ninguna iglesia, pero desafortunadamente lo es, y hay que hacerle frente. Todos hemos visto este sentimiento (de orgullo de color, de desprecio para los de las tribus indígenas, el orgullo de 'categoría'.

"Pero Pablo también fue afligido con ese problema, no tanto en las iglesias nuevas sino en la iglesia madre en Jerusalén. Tuvo que regañar públicamente al apóstol Pedro por su discriminación inexcusable contra los hermanos cristianos gentiles. La versión amplificada reza así: 'Pero cuando Pedro vino a Antioquía le protesté y me le opuse cara a cara en lo concerniente a su conducta allá, por cuanto era culpable y quedaba condenado. Porque hasta el tiempo que llegaron ciertas personas de parte de Jacobo, comía junto con los gentiles convertidos, pero cuando llegaron los hombres de Jerusalén se retiró y se resguardaba de los gentiles comiendo aparte por temor de aquellos que eran del partido de la circuncisión, y el resto de los judíos, juntamente con él, ocultaron sus verdaderas convicciones y se comportaron insinceramente, con el resultado que aun Bernabé fue llevado con su hipocresía' (Gá. 2:11-13).

"5. **Falta de sostén a los pastores.** Reconocemos que la falta de sostener adecuadamente a los pastores y evangelistas es un problema serio en las iglesias.

"Pablo también enfrentase con el mismo problema en la iglesia en Corintio. En la V. Phillips leemos estas palabras: '¿Sois ignorantes del hecho de que aquellos que ministran las cosas sagradas participan de la comida sagrada para su propio uso, y que aquellos que asistieron al altar tienen su porción de lo que se pone sobre el altar? Por el mismo principio del Señor ha ordenado que aquellos que proclaman el Evangelio deben recibir su sostén de aquellos que aceptan el Evangelio' (1 Co. 9:13-14). Había de ser una dificultad muy difundida porque Pablo también tuvo que escribir a las iglesias de Galacia: 'Que aquel que recibe instrucción en la Palabra de Dios dé parte de todas las cosas buenas a su maestro, contribuyendo a su sostén' (Gá. 6:6 NT Amp.).

"6. **Falta de proveer para las viudas cristianas, los huérfanos y los pobres.** ¿Cómo es posible que la iglesia jamás sea culpable de faltar en el cuidado de sus huérfanos, viudas y pobres? Pero en nuestro territorio, a menos que el obrero personalmente lo haga de su propio bolsillo, las viudas y los huérfanos son completamente abandonados. Todavía las iglesias no han comprendido su responsabilidad en este importante campo de servicio cristiano. Hay poco sentido de hermandad cristiana, o participación, o compasión cristiana.

"El principio enseñado en la parábola del buen samaritano es muy conocido. La iglesia primitiva aparentemente fue culpable en esta parte también, porque cuando Pedro, Santiago y Juan enviaron a Pablo y a Bernabé a su viaje misionero, les exhortó a no olvidarse de los pobres (Gá 2:9-10). Y el mismo apóstol en sus instrucciones al joven Timoteo le dijo: 'Si un hombre creyente o mujer creyente tiene viudas, que las sostenga; y la iglesia así no sea cargada de ellas; para que esté libre para ayudar a aquellas que en verdad son viudas, aquellas que están solas y dependientes' (1 Ti. 5:16, NT Amp.).

"7. **El paganismo.** El paganismo es todavía uno de los grandes problemas en la iglesia del Camerún. Cuando el pueblo pagano se convierte al Señor, una de sus tentaciones más fuertes siempre ha sido la de llevar consigo al culto cristiano sus prácticas paganas de la idolatría y la hechicería. El Catolicismo Romano parece apoyar esa práctica en todos los países.

"En nuestras iglesias vemos con frecuencia las costumbres paganas practicados en los funerales. En ocasiones encontramos casos de los cristianos africanos en que emplean como remedios la superstición y el brujo o hechicero, o usar talismanes, escapularios o fetiches paganos. Muchos nos acordamos del caso de la 'piedra mágica' hace años, cerca de Lolodorf, que se suponía tener poder para curar toda clase de enfermedad si el afligido bebía agua que había tocado esa piedra.

En esa época los hospitales estaban casi vacíos de pacientes; éstos se habían ido a la piedra. Entre esas multitudes que peregrinaron allá se encontraban a centenares de miembros de las iglesias, y aun algunos obreros olvidados de su profesión de fe en Cristo. Sí, el paganismo es todavía un problema en las iglesias.

"Empero los cristianos corintios lucharon contra ese mal satánico. En 1 Corintios Pablo les instruye acerca de los principios envueltos en el acto de comer carne sacrificada a los ídolos. Tres veces tuvo que amonestarles en contra de la idolatría escandalosa (1 Co. 10:7, 14). Aun el apóstol Juan en su epístola íntima y personal, en su última advertencia dice: 'Hijitos, guardaos de los ídolos' (1 Jn. 5:21) .

"8. Un concepto falso del pecado. Estos problemas en las iglesias que acabamos de considerar son claramente serios. Pero ellos son nada más que los síntomas exteriores de una enfermedad interna más seria y profunda. El gran problema básico que es la razón fundamental de todas las otras dificultades es un falso concepto del pecado y la falta de sentir culpa.

"Para el africano, el pecado no es la violación de la ley de un santo y justo Dios, y por lo tanto merecedor de la muerte. El pecado no parece crear un sentimiento de culpa delante de Dios en el corazón del pecador como lo hizo en Isaías cuando vio la santidad de Dios.

"No parece haber entre nuestros hermanos africanos una norma del bien y del mal basada en la Palabra de Dios. Una acción les parece pecaminosa o mala sólo si la persona es cogida o descubierta en el acto, o si es contra la costumbre de su tribu, o si pierde algo por cometerlo: la idea de que es pecado porque es la violación de la ley de Dios evidentemente es ajena a su modo de pensar. Todo obrero que ha tenido experiencia en la disciplina en las iglesias puede dar testimonio acerca de esto.

"De que haya consecuencias inevitables que siguen al haber pecado y que tiene que haber juicio por el mal hacer es un concepto extraño para ellos. ¡Qué común es por ejemplo, para un acusado cometer un robo; y al principio negar rotundamente toda culpa! Empieza el juicio y le presentan pruebas incontestables de su culpa, y él entonces confiesa que sí robó. Sin embargo espera ser perdonado y escapar todo castigo, citando como ejemplo del perdón de Dios, la historia del hijo pródigo. Ha quebrantado la ley de Dios, pero no le entra en la cabeza el decir como David: 'Contra Ti, contra Ti, sólo he pecado' (Sal. 51:4).

"El arrepentimiento verdadero con tristeza delante de Dios y el dar las espaldas al pecado deliberadamente, es cosa rara. El arrepentimiento al africano no es tanto un sentir de culpa y de tristeza por cuanto ha violado la ley de Dios como es tener pena por el hecho de que fue descubierto y que perdió la estimación de sus amigos por su torpeza en dejarse ser atrapado.

"Tengo la convicción firme de que esta falta de apreciar lo serio del pecado en la vista de Dios es el problema mayor que afrenta a las iglesias hoy día. Hasta que el Espíritu Santo traiga una convicción real del pecado y de culpa a los corazones de nuestro pueblo podemos esperar poco o ningún progreso espiritual.

"Si ahora estamos demasiado desanimados, cobremos ánimo al notar que la iglesia primitiva también sostuvo una verdadera lucha con este problema de culpa y arrepentimiento genuino. Una parte de la Epístola Primera a los Corintios fue escrita a fin de despertar en los corazones de los miembros un sentimiento de culpa por sus pecados (el cual obviamente no tuvieron) y a conducirles a un verdadero arrepentimiento y tristeza según Dios.

"En su segunda carta a los Corintios Pablo hace referencia a su primera epístola en estas palabras: 'porque aunque os entristecí con mi carta, no me pesa ahora ... por cuanto veo que la carta os daba pesar.... Pero ahora me regocijo, no porque fuisteis afligidos, sino porque fuisteis entristecidos hasta arrepentiros y os volvisteis a Dios; por cuanto sentís tal tristeza como la que Dios quería que sintiereis ... porque la tristeza que es según Dios y el dolor que se permite a Dios dirigir, produce un arrepentimiento que conduce y contribuye a la salvación y a la liberación del mal, y nunca trae remordimiento.... Porque ahora podéis mirar hacia atrás y observar lo que este mismo pesar que es según Dios os ha hecho y lo que ha producido en vosotros' (2 Co. 7:8-11 NT Amp.).

"De manera que vemos que los problemas que parecían ser peculiares al Camerún y únicos a esta cultura no son únicos después de todo. Son problemas que tienen sus raíces en el problema del pecado en el corazón humano.

"9. La actitud del mismo Pablo. ¿Cuál era la actitud de Pablo en medio de estos problemas que parecían invencibles y las circunstancias más desalentadoras? Por cierto tuvo muchas razones para desanimarse, lo mismo o aun más que nosotros hoy. Pero maravilla de maravillas él, a pesar de los chascos y tristes condiciones, no estaba desesperado, pesimista ni pensando en dejar el trabajo dándose por vencido. Al contrario, en el mismo capítulo donde da las noticias de su rechazo por las iglesias de Asia, nos dice palabras fuertes de animación: 'Porque no nos ha dado Dios espíritu de cobardía, sino de poder, de amor y de dominio propio' (2 Ti. 1:7). ¡Qué columna de fortaleza y de fe!

"Pablo tuvo una filosofía básica de cinco puntos que le eximía de caer en la desesperación. Vale la pena estudiarla y adaptarla como la nuestra.

"**Primero**, fue seguro de su vocación. Sabía ciertísimamente que no fue nombrado por los hombres, nada mas, sino que Dios le había llamado con una vocación santa y divina, y le comisionó a servirle (2 Ti. 1:1, 9, 11).

"Segundo, sostenía que la obra era de Dios y no suya propia, la que él fue llamado a cumplir. Fue Dios mismo que le dio todas esas experiencias y pruebas tan difíciles a fin de que Jesucristo pudiera ser manifestado en su cuerpo y Su Iglesia ser establecida. Sirvió con todas sus fuerzas pero dejó los resultados en las manos de Dios. ¡Qué hagamos lo mismo!

"En tercer lugar, su mente se fijaba en los éxitos, no en los fracasos, en las iglesias. Fue grandemente animado por las excepciones individuales sobresalientes de la apatía general que regía en las iglesias; como Onésimo (2 Ti. 1:16-18). Aun aquí en el Camerún cada uno conoce unos pocos fieles que son cartas vivas del poder de Cristo. ¡Qué seamos animados viéndoles a ellos en sus vidas! Vale la pena servir para producir a los tales, aunque sean pocos.

"Cuarto, a pesar de toda la oposición satánica y los chascos, Pablo tenía confianza de que los propósitos de Dios al fin serían llevados a cabo. Supo que Cristo su Señor había declarado: 'Edificaré mi iglesia, y las puertas del Hades no prevalecerán contra ella' (Mt. 16:18). Tuvo plena fe de que nada podía estorbar que el plan perfecto de Dios fuese cumplido, por cuanto Cristo amó a la iglesia, y se entregó a sí mismo por ella, para santificarla ... a fin de presentarla a sí mismo, una iglesia gloriosa, que no tuviese mancha ni arruga ni cosa semejante, sino que fuese santa y sin mancha' (Ef. 5:25-27).

"Finalmente, tuvo certeza de su propia recompensa, aunque, desde el punto de vista humano los resultados dejaban mucho que desear (2 Ti. 4:6-8)."

La aplicación de esta larga cita a la obra en el mundo de habla española no debe ser difícil de encontrar. Esperamos que haya servido de gran estímulo conduciendo a una resolución de persistir en la oración y en el ministerio de la Palabra. ¡Qué digamos con el apóstol a los gentiles: "Y yo con el mayor placer gastaré lo mío, y aun yo mismo me gastaré del todo por amor de vuestras almas, aunque amándoos más, sea amado menos" (2 Co. 12:15)!

"Yo miraba mientras echaban abajo un edificio.
Una cuadrilla de hombres en cierta población:
Con un 'Uno, dos, tres' y un grito
Golpearon con una viga y cayó la pared.
Pregunté al capataz: ¿Son expertos estos trabajadores,
La clase que Ud. emplearía si estuviera edificando?
Riéndose me contestó: 'por cierto que no;
Son peones comunes, nada más, los que necesito:
Pueden fácilmente echar abajo en un día o dos lo que ha costado años a los edificadores levantar'.
Luego dije a mí mismo, mientras seguía mi camino:
¿En qué parte del plan de la vida me ocupo yo?
¿Estoy formando mis actividades según un buen diseño,
Midiendo cuidadosamente con regla y escuadra.
Con paciencia haciendo lo mejor que me es posible?
¿O soy un demoledor que anda por la vida
Contento con la labor de estar siempre derribando?"

"Aparezca en tus siervos tu obra, y tu gloria sobre sus hijos. Sea la luz de Jehová nuestro Dios sobre nosotros, y la obra de nuestras manos confirma sobre nosotros; sí, la obra de nuestras manos confirma" (Sal. 90:16 y 17).

"Yo os elegí a vosotros ... para que vayáis y llevéis fruto, y vuestro fruto permanezca" (Jn. 15:16).

"Porque yo soy Gran Rey, dice Jehová de los ejércitos, y mi nombre es temible entre las naciones. Ahora, pues, oh sacerdotes, para vosotros es este mandamiento. Si no oyereis, y si no decidís de corazón dar gloria a mi nombre, ha dicho Jehová de los ejércitos, enviará maldición sobre vosotros, y maldeciré vuestras bendiciones; y aun las he maldecido, porque no os habéis decidido de corazón" (Mal. 1:14b—2:2).

"Porque los labios del sacerdote han de guardar la sabiduría, y de su boca el pueblo buscará la fe y; porque mensajero es de Jehová de los ejércitos" (Mal. 2:7).

2 Corintios 6:3-4.

Apéndice A

Sermones para los domingos, durante tres años

Por la mañana

Septiembre	La depravación, ¿es total o parcial? La expiación, la contestación de Dios, la justificación, la justicia de Dios hecha nuestra.
Octubre	(La Comunión) El poder de la comunión Divina 1 Jn. 1:7. La regeneración la vida de Dios hecha nuestra. La adopción Los privilegios de la familia de Dios hechas nuestras. La santificación, la santidad de Dios hecha nuestra.
Noviembre	La glorificación la gloria de Dios hecha nuestra. El arrepentimiento y la fe, lo que Dios requiere. *Empezando en el Evangelio de Juan:* El Verbo Eterno encarnado Jn. 1:2-14. Cómo ganar pecadores Jn. 1:35-51. Religioso pero no justo, Jn. 3:1-21.
Diciembre	El agua de vida, Jn. 4. Las dos resurrecciones, Jn. 5:19-29. La Natividad.—(La Navidad, interrumpe la serie). Blanco para el Año Nuevo, Mt. 6:33.
Enero	El pan de vida, Jn. 6. Ríos de agua viva, Jn. 7:37-39. La Luz del mundo, Jn. 8. La Luz del alma, Jn. 9. El Buen Pastor, Jn. 10.
Febrero	La Resurrección y la Vida, Jn. 11. Una lección en humildad, Jn. 13. Consuelo para cristianos, Jn. 14. Morando en Cristo, Jn. 15.
Marzo	El ministerio del Espíritu, Jn. 16. La oración del Señor, Jn. 17. Adelante a la cruz, Jn. 18 y 19. Subiendo de la tumba, Jn. 20.

Abril	¿Me amas? (*Fin del curso*) Jn. 21. La gran comisión, Mt. 28:18-20. Las certezas cristianas, 1 Jn. 5:13-21. *(Empezando una serie sobre las responsabilidades mayores del cristiano).* La oración. La adoración.
Mayo	El estudio bíblico. El día de las madres (*interrumpe la serie*). Eva, la madre de todos. La mayordomía (las ofrendas). La bondad cristiana.
Junio	Testificando David, las faltas de un buen padre Acciones de gracias. Crecimiento (*fin de la serie*).
Julio	La libertad más grande, Jn. 8:31-36. El hombre bienaventurado, Sal. 1. El Salmo del pastor, Sal. 23. Nuestro refugio y fortaleza, Sal. 46.
Agosto	Una oración de penitencia, Sal. 51. Debajo de sus alas, Sal. 91. —Vacaciones—
Septiembre	Dios amonestando a las naciones, Sal. 2. Misiones, la tarea principal de la Iglesia. El equipo misionero, Mt. 10:1-30. Andrés, llevando almas hacia Cristo.
Octubre	(*Empezando un curso sobre los 5 profetas menores*). Oseas, el precio del amor. Zacarías, el Señor recuerda. Hageo, valores relativos. Habacuc, viviendo por fe.
Noviembre	Amos, el llamamiento de Dios a la nación (*fin del curso*) Una fe duradera, He. 12:1-17. La providencia de Dios, Sal. 103. La tragedia de la negligencia, He. 2:1-14. Las dimensiones del amor, Ef. 3:14-21.

Diciembre	La demanda de Su nombre, Hch. 3. El ministerio de la santidad, 1 Ti. 3:16. El canto de los ángeles, Lc. 2:13-15. El trono de Juicio de Jesucristo, 2 Co 5:10.
Enero	El año por delante, Jos. 3:1-6. (*Empezando un curso de caracteres del Antiguo Testamento*). Caleb, hombre con otro espíritu. Abraham, un amigo de Dios. José, fiel a lo que le fue confiado.
Febrero	Elías, el remedio divino para el desaliento. Nehemías, un constructor para Dios. Enoc, caminando con Dios. Daniel, la piedad en peligro (*fin del curso*) .
Marzo	Un retrato de Cristo, Ap. 1. Las manos de Cristo. El rostro de Cristo. La voz de Cristo. El Maravilloso, Is. 9:6-7.
Abril	Lágrimas en medio del triunfo, Lc. 19:29-48. Revelaciones en la tumba, Jn. 20. La vida de resurrección, Col. 3. Viviendo por Jesucristo, Col. 4
Mayo	La preeminencia de Cristo, Col. 1. Ana, una madre piadosa. La unión segura, Col. 2. Cargadores para el Señor, Nm. 4:1-19.
Junio	Prosperidad por obedecer, Dt. 6. Una falta—Elí, 1. S. 3:11-14. Los beneficios de la oración, Job 1:1-16. ¿Está el joven bien? 2 S.18. Los chascos de la vida, Ex. 15:22-27.
Julio	La voz vivificadora, Jn. 5:19-30. Su servicio razonable, Ro. 12 :1-2. Los bienes del cristiano, 1 P. 1:3-5. Por qué creo en la Iglesia.
Agosto	—Vacaciones—.

Septiembre	La mente de Cristo, Fil. 2:5-11. Deleite en el Señor, Sal. 37:4. El descanso divino, Mt. 11:28-30. El poder de Pentecostés, Hch. 2.
Octubre	La obra de la iglesia (*Empezando serie sobre el poder espiritual*). Poder por la confesión. Poder por la entrega. Poder por el estudio bíblico.
Noviembre	Poder por la oración. Poder por el Espíritu Santo. Poder por el testificar. Poder por esperar y velar (*fin de la serie*). La falta de brazos (trabajadores).
Diciembre	Un discípulo secreto (José de Arimatea) Estación de radio "U-S-T-E-D", Ro.14:7. Recibiendo el aguinaldo de Dios, Jn. 1:12 Ciñéndose para el Año Nuevo, 1 P. 1:13-16
Enero	El amor cumple la ley, Mt. 2:38-39. El provecho de la piedad, 1. Ti. 4:7-8. El primer sermón de Cristo en Su ciudad, Lc. 4:16-30 Perdonado y perdonando, Mt. 18:21-35.
Febrero	La paciencia cristiana, Stg. 5:7-11. Una plegaria para la presencia de Jehová, Ex. 34. El resplandor del ganador de almas, Dan. 12:3. No solo de pan, Mt. 4:4.
Marzo	(*Empieza un curso en Efesios*). Bendito con toda bendición espiritual. Ef. 1:1-14. Superconocimiento, Ef. 1:15-23. Antes y después, Ef. 2:1-10. El significado de la redención, Ef. 2:11-22. El misterio divino revelado, Ef. 3:1-13.
Abril	Levantado y reinando, Col. 3:1-4. Una súplica inspirada, Ef. 3:14-21. Andando dignamente, Ef. 4:1-16. Andando diferentemente, Et. 4:17-32.
Mayo	Andando en amor, Ef. 5:1-8.

	Andando en luz, Et. 5:7-21. El cristianismo en las relaciones sociales, Ef. 5:22-6:9. La armadura de Dios (*fin*), Ef. 6:10-20.
Junio	Daniel en la fosa de los leones. Cómo Dios ve a la vida, Mr. 8:27-38. Una iglesia orando, Hch. 12. La fe efectuando lo imposible, Mr. 11:12-25.
Julio	—Vacaciones—.
Agosto	¿Ayuda Dios en los detalles menores de la vida? Los niños y el Reino, Mt. 18:1-14. Fuerza para las tensiones de la vida, 2 Co. 4:18-18. Avivamiento y renovación, Jl. 2:18-27.

Por la noche

Septiembre	(*Principia una serie biográfica en Génesis*). Adán, el primer hombre. Noé, el hombre perfecto. Abraham, el pionero de la fe.
Octubre	Isaac, el cavador de pozos. Esaú, el hombre carnal. Jacob, el santo luchador. Judá, el antecesor del Mesías
Noviembre	José, rama Fructífera (*fin del curso*). La siega que madura, Juan 4:35-38. (*Empezando curso sobre los reincidentes en la Biblia*). Lot, salvado como por fuego. Sansón, gobernado por sus pasiones. Noemí, volviendo a los ídolos.
Diciembre	Saúl, abandonado por Dios. David, hombre según el corazón de Dios. El gozo de la Navidad, Lc. 2:8-14. Salomón, el sabio necio.
Enero	Jonás, el profeta obstinado. Pedro, de arena a piedra. Judas, el hijo de perdición. Demas, reducido por el mundo (*fin de la serie*).

	¿Está el mundo mejorándose o empeorándose? (Mt. 13:24-43).
	(*Serie o curso de los siete libros más grandes de la Biblia*).
Febrero	Génesis, el libro de los principios. Salmos, el libro del corazón latiente. Isaías, el libro de profecías majestuosas. Juan, el libro de la salvación.
Marzo	Romanos, el libro de la teología. Hebreos, el libro de las cosas mejores. Apocalipsis, el libro de los cumplimientos (fin de la serie) El camino al avivamiento, 2 Cr. 7:14.
Abril	El significado del bautismo. La gloria de la gracia, Ef. 2:2-10. Los dos caminos de la salvación, Lc. 18:18-30. (*Empezando curso sobre los textos bíblicos mayores*). La guerra entre las simientes, Gn. 3:15. El poder de la sangre, Lv. 17:11.
Mayo	El destino depende de la decisión, Rut. 1:16-17. Pecados como escarlata,.Is. 1:18. El Cargador de pecados, Is. 53:6. Pesado y hallado falto, Dn. 5:27.
Junio	Lo que requiere el Señor, Mi. 6:8. Justificado por la fe, Hab. 2:4. Descanso para los cargados, Mt. 11:28-30. El valor de una alma, Mr. 8:38.
Julio	El texto más grande, Jn. 3:16. El único nombre, Hch. 4:12. Todas las cosas para bien, Ro. 8:28. Salvado por la gracia, Ef. 2:8-9.
Agosto	Crucificado con Cristo, Gá. 2:20. Salvado hasta lo sumo (*fin del curso*), He. 7:25. —Vacaciones—.
Septiembre	Almas en el mar, Hch. 27. Limitando a Dios, Sal. 78:41. Requisitos previos para ganar almas, Ef. 5. Un canto antes del amanecer, Hch. 16.

Octubre	La motivación de las misiones, Hch. 1:1-11. (*Serie en Filipenses: Bendiciones en cadenas*) Gozo en la oración, Fil. 1:3-11. Gozo continuo, Fil. 1:12-26. Viviendo en armonía, Fil. 2:2-23.
Noviembre	Ciudadanía en la colonia celestial, Fil. 3:17-21. El reto de una búsqueda santa, Fil. 3:1-14. Viviendo contento en un mundo duro, (*fin de la serie*) Fil. 4:4-20. El diezmo de Dios, Lc. 17:17. Revelaciones en la Roca, Is. 26:4.
Diciembre	La satisfacción garantizada, Is. 55. El valor del hombre, Sal. 8. La Navidad—programa de la escuela dominical. El Canto del Cisne de un santo, 2 Ti. 4:6-8.
Enero	(*Empezando el curso del Evangelio de Juan*). El gran descubrimiento, Jn. 1:35-43. Las credenciales de un cristiano, Jn. 3:1-12. Cuando ojos ciegos ven, Jn. 9. El cántaro abandonado, Jn. 4.
Febrero	Luces en el mundo, Jn. 8:12. El Salmo 23 del Nuevo Testamento, Jn. 10. El Testamento Divino, Jn. 14. La relación vital, Jn. 15.
Marzo	La oración del Señor (*fin del curso*), Jn. 17. La conquista de la copa, Lc. 22:39-43 El canto del cobarde, Lc. 22:58-75. El credo del criminal, Lc. 23:39-43. El clamor del conquistador, Jn. 19:28-30.
Abril	El magnetismo de la Cruz, Jn. 12:20-32. El miembro faltante, Jn. 20:19-28. Avivamiento por la Palabra 2 Cr. 34:14-28. La llamada de Dios para el adelanto, Jos. 1:1-18.
Mayo	Haciéndose el tonto, 1. S. 26:21. El monte de la provisión de Dios, Gn. 22:1. Empezando un curso sobre las 7 iglesias. El primer amor perdido, Ap. 2:1-7.

	Pobres pero ricos, Ap. 2:8-11.
Junio	El peligro de una alianza impía, Ap. 2:12-17. Condenado par su tolerancia, Ap. 2:18-29. La iglesia moribunda, Ap. 3:1-8. Viviendo a la altura de nuestras oportunidades, Ap. 3:7-13. Un fracaso eclesiástico, (*fin del curso*), Ap. 3:14-22.
Julio	(*Empieza una serie de sermones sobre la naturaleza*). El mensaje de las montañas. El mensaje de Las estrellas. El mensaje de la mar. El mensaje de los árboles (*fin de la serie*).
Agosto	—Vacaciones—.
Septiembre	Madurando y segando, Mt. 13:38-48. Orando siempre, Lc. 18:1. Orando en armonía, Mt. 18:18-20. La conversión, la falsa y la verdadera, Mt. 7:13-27.
	(*Empezando una serie sobre el Siervo en el Evangelio de Marcos).*
Octubre	Preparando al Siervo, Mr. 1:1-13 . El Siervo buscando siervos, Mr. 1:18-20. El Siervo ayudando a los desamparados, Mr. 1:21—2:12. El Siervo enfrentando la critica, Mr. 2:15—3:8, 20-30.
Noviembre	El Siervo enseñando, Mr. 4:1-34. El Siervo ganando victorias, Mr. 5. El Siervo alimentando a la multitud, Mr. 6:30-44. El Siervo alabando al extranjero, Mr. 7:24-30. El Siervo transfigurado, Mr. 8:38-9:13.
Diciembre	El Siervo interrogando a Sus interrogantes, Mr. 12:13-37. El Siervo predice Su regreso glorioso, Mr. 13 (*no de la serie*). La bienaventuranza suprema, Hch. 20:35 (*fin del curso*) El Siervo triunfa en la prueba suprema, Mr. 14-18.
Enero	La mayor prueba de Abraham, Gn. 22. Satanás caído del cielo, Lc. 10:18. Una dictadura deseable, Mr. 7:2-27.

	El aliado más fuerte de Satanás (la intemperancia).
Febrero	(*Empieza una serie sobre los tres primeros hijos:*) El primer hijo de Adán, Caín. El segundo hijo de Adán, Abel. El tercer hijo de Adán, Set (*fin*). Tirad a alto mar y echad, Lc. 5:1-11.
Marzo	(*Empieza un curso sobre hombres que querían morir*). Moisés, angustiado hasta la muerte. Job, afligido hasta la muerte. Elías, cansado hasta la muerte. Jonás, apenado hasta la muerte. Jeremías, frustrado hasta la muerte (*fin*).
Abril	La voluntad de Dios, Hch. 21:14. Melquisedec, el misterioso. Empieza un curso en Éxodo. Una estrella en el horizonte, Ex. 1-2. El llamamiento y comisión del campeón, Ex. 3-4.
Mayo	El reto del conquistador, Ex. 5:11. Botando los grillos, Ex. 12-15. Dios cuidando a los suyos, Ex. 18-17. Los truenos del Sinaí, Ez. 19-20.
Junio	Debajo de la sangre del pacto, Ex. 24:1-11. Las verdades en el Tabernáculo, Ex 25:40. El becerro de oro condenado, (*fin*) 32. ¿Por qué permite Dios la guerra?
Julio	—Vacaciones .
Agosto	(*Empiezan los sermones sobre la naturaleza*): El mensaje de las flores. El mensaje del sol. El mensaje de los ríos. El mensaje de las nubes, (*fin del curso*).

Variety in your Preaching por Faris D. Whitesell y Lloyd M. Perry

Páginas 197 a 210.

Apéndice B

Temas sugeridos para series o cursos de sermones

Son alistadas sin relación a importancia, cronología u orden alfabético

---

1. Los milagros de Jesús.
2. Las parábolas de Jesús.
3. Los casos de evangelismo personal de Jesús.
4. Las conversaciones de Jesús
5. Los sermones de Jesús.
6. Las bienaventuranzas de Jesús.
7. Las oraciones de Jesús.
8. Crisis en la vida de Cristo.
9. El "Padre Nuestro".
10. Los diez mandamientos.
11. Una serie sobre Juan 14.
12. Una serie sobre Romanos 8
13. Salmos favoritos.
14. Salmos sobre la naturaleza
15. Salmos penitenciales.
16. Salmos patrióticos
17. Libros de la Biblia.
18. Hombres de la Biblia.
19. Mujeres de la Biblia.
20. Guerreros de la Biblia.
21. Intercesores de la Biblia.
22. Reincidentes dé la Biblia.
23. Ebrios de la Biblia.
24. Apóstatas de la Biblia.
25. Hombres a quienes Dios mató.
26. Hombres que deseaban morir y no podían.
27. Ganadores de almas del Antiguo Testamento.
28. Ganadores de almas del Nuevo Testamento.
29. Conversiones dei Antiguo Testamento.
30. Los pactos de la Biblia.
31. Las fiestas de Jehová (Lv. 23).
32. Soñadores del Antiguo Testamento.

33. Hombres de te del Antiguo Testamento.
34. Hombres de te del Nuevo Testamento.
35. Los diez milagros mayores del Antiguo Testamento.
36. Mártires del Antiguo Testamento.
37. Mártires del Nuevo Testamento.
38. Los siete hombres más grandes del Antiguo Testamento.
39. Misioneros del Antiguo Testamento.
40. Hombres llamados perfectos en el Antiguo Testamento.
41. Los nombres de Dios en el Antiguo Testamento.
42. Las parábolas del Antiguo Testamento.
43. Los tardadores de la Biblia.
44. Los cantores de la Biblia.
45. Avivamientos del Antiguo Testamento.
46. Avivamiento del Nuevo Testamento.
47. Grandes sermones del Antiguo Testamento
48. Teofanías del Antiguo Testamento.
49. Visiones del Antiguo Testamento.
50. Visiones del Nuevo Testamento.
51. Juramentos del Antiguo Testamento.
52. Los mayores símbolos en el Antiguo Testamento.
53. Los diez capítulos mis preciosos en la Biblia.
54. Los diez capítulos proféticos más importantes.
55. Grandes confesiones en la Biblia.
56. Grandes decisiones en la Biblia
57. Hombres que desobedecieron.
58. Hipócritas de la Biblia.
59. Necios de la Biblia.
60. Los juicios divinos mayores en la Biblia.
61. Personas orgullosas en la Biblia.
62. Rebeldes contra Dios.
63. Hombres justos en su propia opinión.
64. Personas tentadas en la Biblia.
65. Hombres mundanos de la Biblia.
66. Ciudades principales de la Biblia.
67. Escenas nocturnas en la Biblia.
68. Acontecimientos en montañas en la Biblia.
69. Batallas principales en la Biblia.
70. Amantes en la Biblia.
71. Preguntas hechas por Jesús.
72. Preguntas hechas por el Padre.
73. Preguntas hechas por Los hombres a Jesús.

74. Mentiras de Satanás.
75. El desarrollo de la vida de Cristo.
76. El desarrollo de la vida de Pablo.
77. El desarrollo de la vida de Pedro.
78. Los doce apóstoles.
79. Las siete iglesias en Asia Menor.
80. Las doctrinas principales de la Biblia.
81. Los aspectos principales de la salvación.
82. Los profetas menores.
83. Los profetas mayores.
84. Madres de la Biblia.
85. Los doce hijos de Jacob.
86. El ministerio de los ángeles.
87. El Tabernáculo.
88. Las ofrendas levíticas.
89. Las grandes profecías de la Expiación.
90. Bautismos de la Biblia.
91. Los viajes misioneros de Pablo.
92. Funerales en la Biblia.
93. Los oficios de Cristo.
94. Las iglesias principales del Nuevo Testamento.
95. Personas sediciosas en la Biblia.
96. Religiones falsas en la Biblia.
97. Huertas en la Biblia.
98. Suicidios en la Biblia.
99. Matrimonios en la Biblia.
100. Los galardones de los santos.

De: *Variety in Your Preaching* por: Perry y Whiteseu.

Apéndice C

"Yendo, predicad"

Por el Mayor Floyd Doud Shafer

Esto es un ensayo en que el autor exhorta que se haga lo que sea humanamente posible para hacer que los predicadores del Evangelio sean oradores efectivos para Dios. Después de un párrafo de introducción en que lamenta la decadencia de la estimación de la sociedad para el predicador evangélico, este Pastor de la Iglesia Presbiteriana en Salem, Indiana, dice lo siguiente:

"Ministro de la Palabra

La solución de este problema debe ser patente. Aquí está en su simplicidad reprochadora: ¡Hazle un ministro de la Biblia! Pero, ¿qué quiere decir esto? Muy bien, lo diremos con la brusquedad más apasionada.

Arrójale a su oficina. Arráncale de la puerta el letrero que dice: 'Oficina', y clava otro que diga: 'Estudio'. Enciérrale con llave allí, junto con su Biblia, sus libros y asegúrate de que tenga toda clase de textos con su máquina de escribir (o con bastantes lápices). Empújale violentamente sobre sus rodillas delante de Dios, con un peso sobre su corazón por las almas quebrantadas en el dolor, y también por las vidas petulantes y superficiales de su rebaño.

Oblígale a ser el hombre que en la comunidad hastiada sabe las cosas profundas de Dios. Ponle a luchar con Dios en la oración hasta que se dé cuenta de lo corto que son sus propios brazos. Contrátale a perseverar con Dios por toda la noche entera. Permítele salir sólo cuando esté magullado y golpeado hasta el punto de llegar a ser una bendición. Ponle preso, donde un reloj registrador le sujetará, encadenado al pensamiento y a la voluntad de escribir acerca de Dios durante cuarenta horas de la semana.

Cierra su boca garrula acostumbrada a estar siempre "comentando", chorreando "observaciones", y detén su lengua para que no se mueva tan sueltamente sobre todo tema vano. Requiérele que tenga algo bueno que decir antes de romper el silencio. Que ardan sus ojos con el estudio fatigador. Que quebrante su serenidad emocional con la aspiración de agraciar a Dios. Hazle cambiar su postura pía exagerada por un andar humilde con Dios y con el hombre. Hazle expenderse y ser expendido para la gloria de Dios.

Una vida encendida

Arráncale su teléfono, quema sus hojas de anotaciones de éxitos eclesiásticos, y ponle agua en el tanque de gasolina de su coche de paseo. Pon en su mano una Biblia, amárrale a su púlpito y hazle predicar la Palabra del Dios vivo. Pruébale, examínale e interrógale; humíllale por su ignorancia de las cosas divinas. Hazle sentir la vergüenza por su comprensión fácil de lo financiero, el récord de los deportistas, y las intrigas políticas. Ríete de sus esfuerzos frustrados para hacer el papel de psiquiatra; desdeña su moralidad insípida; rehúsa su inteligencia supina: ignora su tolerancia que no es más que mentecatería; e impónle a que sea un ministro de la Palabra. Si desea ser gracioso, dile que sea mas bien un producto de la gracia bruta de Dios.

Si está enamorado de querer ser agradable, demándale que agrade a Dios y no al hombre. Si quiere ser efusivo pídele que hable con una lengua que demuestre haber descendido de una llama santa. Si desea ser empresario, insiste en que sea más bien un obrero dócil en las manos de Dios, un ser que ilustra el propósito y da testimonio de la voluntad del Altísimo.

Una cosa necesaria

Forma un coro, eleva un canto y persíguele con ella día y noche: "Señor, quisiéramos ver a Jesús". Cuando, por fin, ensaye el púlpito, pregúntale si tiene una palabra que dé gloria a Dios; si no la tiene, despídele y dile que tu mismo puedes leer el periódico, digerir los comentarios por radio y solucionar los problemas superficiales del día, mejor que él. Mándale que no regrese hasta que haya leído y releído, escrito y vuelto a escribir, hasta que pueda ponerse de pie, rendido y abatido, y decir: "Así dice el Señor".

Quebrántale con el palo de su popularidad mal ganada; golpéale fuerte con su propio prestigio; arrincónale con preguntas acerca de Dios y cúbrele con demandas de sabiduría celestial, y no le des escape hasta que esté entre la espada y la pared, la espada de la Palabra de Dios y la pared de Su fidelidad. Luego siéntate delante de él y escucha la única palabra que le queda: la de Dios. Dale un capítulo y ordénale que ande alrededor de él, que acampe en él, trabaje con él, y que al fin llegue a citarlo al revés y al derecho hasta que todo lo que diga acerca de él resuene con el timbre de la eternidad.

Pídele que produzca las credenciales vivas de que ha sido y es un padre verdadero en su propia casa antes de cederle licencia de procurar servir como padre a todos en la congregación. Demándale a que pruebe que su amor es hondo, fuerte y seguro entre aquellos que son los más íntimos y caros a él, antes que aceptar su participación entre toda clase de personas con esa afabilidad superflua. Examina su hogar y ve si es un seminario de la fe, esperanza, educación y amor, o si es un armario de quejas, dudas, dogmas y cólera; si es lo primero, permite que salga fuera, conquistando y venciendo; si es lo segundo, entonces enciérrale para que ore, se convierta y llore, y sólo entonces pueda salir convertido y convirtiendo.

Señal y símbolo

Oblígale implacablemente a ser un hombre siempre inclinado pero nunca cobarde ante la verdad que él se ha esforzado revelar, habiendo experimentado, él mismo, en su vida, las duras luchas de un profeta del Todopoderoso. Permite que su alma sea desnudada ante los propósitos y arremetidas de Dios, y que si se sienta perdido, sin esperanza y acabado, hasta que al fin, solo Dios sea su Todo en todo. Haz que sea, en sí mismo señal y símbolo de que todo lo humano está perdido, y que la Gracia viene para ocupar el puesto de la perdida. Hazle una ilustración que enseñe como la Gracia solo es maravillosa, suficiente y redentora. Permite que él sea transparente a la gracia de Dios, a Dios mismo.

Y cuando él sea quemado por la Palabra incandescente que ha pasado por él, cuando sea consumido por fin por la Gracia encendida que corre en él y sea finalmente trasladado de la tierra al cielo, entonces lleva sus restos con cuidado, toca sorda trompeta, coloca una espada de dos filos sobre su ataúd y levanta una tonada triunfal, porque fue un soldado bravo de la Palabra y un portavoz leal a Dios antes de morir".

Christianity Today V-13, 27/3/61.

Apéndice D

El matrimonio

Este artículo fue publicado por "La Estrella de la Mañana" de Maracaibo, Venezuela, en el año 1936

Su importancia en el orden social y la relación entre el acto civil y el eclesiástico.

Nuestro Señor Jesucristo dijo "Dad lo que es de Cesar a Cesar; y lo que es de Dios a Dios", Marcos 12:17.

La importancia del matrimonio

Una de las columnas más importantes de la verdadera civilización, de una nación próspera y de una humanidad feliz y saludable, es el hogar bien y legítimamente establecido por medio del matrimonio, bien entendido, sanamente formado y firmemente resguardado por la virtud, el amor y la unión.

Dios creó al hombre varón y hembra y decretó que formaran su hogar legítimo y virtuoso, pero desgraciadamente el hombre persiste, para su propio mal, en quebrantar las leyes de Dios y las leyes de la naturaleza. Aun los hombres casados raras veces respetan sus votos matrimoniales y la virtud de su hogar.

El estado de perdición lamentable en que se encuentra el pueblo en este sentido, no solamente acarrea el justo juicio y castigo de Dios para el tiempo futuro, sino que las sabias leyes infalibles de la naturaleza se encargan por sí de aplicar horrorosos castigos, como consecuencia natural sobre los que persisten en vivir una vida desenfrenada.

Conviene, pues, aprender a respetar debidamente la importancia del matrimonio.

El matrimonio civil

En la vida civilizada el matrimonio tiene infinidad de valores, requisitos y consecuencias civiles Por esta razón también conviene que sea contraído bajo la facultad directa de la ley civil, porque solamente así prestará las mejores garantías de conformar en todo con los requisitos legales.

El matrimonio civil es la mejor garantía para la familia y para la sociedad. Y es bien reconocido en el mundo de hoy que la disposición mas perfecta y adecuada para la vida social es la ley de matrimonio civil obligatorio.

El matrimonio religioso

No hay absolutamente razón alguna para pensar, creer o pretender que el matrimonio civil obligatorio esté de manera alguna en conflicto con el matrimonio religioso, ni mucho menos que el matrimonio religioso, bien entendido, pudiera estar en conflicto con el matrimonio civil. Es cuestión de poner cada cosa en su lugar.

Bien sabemos que en muchos lugares el clero de la iglesia católica romana desprecia la virtud del matrimonio civil. Para prueba de esto copiamos el siguiente anuncio publicado por una iglesia católica en la Argentina:

"Todo cristiano debe saber:

1. Que el matrimonio es un sacramento.
2. Que para los católicos no hay otro matrimonio verdadero que el que se hace por la Iglesia.
3. Que unirse solo por la civil implica renuncia y apostasía de la religión.
4. Que a los que viven así, la Iglesia considera pecadores públicos, les niega los sacramentos y no los admite como padrinos de bautismo.
5. Que unirse sólo civilmente para los católicos es ponerse en peligro de eterna condenación.
6. Que ningún católico puede acompañar o festejar a quienes siendo católicos se unen sólo civilmente".

Claro está que este concepto romanista del valor del matrimonio civil forma nada menos que un desprecio y un atentado contra las leyes civiles. Dice un adagio que "todo extremo es malo", y hemos observado que en algunas iglesias evangélicas existe una tendencia de llegar al otro extremo, es decir, el de despreciar el valor del matrimonio religioso, de tal manera que se haya llegado a creer que de celebrar en toda su forma un matrimonio religioso, después de efectuarse el acto civil, equivaldría a tener en menos el valor de dicho acto. Pero esto es solamente falta de entendimiento.

Nuestro Señor Jesucristo, en su infinita sabiduría, dijo, como lo hemos citado arriba: "Dad lo que es de César a César; y lo que es de Dios, a Dios."

Para el cristiano naturalmente conviene afirmar delante de Dios los votos matrimoniales que ya ha hecho delante de las autoridades civiles. Así se ponen los cónyuges en la debida obligación no solamente ante la ley civil, sino también ante Dios. Y considerando los innumerables fracasos que hay en la vida conyugal, esto se hace aun más potente.

Por lo tanto encontramos también que los mejores rituales de las iglesias evangélicas disponen que se celebre el matrimonio religioso en la siguiente forma:

1. Lectura de las siguientes instrucciones: "Amigos y hermanos: nos hemos reunido aquí en presencia de Dios para solemnizar, ante el Todopoderoso, y en nombre de nuestra santa religión, el contrato de matrimonio que este hombre y esta mujer ya han celebrado ante las autoridades civiles. En este acto solemne tendremos en memoria que el matrimonio es un estado honroso, instituido por Dios cuando el hombre era aún inocente, y nos enseña en figura la unión espiritual que existe entre Cristo y Su Iglesia. Para el verdadero cristiano es un estado santo que Cristo mismo sancionó y santificó con Su presencia y por medio de Su primer milagro que hizo en Caná de Galilea.

El apóstol Pablo también recomienda el estado de matrimonio diciendo que es digno de honor entre todos. Por tanto no debe ser contraído inconsideradamente, sino con reverencia, discreción, peso y cordura, y en temor de Dios.

2. Oración.

3. Lectura de algunas selecciones de Las Sagradas Escrituras, que dan instrucciones importantes para los maridos y las esposas. (Por ejemplo: Efesios 5:15-33).

4. Los solemnes votos matrimoniales en la siguiente forma: el ministro dirige al marido mencionándole (por nombre) las siguientes preguntas: "¿Quieres prometer delante de Dios y de estos testigos, así como lo has prometido ante las autoridades civiles, tener a esta mujer, (nombre de ésta), por tu legítima esposa, para vivir con ella, conforme a lo ordenado por Dios , en el santo estado de matrimonio? ¿Prometes amarla, consolarla. honrarla, y conservarla, en tiempo de enfermedad o de salud, y, renunciando a todas las otras, te conservarás, para ella solamente, mientras los dos viviréis?" (El marido responderá: "Sí, lo prometo").

A la esposa .... (por nombre) ...: ¿Quieres prometer delante de Dios y de estos testigos, así como lo has prometido delante de las autoridades civiles, tener a este hombre (nombre) por tu legítimo marido y esposo, para vivir con él, conforme a lo ordenado por Dios, en el santo estado del matrimonio? ¿Prometes amarle, ayudarle, obedecerle, honrarle y cuidarle, en tiempo de enfermedad o de salud, en prosperidad y en sufrimientos, y, renunciando a todos los otros, te conservarás solo para él, mientras los dos viviereis?" (La esposa responderá: "Si, lo prometo").

A ambos: "¿Prometéis también, mediante la gracia de Dios, ordenar vuestro hogar y vida en armonía con las enseñanzas de Jesucristo y la Palabra de Dios?" (Ambos responderán: "Si, lo prometemos").

5. Oración.

6. Declaración pública de que se ha efectuado el matrimonio, y las palabras: "A los que Dios ha unido, ningún hombre separe. Por cuanto (nombre del marido) y (nombre la esposa), han celebrado su contrato matrimonial, primero delante de las autoridades civiles, y después aquí delante de Dios y de estos testigos, y para este fin se han dado y desempeñado su fe y palabra el uno a la otra, y lo han manifestado también por la unión de las manos, los declaro marido y esposa, en el Nombre del Padre, y del Hijo, y del Espíritu Santo. Amen".

7. Bendición.

Podemos asegurar que nadie puede culpar a la iglesia evangélica de menospreciar el acto civil en esta ceremonia, a la vez que se comprende la gran solemnidad de este acto religioso.

Apéndice E

Lecciones para catecúmenos

Para ser miembro de la clase de catecúmenos se requiere:

1. Que el solicitante acepte a Cristo como su único suficiente Salvador.
2. Que reconozca la Biblia como la Palabra de Dios a la que debe obedecer, dejando en prueba de ello los vicios y defectos de su carácter.
3. Que abandone todo culto, fuera del culto evangélico, y toda superstición.
4. Que estudie las lecciones siguientes, aprendiendo de memoria las contestaciones a las preguntas y los pasajes indicados.

I. La necesidad de la salvación

1. ¿Qué es el pecado? Toda maldad, 1 Juan 5:17; 3:4; Santiago 4:17.
2. ¿Quiénes son pecadores? Todos. Romanos 3:23; 3:12.
3. ¿Cuál es el origen del pecado?
   a. Satanás Juan 8:44, Génesis 3:1-6.
   b. Nuestra concupiscencia, Santiago 1:14.
4. ¿Cuál es el resultado del pecado? La muerte. Romanos 6:23; Santiago 1:15.
5. ¿Quién es culpable al pecar? El pecador. Santiago 1:13-14; Ezequiel 18:4; Salmo 51:4.

II. La salvación encontrada en Cristo

1. ¿Puede el pecador salvarse a si mismo? Nunca. Efesios 2:8-9; Jn. 8:34.
2. ¿Que esperanza le queda? El renacimiento. 2 Co. 5:17; Juan 3:5-6; 14-16.
3. ¿Quién obra el renacimiento? El Espíritu de Dios empleando la Palabra, 1 Pedro 1:3, 23; Tito 3:5.
4. ¿Qué recibimos al renacer del Espíritu?
   a. Nuevo Padre, Juan 1:12; 1 Juan 3:1.
   b. Nuevo Espíritu, Hechos 2.38; Romanos 8 :9; 1 Co. 6:19.
   c. Nueva vida, 1 Juan 5:11-12.
   d. Nueva naturaleza, 2 Pedro 1:4.

III. La manera de apropiarse de la salvación

1. ¿La Salvación es de gran precio? Sí, pero Cristo ya pagó el precio. 1 Pedro 1:18-19; 2:24.
2. ¿Cómo, entonces, nos apropiamos de ella? Por la fe. Juan 5:24; 1 Juan 5:13.
3. Cómo viene la fe salvadora? Por oír la Palabra. Romanos 10:17.
4. ¿Cómo cuenta Dios nuestra fe? Por justicia. Romanos 4:5.
5. ¿Qué acompaña a la fe salvadora? El arrepentimiento. Santiago 2:26; Marcos 1:15.

6. ¿Hay otro modo de salvarse? Ninguno. Hebreos 2:3; Hechos 4:12.

IV. La posición, el estado y el servicio del cristiano

1. ¿Cuál es la posición del cristiano delante de Dios? La de hijo, siendo nacido del Espíritu, adoptado, justificado y santificado en Cristo. Gálatas 4:4-6; Efesios 1:5; 1 Co. 6:11; 2 Co. 5:21; 1 Pedro 2:2.
2. ¿Cuál es su estado en el mundo? Tiene dos naturalezas: la vieja que es carnal y la nueva que es divina y espiritual. Efesios 2:1-3; Efesios 4:22-24; 2 Pedro 1:4; Juan 3:6; Romanos 8:6-9; Gálatas 5:17.
3. ¿Cómo se vence la tentacion? No por nuestra fuerza propia, sino por el Espiritu de Dios que obra en nosotros. Gálatas 2:20; 5:16; Santiago 4:7; Romanos 8:2, 12-13; 6:14; 1 Corintios 10:13.
4. ¿En qué debe ocuparse el cristiano?
   a. En buscar la perfección. Romanos 8:5; 2 Co. 7:1; Fil. 3:12; 1 Pedro 1:14-16.
   b. En testificar por Cristo al mundo. Mateo 4:19; Hechos 1:8; 4:20; 8:4; Marcos 16:15.
5. Siendo salvos por pura gracia, ¿Qué lugar tienen las buenas obras? Son fruto del Espiritu Santo. Tito 2:14; Efesios 2:10; Gálatas 5:22-24.

V. La Iglesia

1. ¿Cómo se usa la palabra: “iglesia” en Las Escrituras?
   a. Para denotar una asamblea de convocados. Hechos 19:32, 39-40; Hechos 7:38.
   b. Como institución o conjunto colectivo de todos los creyentes de todos los siglos. Mateo 16:18; 1 Timoteo 3:15; 1 Corintios 12:28; Efesios 1:22, 23.
   c. Como conjunto ordenado de regenerados en una localidad. 1 Corintios 1:2; 16:19; Gálatas 1:2; Colosenses 4:15.
2. ¿Cómo podriamos dar una breve definición de lo que es una iglesia local? Una iglesia es un conjunto de discípulos de Cristo, bautizados, unidos en creencia de lo que Él ha enseñado y comprometidos juntas a hacer lo que Él ha mandado.
3. ¿Cuál es el orden de disciplina en la iglesia?
   a. Por agravios personales, arreglo privado si es posible Mt. 18:15-17.
   b. Por asuntos temporales, se prohíbe el uso de los tribunales civiles. 1 Corintios 6:1-10.
   c. Por ofensa o escándalo público, excomunión inmediata. 1 Corintios 5:1-13.
   d. Por disensiones y caídas, amonestación y excomunión. Romanos 16:17, 18; Gálatas 6:1; Tito 3:10-11; 1 Tesalonicenses 3:6, 14-15.
   e. Reinstalación al merecerla. 2 Corintios 2:6-8.

VI. Las dos ordenanzas de la Iglesia Cristiana Evangélica

1. ¿Qué es una ordenanza? Es un acto visible, ordenado por Dios, que representa un hecho o verdad del Evangelio, y la relación personal del participante a ese hecho o verdad. Mateo 28:18-20; 1 Corintios 11:24.
2. ¿Qué significado tiene la ordenanza del bautismo? El lavamiento del pecado por la identificación con Cristo en Su muerte, sepultura y resurrección, y nuestra muerte al mundo y la vida nueva por el Espíritu Santo. Romanos 6:3-6, 11; Colosenses 2:12; Hechos 22:16.
3. ¿Qué requisito se exige para que una persona sea bautizada? La fe en Jesucristo como su único y suficiente Salvador y su Divino Señor. Romanos 10:9; Hechos 16:31. Si la fe es sincera, ha de producir:
   a. El arrepentimiento. Marcos 1:15; Hechos 2:38.
   b. Frutos dignos de arrepentimiento. Lucas 3 : 8; Mateo 5:20.
   c. Deseo y convicción respecto al bautismo. Hechos 8:36; Marcos 16:16.
   d. Preparación espiritual y conocimientos para ser miembro útil de la iglesia. Lucas 3:7; Hechos 19:1-5; 1 Corintios 12:7, 11-15.
4. ¿Que significa la ordenanza de la Santa Cena? La participación de todos del pan y del vino. por invitación y ordenanza del Señor y en comunión con Él en Su mesa, así recordando, hasta que Él venga otra vez, la muerte del Salvador Jesucristo, Su cuerpo traspasado y Su sangre derramada por los Suyos. 1 Corintios 11: 23-26; Lucas 22:19-20; 1 Corintios 10:16.
5. ¿Como se debe participar de la Mesa del Señor? No como de una comida común, mas discerniendo en el sagrado acto su significado espiritual, cada uno habiendo examinado de antemano su propio corazón. 1 Corintios 11:27-34.

VII. Los deberes de un miembro de la iglesia

1. ¿Cuáles son los deberes principales de un miembro de la iglesia?
   a. Hacerlo todo para la gloria de Dios, 1 Corintios 10:31; Colosenses 3:23; Hebreos 6:12.
   b. Amar a los otros miembros, orando por todos. Juan 13:34-35; Juan 15:17; 1 Timoteo 2:1; 1 Pedro 1:22.
   c. Crecer en la gracia y en conocimientos espirituales. 2 Pedro 3: 18; Romanos 12: 1-2; Hebreos 6:1; Colosenses 3:1 3; 1:10.
   d. No dejar de asistir a Los cultos Hebreos 10:24-25; Efesios 5:19-21.
   e. Cuidar del testimonio de la iglesia. Gálatas 6:1-2; Hebreos 3:12-13.
   f. Participar de la obra de la iglesia en cooperación con los demás miembros. 1 Corintios 12:21, 24-27; Juan 15:16; Romanos 12:5-13.

g. Dar sus ofrendas alegremente y con constancia. 1 Corintios 16:2; 2 Corintios 8:7-9; 9:6-7.
h. Esperar al Hijo de Dios que viene de los cielos en gloria. 1 Tesalonicenses 1:9-10; Filipenses 3: 20; Mateo 25: 13.

Apéndice F

Borrador del acta de una reunión de los asuntos de una iglesia local de gobierno congregacional

Se reunió la iglesia el diez de junio, a las 8 p.m., en el templo, con el pastor Rdo. Manuel García como presidente. Después de cantar todos un himno, el pastor leyó el pasaje bíblico Romanos, capítulo 12, y nos dirigió en oración.

El número de miembros que estaban presentes era el de 73, que constituye más de la mitad del total de miembros, y por lo tanto había quórum; por lo que el presidente declaró abierta la sesión.

El secretario leyó el acta de la última reunión y, no habiendo observaciones, fue aprobada.

El tesorero presentó su informe, dando a conocer que hay en caja la suma de 42 pesos con cincuenta centavos. Después de pedir datos acerca de los gastos para el mantenimiento de la propiedad y recibirlos satisfactoriamente, la asamblea aprobó el informe, dando gracias a Dios por el aumento en las ofrendas recibidas.

Inmediatamente dio informe la comisión permanente de visitas, por intermedio de su presidente el hermano Jaime Pérez, expresando que el número de miembros que ahora cooperaban con el pastor en el ministerio de visitar a los enfermos y a los descarriados era mayor que nunca, y que durante el mes pasado se habían llevado a cabo un total de 46 visitas. Con agradecimiento al Señor fue aprobado dicho informe.

El superintendente de la escuela bíblica dominical dio una reseña de los datos sobre la asistencia, número de clases, etc. de la escuela. Se notó que el promedio de asistencia ha crecido durante el mes, alcanzando a 205 personas, y que hay necesidad de tres nuevos maestros. Se aprobó el informe.

El presidente de la sociedad de jóvenes explicó que, debido a las actividades escolares en este mes, la asistencia decreció un poco en estas semanas pero que habían sido de mucho interés sus reuniones. Pidió las oraciones de todos a fin de que la asistencia durante los mesas de vacaciones no llegue a menguar.

La presidenta de la sociedad de damas expresó que las hermanas se habían reunido toda semana con una buena asistencia. Después del estudio bíblico habían orado por las misiones nacionales y por toda la iglesia del Señor. Entonces pasaron una hora cosiendo ropa para enviar a la escuela entre los indigenas, y una semana tuvieron un tiempo social con buen éxito para las nuevas hermanas. Fue aprobado el informe.

Próxima la comisión especial a estudiar el plan para la construcción de un edificio nuevo para la escuela dominical y otras actividades de la iglesia, se dijo que todavía no había terminado su estudio, pero que se esperaba tener el diseño listo para la próxima reunión en el mes entrante. No habiendo objeción fue concedido.

Procediendo a tratarse los asuntos no terminados, el secretario volvió a leer la minuta acerca de la proposición de elegir a otro anciano para ayudar al pastor y al anciano escogido al principio del año. Se abrió de nuevo la discusión, pero como la congregación ya había meditado y orado sobre el asunto por un mes, casi en seguida se pidió el voto y fue aprobada la proposición.

Entonces el presidente pidió que dos o tres hermanos nos dirigieran en oración para que el Espíritu Santo guiara en la elección del nuevo anciano, y luego dijo que cualquiera podía nominar candidatos. Fueron nombrados los hermanos Moisés Rodríguez y Carlos Alejandro. Fue propuesto, secundado y votado que se cierren los nombramientos, y que el voto sea por media de boletas. Los diáconos repartieron una papeleta a cada miembro y después recogieron los votos, resultando electo el hermano Moisés Rodríguez con una mayoría de sesenta votos contra doce. El pastor anuncio que el próximo domingo sería instalado (u ordenado) el nuevo anciano.

Sin tener otro asunto pendiente se procedió a la consideración de nuevas proposiciones.

Fue propuesto y secundado que la iglesia empleara a uno de los estudiantes del seminario durante los cuatro meses de sus vacaciones de las clases, dejando a la discreción del pastor la selección del joven y a los diáconos su recompensa. Después de mucha discusión fue propuesto, secundado y votado que sea enmendada la moción, substituyendo el numero cuatro mesas por el de tres, permitiendo así al estudiante pasar con su familia un mes, no ocupándolo todo el tiempo de vacaciones. Entonces se pidió el voto sobre la proposición enmendada el que se aprobó por unanimidad.

Fue propuesto y secundado la compra de cien Biblias, de la nueva versión, para repartirse entre la congregación en cada culto, asegurando así que todos pudieran seguir la lectura bíblica de la misma versión, ayudando de manera especial a los visitantes que no tuvieran Biblia propia. Fue discutido el asunto por largo tiempo, muchos a favor y muchos en contra. Estos decían que sería una tentación a que robaran las Biblias; a que las estarían leyendo durante el culto en vez de escuchar los anuncios, oraciones, y sermones; y que los niños los romperían y marcarían en ellas. Al ser votado hubo 36 a favor y 36 en contra, es decir que hubo empate, pero el pastor rehusó votar diciendo que no convenía hacer una cosa en que tantos de los miembros no estaban de acuerdo; exigió más bien que todos meditaren más sobre esto y que orasen, y si en el futuro había el deseo de hacerlo con mayor acuerdo entre los hermanos, podían volver a proponerlo. Así que perdió la moción.

Fue propuesto y secundado que los diáconos se responsabilizaran mejor del aseo del templo, sobrevigilando el trabajo del conserje, debido a que, en estas meses de tanto viento, los asientos estaban cubiertos de polvo al llegar la hora del culto. Sin mucha discusión todos se manifestaron a favor.

La junta de la iglesia, después de haber hecho juntamente con el pastor inútiles esfuerzos para la observancia de una vida digna del Señor, recomendó que Rafael Ramírez fuese excomulgado por haber vuelto al mundo, embriagándose y maltratando a su familia, especialmente golpeando a su esposa anticristianamente, según 1 Corintios 5:11; 1 Pedro 3:7; Efesios 5:28; etc. Así fue propuesta, secundada y votada, con tristeza la moción pero con el acuerdo de orar todos por él hasta que se arrepintiese.

Fue propuesto, y secundada y aprobada que la próxima reunión sea celebrada el 8 de julio próximo a las ocho de la noche.

Fue propuesta, y secundada y aprobada que se levantara la sesión, y todos en seguida se pusieron de pies siendo despedidos en oración por el anciano Moisés Rodríguez, a las 9:50 p.m.

(Firmado)

Honorato Suárez,
Secretario.

Apéndice G

Borrador del libro de la tesorería "Caja"

Este es un ejemplo de la manera como el tesorero de una iglesia pequeña puede emplear un solo libro de contabilidad para llevar la cuenta de los fondos de la iglesia. Puede comprarse un libro con dos columnas a la derecha, o es fácil tirar las líneas necesarias para adecuar cualquier rubro para este uso. Debe ser sin embargo, un libro encuadernado, no uno de hojas sueltas, según el criterio del pensamiento común. En iglesias grandes, con muchos miembros acostumbrados a los métodos mas modernos de contabilidad, y con varios libros además del de la "la caja" se puede muy bien emplear un sistema de acuerdo con los métodos más avanzados y modernos.

Se supone que la iglesia, cuyas entradas y salidas son imaginadas aquí, esté ocupando un salón o edificio arrendado, pero que desea edificar su propia capilla. Por lo tanto se dedica una ofrenda especial cada mes para ese propósito. Tales ofrendas pasan por el rubro general de la "caja" pero son depositados aparte, preferiblemente en un banco, y la suma de ese dinero debe ser guardada por el "comité de construcción" rindiendo ellos informe por separado a la iglesia.

Lo mismo sucederá con las ofrendas para la benevolencia, que se entregan a los diáconos. Ellos pueden tener un libro de contabilidad—un diario—pero no es buena costumbre que ellos informen a la congregación de los detalles de los donativos y beneficios a las familias necesitadas. Está todo apuntado en caso de necesidad, pero los diáconos deben reservarse de publicar los detalles, por razones obvias.

Los recibos son dados en números consecutivos, según sean pagadas las cuentas. Cuando por ejemplo, la compañía de luz eléctrica o del agua potable presenta su recibo y es pagado, el tesorero pondrá su propio numero. Para las ofrendas, se recomienda que los diáconos, al contar el dinero por la mañana y por la noche, y apuntar los totales en su propio libro o diario, entreguen al tesorero el efectivo juntamente con un papeleta con las sumas de las ofrendas del día, con la fecha, y con las iniciales de los diáconos que contaron el dinero. Aunque no es propiamente un recibo formal, es un vale y puede ser enumerado.

ENTRADAS

1962			Nº de Recibo		
Enero	1	Balance en caja			152,50
	7	Ofrenda general	1	324,30	
		Ofrenda para diaconado (Benevolencia)	2	47,65	
	14	Ofrenda general	3	401,20	
	21	Ofrenda general	4	246,10	
		Ofrenda especial para construcción	5	621,00	
	28	Ofrenda general	6	317,15	1.957,40
Febrero	4	Ofrenda general	7	381,25	
		Ofrenda para diaconado	8	49,80	
	11	Ofrenda general	9	390,05	
	18	Ofrenda general	10	410,95	
		Ofrenda para construcción del templo	11	595,00	
	25	Ofrenda general	12	401,45	2.228,50
Marzo	4	Ofrenda general	13	428,60	
		Ofrenda para diaconado	14	45,05	
	11	Ofrenda general	15	411,95	
	18	Ofrenda general	16	315,35	
	25	Ofrenda para construcción del templo	17	703,40	
		Ofrenda para misiones	18	421,00	2.325,35
					6.663,75
Abril	1	Balance en caja			52,45
	1	Ofrenda general	19	433,40	
		Ofrenda para diaconado	20	62,00	
	8	Ofrenda general	21	402,15	
	15	Ofrenda general	22	390,35	
		Ofrenda para construcción	23	717,60	
	22	Ofrenda general	24	419,00	
	29	Ofrenda general	25	407,10	2.831,60
			Van		2.884,05

ENTRADAS

1962			Nº de Recibo		
		Vienen			2.884,05
Mayo	6	Ofrenda general	26	468,70	
		Ofrenda para diaconado	27	59,85	
	13	Ofrenda general	28	451,75	
	20	Ofrenda general	29	442,60	
		Ofrenda para construcción templo	30	649,90	
	27	Ofrenda general	31	411,20	2.484,00
Junio	3	Ofrenda general	32	474,00	
		Ofrenda para diaconado	33	60,15	
	10	Ofrenda general	34	427,90	
	17	Ofrenda general	35	334,25	
		Ofrenda para construcción templo	36	698,95	
	24	Ofrenda para Misión Oriente	37	722,20	2.717,45
					8.085,50
Julio	1	Balance en caja			845,40
		Ofrenda general	38	378,90	
		Ofrenda para diaconado	39	51,35	
	8	Ofrenda general	40	410,20	
	15	Ofrenda general	41	405,40	
		Ofrenda para templo	42	621,10	
	22	Ofrenda general	43	382,00	
	29	Ofrenda general	44	348,05	2.597,00
Agosto	5	Ofrenda general	45	295,00	
		Ofrenda para diaconado	46	32,60	
	12	Ofrenda general	47	348,10	
	19	Ofrenda general	48	395,30	
		Ofrenda para construcción del templo	49	516,40	
	26	Ofrenda general	50	398,90	1.986,30
			Van		5.428,70

ENTRADAS

1962		Nº de Recibo		
	Vienen			5.428,70
Septiembre 2	Ofrenda general	51	401,75	
	Ofrenda para diaconado	52	39,45	
9	Ofrenda general	53	420,05	
16	Ofrenda general	54	397,40	
	Ofrenda para construcción templo	55	554,15	
23	Ofrenda general	56	452,80	
30	Ofrenda para Instituto Bíblico	57	510,40	2,776,00
				8.204,70
Octubre 1	Balance en caja			651,85
7	Ofrenda general	58	415,90	
	Ofrenda para diaconado	59	61,30	
14	Ofrenda general	60	399,10	
21	Ofrenda general	61	421,05	
	Ofrenda para templo	62	530,25	
28	Ofrenda general	63	419,15	2.246,75
Noviembre 4	Ofrenda general	64	600,20	
	Ofrenda para benevolencia	65	58,70	
11	Ofrenda general	66	387,20	
18	Ofrenda general	67	225,65	
	Ofrenda para construir el templo	68	681,40	
25	Ofrenda general	69	411,30	2.364,45
Diciembre 2	Ofrenda general	70	472,25	
	Ofrenda para diaconado	71	63,00	
9	Ofrenda especial para S. Bíblica	72	680,00	
16	Ofrenda general	73	458,30	
	Ofrenda para construcción del templo	74	515,95	
23	Ofrenda general	75	328,40	
30	Ofrenda para Misiones – Orfanato	76	638,50	3.156,40
				8.419,45

SALIDAS

1962			Nº de recibo		
Enero	7	Al fondo del diaconado (Para los pobres)	1	47,65	
	15	Quincena del Conserje	2	50,00	
	16	Luz eléctrica por mes de diciembre	3	32,50	
	22	Al fondo para construcción	4	621,00	
	31	Quincena del conserje	5	50,00	
		Arriendo del salón por el mes de enero	6	300,00	
		Mensualidad del pastor	7	900,00	
		Útiles de limpieza	8	19,50	2.020,65
Febrero	4	Al fondo para diaconado	9	49,80	
	15	Quincena del conserje	10	50,00	
	16	Luz eléctrica por el mes de enero	11	28,90	
	19	Al fondo para construcción	12	595,00	
	28	Agua potable-los meses enero y febrero	13	20,00	
		Quincena del conserje	14	50,00	
		Arriendo del salón– mes de febrero	15	300,00	
		Mensualidad del pastor	16	900,00	1.993,70
Marzo	4	Al fondo del diaconado	17	45,05	
	15	Quincena del conserje	18	50,00	
	17	Luz eléctrica – mes de febrero	19	27,50	
	18	Al fondo para construcción	20	703,40	
		Al predicador suplente	21	100,00	
	25	A la Misión Oriente	22	421,00	
	31	Quincena del conserje	23	50,00	
		Arriendo del salón por este mes	24	300,00	
		Mensualidad del pastor	25	900,00	2.596,95
					6.611,30
		Balance en caja 31/3/62			52,45
					6.663,75
Abril	1	Al fondo para diaconado	26	62,00	
	15	Al fondo para construcción	27	717,60	
		Quincena del conserje	28	50,00	
	17	Luz eléctrica por el mes de marzo	29	29,50	
	19	Gastos de oficina	30	35,15	
	20	Pintura del salón	31	200,00	
	30	Agua potable–meses marzo y abril	32	20,00	
		Quincena del conserje	33	50,00	

1962			Nº de recibo		
Abril	30	Arriendo por el mes de abril	34	300,00	
		Mensualidad del pastor	35	900,00	2.364,25
Mayo	6	Al fondo de los diáconos	36	59,85	
	15	Quincena del conserje	37	50,00	
	16	Luz por el mes de abril	38	30,10	
	20	Al fondo para construir el templo	39	649,90	
	31	Quincena del conserje	40	50,00	
		Arriendo del salón este mes	41	300,00	
		Mensualidad del pastor	42	900,00	2.039,85
Junio	3	A los diáconos para los pobres	43	60,15	
	15	Quincena del conserje	44	50,00	
	16	Luz eléctrica por el mes de mayo	45	34,70	
	17	Al fondo para construcción del templo	46	698,95	
	30	Agua por los meses de mayo y junio	47	20,00	
		A la Misión Oriente	48	722,20	
		Quincena del conserje	49	50,00	
		Arriendo por este mes	50	300,00	
		Mensualidad del pastor	51	900,00	2.836,00
					7.240,10
		Balance en caja 30/6/62			845,40
					8.085,50
Julio	1	Al fondo para diaconado	52	51,35	
	15	Ofrenda del conserje	53	50,00	
	16	Luz eléctrica mes de junio	54	26,50	
		Al fondo para construcción templo	55	621,10	
	20	Música especial para coro	56	69,00	
	31	Quincena del conserje	57	50,00	
		Arriendo del mes	58	300,00	
		Mensualidad del pastor – julio	59	1.000,00	
		Al pastor para vacaciones – agosto	60	1.000,00	3.167,95
Agosto	5	Al fondo para diaconado	61	32,60	
	15	Quincena del conserje	62	50,00	
	17	Luz eléctrica – mes de julio	63	24,70	
	19	Al fondo para construcción templo	64	516,40	
	31	Agua potable – meses julio y agosto	65	20,00	
		Quincena del conserje	66	50,00	
		Arriendo del salón	67	300,00	
		Al estudiante – predicador suplente	68	800,00	1.793,70
			Van		4.961,65

SALIDAS

1962		Nº de recibo		
	Vienen			4.961,65
Septiembre 1	Gastos sociales en honor del pastor	69	61,30	
2	Al fondo para diaconado	70	39,45	
15	Quincena del conserje	71	50,00	
16	Al fondo para templo	72	554,15	
17	Luz eléctrica para agosto	73	25,90	
30	Quincena del conserje	74	50,00	
	Arriendo del salón este mes	75	300,00	
	Mensualidad del pastor	76	1.000,00	
	Al Instituto Bíblico Bereano	77	510,40	2.591,20
	Total de gastos del trimestre			7.552,85
	Balance en caja 30/9/62			651,85
				8.204,70
Octubre 7	Al fondo del diaconado	78	61,30	
10	Sillas para el cuarto de niños	79	42,50	
15	Quincena del conserje	80	50,00	
17	Luz eléctrica por el mes de septiembre	81	29,00	
21	Al fondo para construcción templo	82	530,25	
31	Quincena del conserje	83	50,00	
	Agua potable – meses sep. y oct.	84	20,00	
	Arriendo del salón – octubre	85	300,00	
	Mensualidad del pastor	86	1.000,00	2.083,05
Noviembre 4	Al fondo de diaconado	87	58,70	
15	Quincena del conserje	88	50,00	
16	Luz para octubre	89	33,20	
18	Al fondo para construcción del templo	90	681,40	
30	Quincena del conserje	91	50,00	
	Arriendo del salón este mes	92	300,00	
	Mensualidad del pastor	93	1.000,00	2.173,30
Diciembre 2	Al fondo del diaconado	94	63,00	
10	Sociedades Bíblicas Unidas	95	680,00	
15	Avisos en el periódico de Navidad	96	100,00	
	Quincena del conserje	97	50,00	
16	Al fondo para construcción del templo	98	515,95	
17	Luz eléctrica por noviembre	99	39,40	
20	Aguinaldo para familia del pastor	100	150,00	
31	Al "Orfanatorio Onésimo"	101	638,50	
	Agua potable – noviembre y diciembre	102	20,00	

Quincena del conserje	103	50,00	
Arriendo del salón – diciembre	104	300,00	
Mensualidad del pastor	105	1.000,00	3.606,85
Total de gastos para 4º trimestre			7.863,20
Balance en caja 31/12/62			556,25
			8.419,45

APÉNDICE H

Borrador de estatutos para solicitar personería jurídica de una iglesia local

ESTATUTOS DE LA ASOCIACIÓN

Capítulo I

De la asociación y sus fines

Artículo 1.

Constitúyese la Asociación ______________ con domicilio en la ciudad de ________________________________ .

Articulo 2.

La asociación es persona jurídica y, por lo tanto, se halla en condiciones de ejercer derechos y contraer obligaciones, siendo su presidente el representante legal.

Artículo 3.

Está constituida por los socios que se encuentran registrados como tales y por los que en lo sucesivo manifiestan por escrito su voluntad para pertenecer y sean aceptados.

Artículo 4.

La asociación no intervendrá en actos políticos de ninguna especie.

Artículo 5.

Sus fines son:

a. Llevar a la práctica el mejoramiento espiritual, social y cultural de sus miembros;
b. Propender a la unión y solidaridad mutua de los socios,
c. Asistir a los asociados en los momentos cruciales de su vida.

Para la consecución de estos propósitos se pondrán en práctica los siguientes medios:

(1) Dictar ciclos de conferencias;
(2) Preparar clases para que estudien los miembros, los candidatos y los simpatizantes;
(3) Establecer escuelas para los hijos de los socios;
(4) Adquirir o arrendar edificios para tal objeto:
(5) Propender al establecimiento de hospitales, y a aliviar las necesidades de los socios cuyo estado económico sea de suma pobreza comprobada.

Capítulo II

De los organismos directivos

Artículo 6.

Son organismos de administración y dirección:

a. La asamblea general; y,
b. La junta administrativa.

De la asamblea general

Articulo 7.

El organismo máximo de la asociación es la asamblea general, que se compone de todos los socios reunidos en sesión.

Articulo 8.

La asamblea general es ordinaria y extraordinaria.

La asamblea general ordinaria sesionará en la segunda quincena del mes __________ de cada año para la elección de los miembros de la junta administrativa para conocer el balance anual de ingresos y egresos y para dictar las normas concernientes a la marcha de la institución.

La asamblea general extraordinaria se reunirá exclusivamente para tratar asuntos concretes de importancia que sean considerados urgentes y conciernan al buen funcionamiento de la asociación.

Artículo 9.

Las convocatorias para las asambleas ordinaria y extraordinaria, serán anunciadas, por lo menos, en dos sesiones públicas.

Para que se considere reunida la asamblea general ordinaria o extraordinaria y tenga su quórum legal, es necesaria la concurrencia a sesión, en la primera convocatoria, por lo menos la una tercera parte de los socios activos; si no obtuviere este quórum se procederá a efectuar una nueva convocatoria con la misma anticipación, y entonces podrá sesionar con cualquier numero de socios que asistiere.

Articulo 10.

La junta administrativa está obligada a convocar a las reuniones de las asambleas extraordinarias a solicitud escrita de por lo menos veinte socios, indicando expresamente los motivos que hubieren para ello.

Articulo 11.

Corresponde a la asamblea general:

a. Dictar las disposiciones necesarias para llevar a cabo los fines determinados en el Articulo 5° de los presentes estatutos;
b. Elegir a los miembros de la junta administrativa y dar posesión de sus cargos.
c. Estudiar y aprobar el presupuesto anual que deberá ser presentado por la junta administrativa; conocer los balances anuales y aprobarlos o rechazarlos;
d. Reformar los estatutos, cuando el caso lo requiere y someterlos a la aprobación del Ministerio de Previsión Social (o al ministerio responsable). Interpretar con fuerza obligatoria las disposiciones estatutarias y reglamentarias;

e. Conocer y resolver las sugestiones que elevaren los socios las quejas y apelaciones que interpretaren de las resoluciones de la junta administrativa;
f. Acordar la unificación con otras entidades similares; y.
g. Dictar normas generales de administración y las demás que no se encuentran previstas en los estatutos y reglamentos, para el mayor beneficio de los intereses de los asociados.

De la junta administrativa

Artículo 12.

La junta administrativa es el organismo ejecutor del movimiento social y económico de la asociación, y estará integrado por: el presidente, vicepresidente, secretario, tesorero y diez vocales (6 varones y 4 mujeres). Los miembros de la junta administrativa serán elegidos por votación directa y secreta, para el período de un año, pudiendo ser reelegidos indefinidamente.

Articulo 13.

Corresponde a la junta administrativa:

a. Ejecutar las resoluciones de la asamblea general;
b. Cumplir y hacer cumplir las disposiciones estatutarias y reglamentarias;
c. Llevar a la práctica por todos los medios posibles las finalidades de la Asociación propuestas en el Articulo 5° de estos estatutos;
d. Dictar y modificar el reglamento interno e interpretarlo con el carácter obligatorio;
e. Elaborar el presupuesto anual de la asociación y presentar, por medio del tesorero, a la asamblea general el balance general para su aprobación:
f. Presentar por medio del presidente el informe anual de labores a la asamblea general, emitiendo, si fuere necesario, sugestiones para el mejor cumplimiento de los fines de la asociación;
g. Elaborar los proyectos de reformas a los estatutos, y someterlos a la aprobación de la asamblea general;
h. Resolver, transitoriamente las dudas que se presentan sobre disposiciones estatutarias y su aprobación, con carácter obligatorio, hasta que resuelva la asamblea general;
i. Estudiar y resolver las propuestas que presenten los socios y particulares para la administración, previo contrato, de las pertenencias de la asociación en igualdad de condiciones serán preferidas las propuestas de los socios;
j. Determinar el monto de la caución que debe rendir el tesorero y conocer los balances mensuales que presentará dicho funcionario;
k. Aceptar o rechazar el ingreso de nuevos miembros;
l. Aplicar en primera instancia las sanciones a los socios, previstas en los estatutos, de cuya resolución podrá haber apelación ante la asamblea general;

ll. Nombrar y renovar al síndico, medico y demás personas que se determine en el presupuesto y asignar sus gratificaciones. El síndico será necesariamente abogado;
m. Declarar cesantes a los vocales de la junta administrativa que dejaren de asistir sin causa justificada a tres reuniones consecutivas, pudiendo designar a su reemplazo;
n. Regular el funcionamiento de los servicios sociales determinados en la letra © del Artículo 5° de los estatutos que constarán en el reglamento interino;
ñ. Dictar las disposiciones que sean necesarias para la mejor marcha de la asociación y que no se encuentren previstas en los estatutos y reglamentos; y,
o. Conocer de las excusas que presentaren los miembros de la junta administrativa y aceptarlas o negarlas hasta cuando se reúna la asamblea que los nombró.

Artículo 14.

La junta administrativa sesionará ordinariamente una vez al mes (cada primer lunes) y extraordinariamente cuando fuere convocado por el presidente o a solicitud de los vocales.

Artículo 15.

Las resoluciones del directorio se tomarán por mayoría de votos, la mitad más uno.

Del presidente

Artículo 16.

El presidente es el personero judicial y extrajudicial de la asociación y la representará en todos sus actos.

Artículo 17.

Corresponde al presidente:

a. Convocar y presidir las reuniones tanto de las asambleas generales como las de la junta administrativa;
b. Proceder a tomar la promesa y posesionar a los nuevos dignatarios
c. Cumplir y hacer cumplir las disposiciones de los estatutos, reglamento interno y órdenes que emanen de la asamblea general y de la junta administrativa;
d. Llevar a conocimiento de la junta administrativa la correspondencia de la asociación y autorizar su despacho; suscribir las actas de las sesiones de la asamblea general y las de la junta administrativa;
e. Supervigilar el movimiento económico de la tesorería y autorizar el egreso de los fondos que haya ordenado la junta administrativa y que consta en el presupuesto;
f. Vigilar por la buena conservación de los bienes de la entidad, aunque se encuentren administrados por otras personas.
g. Distribuir el trabajo de la secretaria, disponiendo que se encuentren al día todos los documentos, libros, actas, archivo ordenado, etc.; y,

h. Supervigilar porque la contabilidad, comprobantes de ingresos y egresos y demás documentos se encuentren completos y al día.

Del vicepresidente

Articulo 18.

Corresponde al vicepresidente ejercer temporalmente las funciones que competen al presidente, en los casos de falta o ausencia de este, y, definitivamente, hasta completar el periodo para el que fue elegido el presidente en los casos de renuncia, expulsión o muerte.

Del tesorero

Articulo 19.

Corresponde al tesorero:

a. Administrar con cuidado y celo los fondos encomendados a su custodia;
b. Llevar la contabilidad al día, aparejada de todos los documentos requeridos;
c. Presentar los balances mensuales a la junta administrativa y los anuales a la asamblea general;
d. Facilitar, en cualquier momento una fiscalización. a pedido de la asamblea general o de la junta administrativa;
e. Rendir la caución fijada por la junta administrativa; y
f. Concurrir puntualmente a las sesiones.

Del secretario

Articulo 20.

Corresponde a este funcionario:

a. Asistir puntualmente a las sesiones;
b. Llevar al día el libro de actas y resoluciones;
c. Conservar un archivo en regla tanto de la correspondencia recibida como de la enviada; y de mantener un registro de los miembros.

De los vocales

Artículo 21.

Corresponde a los vocales:

a. Concurrir con toda puntualidad a las reuniones;
b. Presentar tanto a la asamblea general como ante la junta administrativa nuevas sugerencias e inquietudes;
c. Cumplir fielmente las comisiones que se les encomiende; y velar por la buena marcha de la sociedad y por la disciplina de los miembros.

Capítulo III

De los miembros o socios

Artículo 22.

Son miembros los que actualmente constan en los registros y los que posteriormente sean aceptados, previa la correspondiente solicitud.

Artículo 23.

Corresponde a los miembros:

a. Concurrir fielmente a las asambleas y en general, a todas las reuniones para las que fue ren convocados;
b. Apoyar voluntariamente con sus legados, dadivas, erogaciones o cuotas para poder convertir en realidad, los postulados de la asociación;
c. Observar intachable conducta y una vida ejemplar;
d. Aportar su contingente en todo cuanto requiere la asociación o la sociedad, con su persona, o sus conocimientos, sus dones o trabajo;
e. Aceptar las comisiones o delegaciones que la asociación le encomendare ya directamente por su asamblea general o por la junta administrativa;
f. Cumplir con las disposiciones estatutarias y reglamentarias y con todas las órdenes que emane de los organismos de la entidad y sus personeros;
g. Desempeñar con diligencia, capacidad y probidad los cargos o comisiones para los que fueren nombrados.

Artículo 21.

Derechos de los socios son:

a. Elegir y ser elegidos para cualquier dignidad, cargo o comisión de la entidad;
b. Recibir, en igualdad de derechos de todos los asociados, los beneficios sociales que presto la entidad a sus miembros; y,
c. Ser considerados por los asociados y organismos, en todos los actos públicos y privados, con dignidad y respeto.

Capítulo IV

De los fondos sociales y bienes de la asociación

Artículo 25.

Los fondos son comunes y especiales.

a. Son fondos comunes:
   (1) Las donaciones, los legados, las ofrendas, las cuotas voluntarias que semanalmente sean entregados al tesorero de la asociación; y
   (2) Las subvenciones que con beneficio de inventario se hicieren a la asociación con carácter general y no para un destino especial.
b. Son fondos especiales:
   (1) Las aportaciones que hagan los miembros para un determinado fin;
   (2) Las subvenciones, donaciones o legados con beneficio de inventario que se hiciera a la entidad para determinados propósitos; y

(3) El producto de la venta de muebles o inmuebles. Los fondos especiales serán invertidos exclusivamente en los fines específicos que se determine.

Articulo 26.

Son bienes de la asociación:

a. Los muebles e inmuebles y aquellos que posteriormente se adquiera a cualquier título; y
b. Los muebles e inmuebles de cualquier título de transferencia de dominio que adquiera legalmente la asociación.

Capítulo V

De los servicios sociales

Articulo 27.

La Asociación establece o establecerá los siguientes servicios sociales:

a. Ciclos de conferencias bisemanales de carácter espiritual, moral y cultural;
b. Escuelas nocturnas que preparen sus miembros en los mismos campos antes mencionados;
c. Escuelas dominicales y vacacionales para los hijos de los miembros;
d. Clases para analfabetos, diurnas o nocturnas;
e. Escuelas primarias;
f. Botiquines de emergencia, clínicas y hospitales, según sus posibilidades;
g. Visitar a los enfermos, prestándoles la ayuda posible cuando el caso lo requiera;
h. Establecimiento de visitas rotativas entre los asociados, con el propósito de compartir mutuamente las bendiciones y mutuo progreso en los conocimientos nuevos promoviendo la fraternidad y comunión hermanable.

El documento arriba citado no servirá en todo país. Cada iglesia que desea personería jurídica para poder ser dueña de propiedades debe buscar los servicios de un abogado, quien sabrá cuánto de este proyecto se aplica a sus necesidades en cada caso. No se incluye en los estatutos más detalles de lo que exige el gobierno, pues deben expresarse los propósitos en los términos más amplios. En el reglamento interno se puede ordenar que los miembros de la junta administrativa sean los ancianos, diáconos y diaconisas de la iglesia, y cualquier otro arreglo que requiere el caso. Pero en estos días de grandes cambios sociales y políticos es bueno tener todo en orden legal.

Apéndice I

Borrador de constitución para una iglesia

No dice nada el Nuevo Testamento acerca de las iglesias tener una constitución que les rija, y muchas no la usan, considerando que el mismo Nuevo Testamento sirve ese propósito. Sin embargo son muchas las congregaciones que han visto la necesidad de un convenio en cuanto a la interpretación del Nuevo Testamento en relación a las doctrinas fundamentales y tambien la manera de poner en práctica esa interpretación. Lo que sigue es nada más que un borrador, surge o menciona lo que puede formar la constitución de una iglesia, sin pretender perfeccion alguna ni obligar imitación. Es en realidad una constitución regente.

CONSTITUCIÓN DE LA IGLESIA EVANGÉLICA

I. Del nombre

Artículo 1
El nombre de esta iglesia será Iglesia Evangélica ____________ .

II. De la confesión de fe

Articulo 2
Esta iglesia cree:

a. En un solo Dios verdadero, uno en esencia, trino en personas: Padre, Hijo y Espíritu Santo (Jn. 15:26; Mt. 28:19).
b. En las Sagradas Escrituras, a saber el Antiguo y Nuevo Testamento, que son plenamente inspirados por el Espíritu de Dios y constituyen nuestra única regla de fe y conducta (2 Ti. 3:16; 2 P. 1:21).
c. En Jesucristo, el Hijo, co-eterno con el Padre y el Espíritu Santo, quien tomó carne en el seno virginal de María concebido del Espíritu Santo sin pecado original; vivió libre de pecado, y se entregó a muerte de cruz por nuestra salvación; resucitó, ascendió, y se sentó a la diestra del Padre, donde está intercediendo por nosotros como nuestro único Mediador (Mt. 1:20; Lc. 1:35; Ef. 1:7; Ro. 4:25; He. 7:25; Tit. 2:13; 1 Co. 15:25-28).
d. En el inminente regreso de Cristo a reinar con Su Iglesia (Hch. 1:11; 1 Ts 4:15-17).
e. En el Espíritu Santo, quien redarguye al mundo de pecado, y obra el arrepentimiento y la regeneración en los creyentes en Cristo, dándoles el poder para vivir victoriosamente (Jn. 16:8-11; Ro. 8:2) .
f. En la personalidad de Satanás, llamado el Diablo, y su presente control sobre la humanidad no creyente en Cristo, y su obra maligna contra los creyentes (2 Co. 4:4; 1 P. 5:8).

g. En la salvación del alma, que se obtiene únicamente por la fe en Jesucristo, no por obras puesto que éstas son el resultado de la salvación y no la causa de ella (Ef. 2:4-10).
h. En la Iglesia verdadera, el cuerpo de Cristo, que está formada por todos aquellos que confían en Cristo como Salvador y han sido regenerados por la obra del Espíritu Santo (Ef. 1:23; 2:22; 1 Co. 2:13) .
i. En la inmortalidad del alma y su estado consciente después de la muerte (Lc. 16:19-31).
j. En la resurrección del cuerpo glorificado de los creyentes en Cristo, para la felicidad eterna con Él; y en la resurrección corporal de los que en esta vida han rechazado a Cristo, para el tormento eterno (Ap. 20:4-8; Jn. 5:27-29).
k. En el deber de todo cristiano verdadero de anunciar a otros el evangelio y procurar conducirlos a la experiencia de la salvación en Cristo Jesús y en el desarrollo de la vida cristiana (Mt. 28:19, 20; Col. 3:16).

III. Del pacto

Artículo 3

Profundamente agradecidos al Salvador por Su infinita gracia, la cual nos hace partícipes de Su obra, entramos en solemne pacto unos con otros y todos con Dios, para cumplir nuestros deberes y privilegios en la Iglesia. Consagramos al Señor nuestras vidas y todo lo que tenemos, pues este es nuestro racional culto.

Artículo 4

Asistiremos fielmente a las reuniones (dominicales, de oración, de negocios, etc.) con suma reverencia, sabiendo que estamos en la casa de Dios, y tomaremos la parte que nos corresponda en ellas. Sostendremos la obra evangélica con nuestras contribuciones voluntarias, según la prosperidad que Dios nos dé.

Artículo 5

Ayudaremos a la propagación del evangelio en testimonio, en la distribución de literatura y con la oración.

Artículo 6

Nos sujetaremos a la disciplina de la iglesia, y trabajaremos por la paz, prosperidad y tranqullidad de ella. Haremos lo posible por traer otra vez a nuestra comunión a los que se han apartado de la fe, y nos abstendremos de toda crítica malévola contra nuestros hermanos, considerando nuestras propias flaquezas y faltas.

Artículo 7

Aceptaremos con gratitud los consejos y amonestaciones de nuestros hermanos, de la junta administrativa y del pastor (1 Tes. 6:14), a fin de purificar nuestra vida y la de la iglesia. Practicaremos en la vida privada los deberes y privilegios de la oración, la lectura diaria de las

Sagradas Escrituras, y el culto familiar, y evitaremos los compromisos que impidan el desarrollo de los principios del Evangelio en nuestras vidas.

Artículo 8

Pedimos a Dios la humildad, el amor, y el poder para cumplir fielmente este pacto.

IV. De los miembros

Artículo 9

Clasificación. La iglesia tendrá tres clases de miembros:

a. Miembros activos—son miembros activos los que están en plena comunión con la iglesia, y gozan de buena reputación ante los hermanos y el mundo. Como tales tienen derecho a voz y voto en las deliberaciones de la iglesia, excepto los miembros menores de 18 años de edad, quienes tienen voz pero no voto. Miembros mayores de 18 años de edad, que tienen por lo menos un año de bautizado, y que cumplan con los demás requisitos, pueden ser elegidos a las funciones de la iglesia, como diáconos, superintendentes de la escuela bíblica dominical, anciano, etc.

b. Miembros pasivos—son miembros pasivos los que se hallan bajo la disciplina de la iglesia, y por tanto no tienen derecho a voz ni voto en las deliberaciones de la iglesia hasta tanto no sean restaurados. Se recomienda que los miembros pasivos asistan con regularidad a los cultos de la iglesia, seguros de que serán bien recibidos.

   (*Nota*. Este párrafo ha sido incluido tal como se encuentra en la constitución actual, pero nuestra práctica siempre ha sido la de considerar a aquellos disciplinados como no miembros, o sea, exmiembros, hasta que sean restaurados (Mt. 18:17). La práctica de llamarlos "miembros pasivos" es muy usada, aunque creemos que nadie pretende que la Biblia la apoya).

c. Miembros ausentes—son miembros ausentes los que viven fuera del lugar donde está la iglesia y quienes ya, porque no hay iglesia evangélica en donde residen, ya porque no desean retirar su membresía de nuestra iglesia, siguen perteneciendo a ella.

   (*Nota*. Esta calidad de miembro tampoco es práctica en la mayoría de las iglesias).

Artículo 10

Condiciones para ser miembro:

a. Debe ser creyente regenerado.
b. Debe ser creyente bautizado.
c. Debe tener buen testimonio delante de todos.
d. Debe profesar lealtad y obediencia a nuestra confesión de fe y a nuestro pacto.

Artículo 11

Aceptación de miembros. Esta se realizará de tres maneras según fuere el caso:

a. Por bautismo—en el caso de que creyentes no bautizados que deseen pertenecer a la iglesia, la junta administrativa los examinará con respecto a su fe y su testimonio y si los hallare aptos, recomendará a la iglesia lo que resolverá este asunto en las reuniones ordinarias y de negocios.
b. Por carta de transferencia de otra iglesia evangélica—en casos de creyentes bautizados en otras iglesias evangélicas que deseen pertenecer a nuestra iglesia y trajeren carta de transferencia, la junta administrativa los examinará con respecto a su fe y testimonio, y si fueren hallados aptos, recomendará a la iglesia su aceptación.
c. Por solicitud de membresía y certificado de bautismo—en casos de creyentes bautizados que perteneciendo a iglesias en el exterior, deseen pertenecer a la nuestra, la junta administrativa se cerciorará de su buen testimonio y de la realidad de su bautismo, y si fueren hallados apto, recomendará a la iglesia su aceptacion.

Artículo 12

Cartas de transferencia.

Los miembros comprendidos en los incisos 1 y 3 del Artículo 9 que deseen unirse a otra iglesia evangelica pueden solicitar cartas de transferencia, las cuales les serán concedidas. La carta de transferencia pierde su valor después de 90 días de expedida.

V. De las ordenanzas

Artículo 13

El bautismo.

El bautismo se administrará sólo por inmersión. Los requisitos que deberán reunir los candidatos al bautismo seran:

a. Cumplir los requisitos puntualizados en los incisos 1, 3 y 4 del Artículo 10.
b. Seguir el curso de instrucción para candidatos al bautismo.
c. Presentar la solicitud de bautismo al pastor, quien a su vez la presentará a la junta administrativa.

Artículo 14

La Santa Cena.

Esta se celebrará regularmente una vez al mes y cuando el pastor o la junta administrativa lo creyere conveniente. A ella estarán invitados los miembros activos y cualquier hermano bautizado en plena comunión con la iglesia evangélica a que perteneciere que estuviere presente y deseare participar.

VI. De la disciplina

Artículo 15

Reconocemos y adoramos a un Dios de orden, por tanto creemos que la disciplina debe prevalecer en el seno de la iglesia en conformídad con las Sagradas Escrituras y que de ninguna manera está reñida con el amor cristiano que nos profesamos los unos a los otros.

Artículo 16

Los miembros activos de la iglesia deben ser colocados en pasiva por cualquiera de las siguientes faltas comprobadas:

a. Adulterio.
b. Robo, fraude, estafa o contrabando.
c. Uso o tráfico de licores, tabaco o estupefacientes.
d. Por comprometer la paz y la armonía de la congregación, procurando divisiones entre los creyentes.
e. Por observar una vida inmoral y escandalosa.
f. Por alejarse de los servicios del culto cristiano sin causa justificada.
g. Por abrazar doctrinas que no están de acuerdo con nuestra confesión de fe y nuestro pacto.

Artículo 17

Sólo la junta administrativa está autorizada para poner bajo disciplina a los miembros de la congregación, y para restaurarlos.

(*Note*: esta es la práctica presbiteriana. Las iglesias bautistas y de gobierno congregacional juzgan y disciplinan por intermedio de la congregación entera).

Artículo 18

Ningún miembro puede ser sancionado sin antes dársele la oportunidad de defenderse de los cargos que se le imputan. No obstante, cuando la junta llamare a un miembro a responder a los cargos, y éste hiciere caso omiso de tal requerimiento por dos veces injustificadamente, la junta podrá ponerlo en la lista pasiva sin más contemplaciones.

Artículo 19

Un miembro pasivo no podrá tomar parte en la predicación, la dirección del culto, ni números especiales, ni ocupar puestos de responsabilidad en la iglesia.

Artículo 20

Un miembro será borrado de nuestros registros por persistir por más de seis meses consecutivos en los motivos que ocasionaron su colocación en la lista de miembros pasivos.

Artículo 21

La sentencia que se diere en forma ejecutoriada sobre un miembro cuyo nombre fuere borrado del registro de membresía será dada a conocer a todas las iglesias de la localidad debiéndose acatar esta decisión.

Artículo 22

El miembro que, después de haber sido borrado del registro de membresía, mostrare arrepentimiento de su falta y, expresare su deseo de ser readmitido en el seno de la congregación, podrá ser recibido, previo su testimonio público ante los hermanos en la fe a quienes antes abandonó en su apostasía. Esta decisión se comunicará a las iglesias que antes se comunicó su falta.

VII. De la junta administrativa

Artículo 23

La junta administrativa de la iglesia constará del siguiente personal: el pastor, el anciano (o ancianos), el secretario, el tesorero y diáconos o diaconisas de acuerdo a las necesidades de la iglesia. El superintendente de la escuela dominical será miembro ex-oficio de la junta administrativa.

Artículo 24

Los cargos de la junta administrativa serán confiados únicamente a miembros activos de la iglesia que tengan voz y voto y que sean competentes y espirituales.

Artículo 25

Del pastor:

a. Elección y reelección.
   (1) Elección. Esta se realizará en la sesión anual o en una sesión extraordinaria de la iglesia, por voto favorable de simple mayoría. Esto se hará por voto secreto.
   (2) Reelección. Esta se realizará en sesión anual de la iglesia y se necesitará un total favorable de las dos terceras partes de los votantes presentes. Esto se hará por voto secreto.

b. Deberes:
   (1) Es deber del pastor el velar celosamente por la vida espiritual de los miembros de la iglesia, instruyéndolos en la doctrina de acuerdo con nuestra confesión de fe, como también doctrinar a los recién convertidos, supervigilar los cultos de la iglesia, celebrar la Santa Cena, bautizar, presentar niños, solemnizar matrimonios, y sepultar a los muertos, teniendo la libertad de extender tales responsabilidades a otro pastor.
   (2) El pastor no ordenado deberá cumplir con los deberes enumerados en el inciso anterior, excepto los que por razón de no ser ordenado no pudiere cumplir.
   (3) El pastor debe presidir todas las sesiones de negocios y también las de la junta administrativa, y convocar a la iglesia a conferencias o sesiones extraordinarias.

b. El pastor dará un informe de sus actividades a la junta administrativa una vez al mes, y a la iglesia cada tres meses.

c. El pastor es miembro nato de todas las organizaciones de la iglesia.

d. El pastor junto con los ancianos tendrá la autoridad de ceder el uso del local de la iglesia en casos extraordinarios.

Artículo 26

Del anciano:

a. Requisitos, los que se mencionan en las siguientes citas: Hechos 20:28-31; 1 Ti. 3:1-7, Tit. 1:5-6.
b. Deberes:
   (1) Velar por el bienestar espiritual de la iglesia.
   (2) Ayudar al pastor en la instrucción de la Palabra de Dios.
   (3) Dirigir los cultos y las sesiones de negocios de la junta y de la iglesia en ausencia del pastor.
   (4) Ser ejemplo en todo a todos.
   (5) En casos de haber dos o mas ancianos, será anciano encargado el que haya recibido mayor número de votos.

Artículo 27

Del secretario:

a. Al secretario de la iglesia le correspondera llevar los siguientes libros:
   (1) De actas.
   (2) De comunicaciones.
   (3) De registro de miembros.
   (4) Inventario de la iglesia.
b. Es deber del secretario atender a la correspondencia oficial de la iglesia en colaboracion con el pastor.

Artículo 28

Del tesorero:

a. El tesorero de la iglesia tiene a su cargo los fondos provenientes de los diezmos y ofrendas de la congregación.
b. El tesorero no podrá realizar gastos no contemplados en el presupuesto de la iglesia, salvo que la junta administrativa autorizare tal gasto extraordinario.
c. El tesorero presentará mensualmente y cuando la junta administrativa lo creyere conveniente, un informe detallado del estado de caja, acompañando los comprobantes respectivos y los datos de las inversiones realizadas.

Artículo 29

De los diáconos:

a. Requisitos: los que se mencionan en 1 Ti. 3:8-13.
b. Deberes:
   (1) Visitar a los necesitados (enfermos, etc.).
   (2) Cuidar de la mantención, arreglo y aseo de las propiedades de la iglesia.
   (3) Emplear un portero cuando fuere necesario y ordenar su trabajo.
   (4) Ayudar a los candidatos al bautismo al celebrarse este acto.
   (5) Asistir al pastor en la celebración de la Santa Cena.

(6) Recibir a los visitantes, atender a las necesidades de los asistentes y cuidar el orden en los cultos.
(7) El diácono de turno ayudará al tesorero en el recuento de la ofrenda.
(8) Los diáconos y el pastor son responsables por la administración de los fondos de beneficencia de la iglesia. En casos de emergencia podrán actuar dos o más de los diaconos conjuntamente con el pastor.

c. Será presidente de los diáconos el que haya recibido mayor número de los votos. Este tendrá la responsabilidad de organizar el trabajo de los diáconos y autorizar el uso de las pertenencias de la iglesia.

Artículo 30
De las diaconisas.
Deberes:
a. Visitar a los necesitados (enfermos, etc.).
b. Ayudar a las candidatas al bautismo al celebrarse esta ordenanza.
c. Preparar los elementos para la Santa Cena.
d. Recibir a las visitantes y ayudar a las recién convertidas.

Artículo 31
De los consejeros.

La junta administrativa nombrará anualmente dos consejeros con el fin de contar con la imparcial ayuda espiritual y moral de éstos. Por tanto, deben ser personas consagradas al Señor, de reconocida experiencia, conocedores de la Palabra de Dios, y que gozan de la confianza de la congregación. Por lo menos uno de ellos deberá estar presente en toda sesión de negocios de la junta administrativa y de la iglesia, y tendrá derecho a voz sin voto en estas sesiones.

Artículo 32

Es deber ineludible, especialmente de los funcionarios de la iglesia y del pastor el orar, visitar, mediar y trabajar hasta donde sea posible procurando la restauración inmediata de los miembros bajo disciplina.

Artículo 33

En caso de que un miembro de la junta administrativa no pudiera asistir a las sesiones regularmente se procedera a pedirle la renuncia y a elegir su reemplazo en la siguiente sesión de negocios de la iglesia.

VIII. De las sesiones de negocios

Artículo 34
De la iglesia:
a. La sesión anual:
(1) Esta reunión tendrá el fin de recibir el informe anual del pastor y del tesorero, reelegir o negar la reelección al pastor de la iglesia, elegir nuevos miembros de la junta administra-

tiva, y tratar cualquier asunto que tenga que ver con la buena marcha de la iglesia.

(2) Para esta sesion el quórum constará de la mitad más uno de los miembros activos, o sea, una mayoría absoluta.

(3) Esta sesión se verificará durante el mes de junio y será convocada por la junta administrativa, la cual en colaboración con el pastor elaborará el orden del día.

b. Las sesiones ordinarias:

(1) Estas reuniones tendrán el fin de recibir un informe de la junta administrativa y ratificar o desaprobar sus decisiones, y tratar asuntos que tengan que ver con la buena marcha de la obra que no están comprendidos en la agenda de la sesión anual.

(2) Para celebrar estas sesiones, el quórum consistirá de la tercera parte de los miembros activos.

(3) Estas reuniones se llevarán a cabo en los meses de septiembre, diciembre y marzo y serán convocadas por la junta administrativa.

c. Sesiones extraordinarias: En caso de necesidad, la junta administrativa podrá llamar a la iglesia a sesión extraordinaria, la cual podrá tratar únicamente de asuntos impostergables y siempre de acuerdo con la constitución. Para esta sesión el quórum consistirá de la mitad más uno de los miembros activos.

Artículo 35

De la junta administrativa:

a. La junta administrativa tendrá sus reuniones regulares una vez al mes y cuando fuere necesario se reunirá a solicitud del pastor o de tres miembros de la junta.

b. Para poder celebrar una sesión el quórum consistirá en la mitad mas uno de los miembros de la junta.

c. El pastor se encargará de llevar un breve informe de las actividades de la junta administrativa a la iglesia y lo presentará el primer miércoles después de celebrarse la reunión de la junta administrativa.

IX. De la educación cristiana

Artículo 36

De la escuela dominical:

a. Proposito. En vista del mandato del Señor Jesucristo de doctrinar, la iglesia mantendrá una escuela dominical que por medio de clases bíblicas para todas las edades cumplirá este propósito.

b. Funcionarios:

(1) Un superintendente nombrado cada año por la junta administrativa, quien estará facultado para dirigir la organización y el funcionamiento de este departamento. Será miembro ex-oficio de la junta administrativa.

(2) Un secretario, quien se encargará de llevar los libros de registro de asistencia y tesorería, y atenderá a la correspondencia de acuerdo con las resoluciones del departamento.
(3) Los maestros necesarios quienes deben ser personas idóneas para enseñar, que se distingan por su vida ejemplar, su conocimiento de la Palabra de Dios, su fidelidad a ella y su amor a las almas.

Artículo 37

Agrupaciones varias.

Con el fin de extender el ministerio de la iglesia y llenar las necesidades de diferentes grupos, existirán agrupaciones tales como la sociedad de jóvenes, la sociedad de damas, las clases de evangelismo de la niñez, la escuela bíblica de vacaciones y cualesquiera otras que contribuyan a esa finalidad. Estas agrupaciones tendrán amplitud de operación, pero siempre en conformidad con los principios de la iglesia y la conciencia de la responsabilidad que tienen para con ella.

X. De las filiaciones

Artículo 38

Como miembros del cuerpo de Cristo, nuestra iglesia propenderá a la realización de la unidad de todas las iglesias evangélicas en el país, afiliandose a entidades cristianas que tengan nuestros fines y se rijan por ideales que no estén en pugna con los principios de nuestra constitución.

XI. De las propiedades de la iglesia

Artículo 39

Constituyen bienes de la iglesia: el templo, las propiedades e inmuebles adquiridos por escritura pública, los muebles y las donaciones y ofrendas provenientes de sus miembros y de particulares.

XII. Disposición final

Artículo 40

Cuando el caso así lo requiera, esta constitución podrá ser modificada por el voto de las dos terceras partes de sus miembros presentes, previo estudio del proyecto y recomendación de la junta administrativa. El quórum requerido para esta sesión será la mitad más uno de los miembros activos.